KB148143

일본의 위안부문제 증거자료집 1

일본의 위안부문제 증거자료집 1

— 1937년부터 1945년까지의 위안부문제 관련 자료를 번역 분석

초판발행일 | 2021년 3월 18일

편저자 | 세종대학교 · 호사카유지
펴낸곳 | 도서출판 황금알
펴낸이 | 金永馥

주간 | 김영탁
편집실장 | 조경숙
인쇄제작 | 칼라박스
주소 | 03088 서울시 종로구 이화장2길 29-3, 104호(동숭동)
전화 | 02) 2275-9171
팩스 | 02) 2275-9172
이메일 | tibet21@hanmail.net
홈페이지 | http://goldegg21.com
출판등록 | 2003년 03월 26일 (제300-2003-230호)

ⓒ2021 세종대학교 · 호사카유지 & Gold Egg Publishing Company. Printed in Korea

값은 뒤표지에 있습니다.

ISBN 979-11-89205-89-8-93300

*이 책 내용의 전부 또는 일부를 재사용하려면 반드시 저작권자와 황금알 양측의 서면 동의를
 받아야 합니다.
*잘못된 책은 바꾸어 드립니다.
*저자와 협의하여 인지를 붙이지 않습니다.

1937년부터 1945년까지의 위안부문제 관련 자료를 번역 분석

일본의 위안부문제 증거자료집 1

세종대학교 · 호사카유지 편저

황금알

서언

본서를 집필한 필자(편저자)의 동기는 일본군 위안부연구가 많다고 하는데도 일본정부는 여전히 위안부문제에 대한 법적 책임을 인정하지 않고 있고, 왜 위안부 강제연행을 계속 부정하는 입장에 있는지 깊이 살펴보는 데 있었다. 그리고 2015년 한일위안부합의라는 참사가 왜 일어났는지 알기 위함이었다.

필자는 위안부문제에 대한 연구가 많다고 하나 강제연행을 입증하려는 연구자들의 목소리가 그다지 크지 않았고, 일반 국민들은 감정적으로 이 문제에 접근하기 쉬웠기 때문에 한국정부가 잘못 판단한 결과가 2015년 한일위안부 합의라는 인식을 갖게 되었다. 한국정부 자체가 2011년 8월 헌재판결로 인해 처음으로 정부 차원에서 적극적으로 위안부문제에 임해야 한다는 인식을 갖게 되었고 그 후에야 조금씩 움직이기 시작했다. 그러나 그 결과는 2015년 한일위안부합의라는 밀실합의에 의한 실패작이었다.

최근 필자는 위안부합의에 관계된 사람들이 포함된 어느 세미나에서 세 번 정도 위안부문제를 강의했는데 참석자 중 몇 사람이 "위안부가 강제연행되었다는 증거가 어디에 있는가?"라고 강의 도중 필자에게 질문했다. 그 질문을 한 사람들은 모두 한국인이다. 필자는 이에 상세히 설명을 했으나 사회적으로 책임이 있는 한국인

마저 그 정도의 인식밖에 갖고 있지 않다는 현실에 충격적이었다. 필자는 일본에게 반대 목소리를 내는 것과 동시에 위안부문제에 대한 한국인들의 평균적인 인식수준이 높아져야 한다고 통감한다.

그러므로 위안부문제는 대단히 중요한 문제라는 인식으로 필자는 연구자들뿐만이 아니라, 일반 국민들도 논리적으로 위안부문제에 접근할 수 있는 책이 필요하다고 생각해 본서의 집필을 결심했다. 이 작업은 위안부문제에 임하는 필자 본인의 자세에 대한 반성이기도 했다.

본서의 특징으로서는 (1)주로 1937년부터 1945년까지의 위안부문제가 본격화된 시기의 관련 자료를 번역 분석함으로 일본군 위안부문제의 전체상을 누구나 객관적으로 이해할 수 있게 한 점 (2)자료집으로만 출간하는 것이 아니라 자료 하나하나에 해설을 추가함으로 자료들이 갖는 의미를 독자가 이해할 수 있게 한 점 (3)일본군의 아시아 침략 과정에 관한 배경설명을 넣어 일본군의 침략전쟁 속의 위안부문제라는 시각을 구체적으로 제공해 위안부문제를 근본적으로 이해하는 데 도움을 준 점 (4)위안부 피해자분들 일부의 증언을 칼럼에 게재하여 문서로 확인되는 내용과 피해자들의 증언이 일치한다는 사실을 보여준 점 (5)일본병사들의 증언을 칼럼으로 게재하여 일본군이 실제로 여성들을 강제연행했다는 사실을 구체적으로 알 수 있게 한 점 (6)여성들을 해외로 도항시키기 위해 일본 정부나 일본군이 도항 여성들에 부여한 신분의 변화와 서류 작성의 위법성을 살펴봄으로 위안부문제가 일본정부와 일본군 주도의 법적 범죄였음을 밝히는 작업을 한 점, 등이다.

본서는 일본군 위안부 관련 문서 중 중요도가 높다고 판단되는 것들을 모아 편집했다. 자료는 일본의 국립공문서관, 외무성 외교사료관, 방위성 방위연구소, 아시아역사자료센터 등에 소장, 공개된 자료들을 사용했고 아시아여성기금이 1997년 출간한 '종군위안부 관계자료집성'(전5권)(이하, '관계자료집성')에서도 많이 인용했다.

자료 찾기가 쉽지 않아 이번에는 밝히지 못한 위안부 강제연행 지역은 대만, 일본, 남양제도 등이다. 이런 지역에 대해서는 후속 연구를 진행할 예정이다. 이번엔 중국 각지, 동남아(말레이 반도, 싱가포르, 미얀마, 베트남, 인도네시아, 보르네오, 뉴기니, 등) 등에 대한 일본군의 침략과 이에 수반하여 설치된 위안소와 동원된 위안부들에 대한 분석을 진행했다.

우리가 번역한 자료의 분량은 본서에 수록한 자료의 다섯 배를 넘는다. 본서에 수록하지 않은 번역물들은 앞으로 인터넷상에 차례로 공개할 생각이다.

이번에 본서를 출판하기 위한 사업에 아낌없이 지원을 해주신 세종대학교 신구 총장님, 산학협력단장 김선재 교수님, 홍보실장 김대종 교수님, '관계자료집성'(제2권~제4권)의 번역을 맡아주신 충남대 권오엽 명예교수님, 권혁성 도호쿠대학 박사님, 한성례 세종대 독도종합연구소 연구원께 감사드린다.

필자는 '관계자료집성' 제1권의 주요문서와 국립공문서관, 외교사료관, 방위성 방위연구소 등의 자료들을 직접 번역했다. 아울러 배경설명과 각 자료의 해설을 집필했고 증언 등의 칼럼 전체를 집필했다. 그리고 전체적으로 번역을 감수했다.

마지막으로 '관계자료집성'의 번역을 허락해 주신 도쿄대 와다 하루키(和田春樹) 명예교수님, 출판을 맡아주신 도서출판 황금알의 김영탁 사장님께 깊은 감사를 드린다.

2018년 봄
편저자 호사카유지

차 례

제2장. 전쟁의 격화와 군부 주도의 위안부 동원 시작

제3장. 일본군 각 편성부대와 위안부문제

제4장. 동남아 등지로 확산하는 위안소

제5장. 동남아 각지로의 위안부 강제연행

제3절. 일본군의 보르네오, 뉴기니 방면 침공과 위안부문제 ······ 317

제1장.
중일전쟁과 위안부 동원의 시작

제1절. 중일전쟁과 일본인의 중국도항 문제

1. 배경

중일전쟁은 1937년 7월 7일 중국 주둔 일본군과 중국국민혁명군과의 충돌(루거우차오 사건〈盧溝橋事件〉)이 발단이 되어 일어났다.

일본군으로는 괴뢰 만주국 건국(1932)에 이어 중국 북부를 중국에서 분리하는 것이 다음의 목표였다. 그러므로 루거우차오 사건에 이어 일본군은 베이징 일대를 제압했고(7월 말), 8월 이후에도 차하얼(察哈爾)성, 산시(山西)성 등 중국 북부를 침공했다.

중국국민당의 장제스(蔣介石)는 북부에 원군을 보냈고 동시에 8월 13일 중국 국민정부의 수도 난징 근교인 상하이 일본 조계지(租界地)에 군대를 진주시켰다. 이에 중국군과 일본군이 상하이에서 충돌해 전쟁이 확대되어 갔다.

이런 정세로 일본정부는 중국으로 도항하려는 일본인들을 규제하기 시작했다. 일본정부는 특히 전쟁이라는 혼란에 편승해 돈을 벌려는 일본 불량배들의 중국 도항을 단속할 것을 각 부처에 지시했다.

먼저 일본정부는 거주지 관할 경찰서나 중국 현지 관공서가 발급하는 신분증명서를 지참하지 않은 일본인의 중국 도항을 금지하는 조치를 취했다. 그러므로 전쟁이 시작된 후 중국으로 도항하기 위해서는 일반 민간인의 경우 거주지 관할 경찰서장의 증명서가 필요했다. 이후 위안부가 될 여성들은 기본적으로 이런 증명서를 경찰서로부터 얻어야 그것을 외무성에 제출해서 도항 허가를 받을 수 있었다. 그러나 이런 절차는 결국 거의 지켜지지 않게 된다.

중일전쟁은 일본군이 중국 내에 위안소를 본격적으로 만들기 시작하는 계기가 되었는데 이 문서가 보여주는 상황은 그 전 단계의 시기다. 다음 문서는 일본정부의 단속지시를 일본정부 각 부처에 전달한 일본 외무성의 공문서다.

2. 관련 문서

문서-1: 불량분자의 지나[1] 도항 단속에 관한 건 [외무차관] (쇼와12<1937>. 8. 31.)

<해설>

아래 문서는 중일전쟁에 편승하여 중국에서 돈을 벌려는 일본의 불량분자에 대한 일본정부의 단속지시를 정부 각 부처에 전달한 일본 외무성의 공문서다. 이 문서는 중국 현지 일본군이 중국에서 본격적인 위안소 증축을 결정한 사실을 일본정부 측이 아직 잘 파악하지 못하고 있는 상황에서 나온 문서다.

----------------------<문서>----------------------

불량분자의 지나 도항 단속에 관한 건 [외무차관](쇼와12<1937>. 8. 31)

미삼기밀합(米三機密合)[2] 제3776호

쇼와12년(1937) 8월 31일

외무차관 호리우치 겐스케(堀内謙介)

---

1) 지나=支那=중국, 청(清)나라, China를 일본식으로 읽어서 당시 '지나'라고 했음.
2) 문서분류기호.

불량분자의 지나 도항 단속에 관한 건

종래 지나(支那=중국)로 도항하기 위해서는 여권이 필요 없고 자유이지만 이번의 지나사변[3]과 관련해 지나 체류 일본인은 다수 귀국하여 그 유류재산에 대한 보호 경계 등도 잘 되어 있지 않다. 오늘날 잔류한 일본인을 선동하여 어떤 일을 하려고 하거나 혼란에 편승하여 돈을 벌겠다고 하는 등의 무뢰(無賴) 불량배들의 지나 도항은 이번에 엄하게 단속할 필요가 있다.

이미 만주국 및 관둥저우(關東州)[4]에서는 각각 이런 조치를 취했고 또는 관련된 재 지나 제국공관으로부터도 위 단속을 신청해 온 바 있으므로 향후 어떤 대책이 진전될 때까지는 당분간 지나로 도항하려고 하는 (1)일반 일본인에게는 관할(所轄) 경찰서장으로부터 (2)또는 공무를 위해 파견될 자에 대해서는 파견 관공서로부터 별지 절차에 따라 신분증명서를 발급할 것으로 한다. 이 신분증명서를 지참하거나 정식여권의 발급을 받은 자 외는 지나 행 배에 승선시키지 말도록 취급해 주시기 바란다.

그리고 신분증명서 발급에 관해서는 위 취지에 따라 업무상 또는 가정상 기타 정당한 목적을 위해 급히 지나에 도항할 것이 필요한 자 외는 되도록 자발적으로 지나 도항을 자제하도록 취급해 주시기 바란다. 재 지나 황군(皇軍)[5]의 군 후방지구의 치안확보를 위해 협력을 부탁드린다. 그리고 본건의 취지는 일반에게 알리는 것이 마땅하니 그렇게 취급하도록 관계 관청과 협의했고 명에 따라 이 내용을 말씀드린다.

---

3) 지나사변=중일전쟁.
4) 관둥저우(關東州): 중국 북동부 랴오둥(遼東) 반도 남부에 두었던 옛 일본의 조차지.
5) 황군: 1945년 8월의 패전까지 일본의 군대는 일왕(=천황) 직할부대였으므로 황군이라고 불렸다.

본 내용 송부처: 경시총감, 각 지방장관, 관동저우 청장관

본 내용 사본 송부처: 내각서기관장, 법제국장관, 상훈국총재, 자원국장관, 대만(對滿) 사무국차관, 기획청차관, 추밀원서기관장, 궁내차관, 각성차관, 사회국장관, 무역국장관, 특허국장관, 회계검사원장, 행정재판소장관, 귀족원 서기관장, 중의원서기관장, 일본우선(郵船)회사사장, 오사카상선회사사장

지나 도항 취급 절차

1. 일본 내지[6] 및 각 식민지로부터 지나로 도항하는 일본인(조선인 및 대만인 을 포함함)[7]에 대해서는 당분간 거주지 관할 경찰서장이 갑호(甲號) 양식과 같은 신분증명서를 발급하도록 한다. 단, 제복을 착용하는 일본군인, 군속 에 대해서는 이에 해당하지 않는다.

전항의 신분증명서는 공무를 위해 파견되는 관리 기타의 자에 대해서는 파 견관공서에서 을호(乙號)양식에 의해 이것을 발급하도록 한다.

2. 경찰서장은 제1항의 신분증명서 발급 신청이 있을 때는 본인의 신분, 직업, 도항 목적, 요건, 기간 등을 조사하여 다음과 같이 취급한다.

(ㄱ) 집안, 경력, 평소의 언동이 불량하여 지나 도항 후 부정행위를 저지르 는 소지가 있는 자에게는 신분증명서를 발급하지 않는다.

(ㄴ) 업무상 가정상 기타 정당한 목적을 위해 급히 지나로 도항할 필요가 있는 자 외의 자에게는 되도록 자발적으로 지나 도항을 자제하도록 하

---

6) 내지(內地)=일본본토: 혼슈(本州), 시코쿠(四國), 규슈(九州)를 뜻함. 홋카이도(北海 道), 오키나와(沖繩), 조선, 대만, 만주는 외지(外地)라고 칭했다.
7) 일제강점기 공식문서 상 '일본인'이라고 하면 조선인이나 대만인도 포함되는 경우가 많았다. 구별할 경우는 내지인, 조선인, 대만인 등으로 기재했다.

기로 한다.

3. 출발항구 관할 경찰서장은 제1항의 신분증명서 또는 제국정부 발급 여권을 유하는 자가 아니면 지나를 향해 승선시키지 말 것.

4. 본 신분증명서 발급에 대해서는 수수료를 징수하지 않는다.

5. 본 절차는 지나행 외국여권 발급을 막는 것이 아님.

6. 본 절차는 지나 현지 상황이 허락하는 한 가급적 빨리 이것을 해제하기로 한다.

7. 본 절차는 즉시 시행한다.

단, 제3항에 관한 한, 쇼와12년(1937) 9월 10일로부터 이것을 시행하도록 한다.

(갑호양식)

신분증명서

본 적

현주소

직 업

씨   명

생년월일

ㅡ 지나로 도항을 필요로 하는 목적, 이유, 기간

위 증명함

쇼와12년(1937)   월   일

경찰서장 　　씨　명　인

(을호양식)

　　신분증명서

　　　　　　　　관직　　　　씨　　명

　　　　　　　　　　　생년월일

　　二. 지나로 도항을 필요로 하는 목적, 용무

　　위 증명함

　　쇼와12년(1937)　　월　　일

　　　　(파견관공서)　관직　씨　명　　인

　　　　　(출처: 일본 국립공문서관, 문서명〈不良分子ノ渡支取締方ニ関スル件〉[8]),

---

8) 아시아역사자료센터, https://www.jacar.archives.go.jp/(청구번호=枢00141100,
　레퍼런스 코드= A06050953600)

제2절. 일본군에 의한 위안소 설치 결정

1. 배경

상기와 같이 1937년 7월 7일, 현재의 베이징 교외의 루거우차오 (盧溝橋)에서 훈련 중이던 일본군과 그곳에 주둔한 중국군 사이에서 발포 사건(루거우차오 사건)이 일어났고 이를 계기로 일본군은 본격적으로 군사 작전을 개시했다.

이 사건은 일본군의 도발로 일어났고 현지 일본군이 상부 명령 없이 독자적으로 전쟁을 개시했다. 초기에는 중일 양군 사이에서 정전 협의가 진행되었으나 당시 일본의 고노에 후미마로(近衛文麿) 내각은 육군성 참모본부의 강경파 장교들의 전쟁확대 주장을 막을 수 없었고 1937년 7월 11일 베이징 일대로의 파병을 결정했다.

이에 중국 측도 강경한 태도로 바뀌었고 중국국민정부를 이끄는 장제스(蔣介石)는 "만주를 잃어버린 이래 이미 6년이 지났고 우리의 인내에도 한계가 있다. 일본의 도발에는 철저한 항전이 있을 뿐"이라는 성명을 발표했다.

일본의 육군성 참모본부의 장교들은 "폭력적 중국에 응징(暴支膺懲)하자"라는 말을 강령으로 중국에 일격을 가하고 중국의 배일 항일운동에 제동을 걸 것을 계획했다. 이런 육군성의 방침은 더 이상 전쟁확대를 원하지 않았던 고노에 내각과 일왕 측을 무시한 결정이었지만 그 결과 일본군은 본격적인 전투태세에 돌입했다.

1937년 8월 전쟁은 상하이로 확대되었고 중국 공군이 당시 상하이에 기지를 둔 일본 해군의 함대에 폭격을 가하자, 일본군은 항저우(抗州) 등의 항공 기지를 폭격했고 중국국민정부의 수도 난징(南京)에도 폭격을 개시했다. 이것으로 전선은 중국 전역에 번졌고 '선전포고' 없는 전쟁 상태에 돌입했다. 동년 8월 14일 장제스는 전국 총동원령을 발령하여 스스로 육해공 총사령관에 취임해 중국 북부의 중공군을 국민정부군에 편입했다.

이후, 중일전쟁은 일본군과 중국군의 전면전이 되었고 1937년 11월 도쿄에 대본영(大本營)[9]이 설치되었다. 대본영은 일왕 직속의 군 조직이고 전쟁에 참여하는 군부대는 모두 이 대본영 소속이 되었고 대본영은 일왕의 명령이라 칭하면서 군에 대한 지시와 명령을 내렸다.

일본군은 항저우만에 상륙, 황장(黃江) 도강 작전 등에 이어 상하

---

9) 대본영(大本營): 대본영은 청일전쟁부터 아시아 · 태평양전쟁까지 전시 중에 설치된 일본군(육해군)의 최고 통수 기관이다. 일왕의 명령을 대본영 명령으로 발령하는 최고 사령부의 기능을 가졌다.

이를 제압한 여세를 몰아 난징(南京) 공략 작전을 개시했다. 이 작전은 1937년 12월 4일부터 시작되어 13일 종료되었다. 일본군은 이 작전을 개시하여 작전 종료 후까지 난징의 비전투원이나 일반 시민들을 대량으로 학살했다. 이것이 '난징 대학살'이다.

일본군 위안부문제는 이와 같은 중일전쟁이 계기가 되어 시작되었다. 그 이전에 중국에 설치된 위안소는 강제적인 방법에 의해 설치된 것이라기보다 일본 민간인이 설치한 성적 상업시설을 일본해군이 상하이에서 해군 특별 위안소로 지정한 것이 소위 위안소의 시작이었다.(1937년 이전에 만주에 설치된 위안소에는 강제연행의 사실이 보고되어 있다.)

다음 문서들은 상하이 현지 일본군이 위안소 설치를 결정해 일본에 모집업자들을 보냈을 때의 상황을 알 수 있는 문서들이다. 일본 내의 경찰은 처음 몇몇 업자들을 체포했다. 위안부 모집 방법이 유괴에 가까운 경우가 있었기 때문이다. 그러나 모집 업자들은 상하이 현지군의 의뢰를 받았다고 진술했다. 조사해 보니 일본군이 실제로 모집 업자들에게 위안부 동원을 의뢰한 사실이 밝혀졌다. 즉 일본군 위안부 강제동원은 상하이 현지군의 독자적인 결정으로 시작되었고 현지군의 결정을 일본 정부는 뒤늦게 알게 되었다.

1937년 11월 설치된 전쟁수행을 위한 조직 대본영(大本營)은 일본 정부로부터 독립된 조직이었고 전술한 바와 같이 일왕 직속 기관이었다. 그런데 일왕 자체가 하위 기관에 대한 책임을 갖지 않는 시스템이 일제 시스템이었으므로 현지 일본군이 멋대로 결정을 내리는 경향이 있었다. 그러므로 일본정부도 모르는 사이에 현지군이 위안소 설치를 결정했고 그것을 대본영이 추인하고 그다음에 일본정부가 추인하는 기형적인 의사결정 방식으로 일본군 위안부문제가 본격적으로 발생하게 되었다. 이하 문서들은 그런 상황을 잘 알 수 있는 내용을 담고 있다.

2. 관련 문서

문서-2: 야전 주보(酒保)[10] 규정개정 설명서(쇼12년 <1937>. 9. 15.) <육군>

<해설>

이 문서는 중일전쟁 발발 후 야전 주보(=군 매점)에 군 위안소를 설치할 수 있도록 한 육군 작성의 '야전주보 규정개정안'이다. 이 문서의 중요한 점은 군의 간이 매점인 주보(酒保)에 위안시설(=오락실, 식당, 위안소 등)을 만들 수 있도록 한 점이고 특히 전투지역 같은 위험한 지역에서도 위안시설을 만들 수 있게 개정한 점이다. 위안소는 위안시설 속에 포함되어 후의 문서에서는 특수위안시설이라는 명칭으로 기재된다.

---

10) 주보(酒保): 군대의 주둔지(병영), 시설, 함선 내 등에 설치되었고 주로 군인, 군속을 대상으로 주로 일용품, 기호품을 싼값에 제공하던 매점.

이 개정안에 입각해서 1937년 12월 중순 이후 일본이 침략을 거듭한 중국 내에 다수의 위안소 신축과 내지(內地=일본본토), 조선 등으로부터의 위안부 동원이 시작되었다. 위안부 모집 인원수가 많았기 때문에 결국 동원은 강제성을 띠게 되었고 모집 수법도 감언, 사기, 협박 등 많은 불법이 동원되었다.

그런데 일본정부는 이 문서를 아직 위안부 관련 문서로 인정하지 않고 있다. 인정하면 위안소 설치는 군의 '관여'가 아니라 정확히 군의 '지시'로 시작되었고 위안부 동원도 군의 지시였음을 인정할 수밖에 없기 때문에 결과적으로 일본에게 불리하게 작용한다는 판단으로 일본정부는 이 문서를 인정하지 않는다는 속셈이 있는 것으로 지적된다.[11]

-----------------------<문서>-----------------------

야전주보규정(쇼와12<1937>. 2. 9.)

제1조 야전주보는 전투지역에서 군인 군속에 필요한 수용품(需用品)을 정확하고 염가에 판매함을 목적으로 한다.

야전주보규정 개정안

제1조 야전주보는 전투지역 혹은 사변이 일어난 지역에서 군인 군속 기타 특히 종군을 허락받은 자에게 필요한 일용품, 음식물 등을 정확하고 염가에

---

11) 일본의 전쟁책임 자료센터 감수, 『일본군 「위안부」 문제자료 21선(日本軍 「慰安婦」 問題資料21選』(2015), p. 12.

판매함을 목적으로 한다.

야전주보에서 전항 외에 필요한 위안시설을 만들 수 있다.

개정이유

야전주보 이용자의 범위를 명료하게 하여 적과 대진(対陣)할 때도 위안시설을 만들 수 있음을 인정하는 것이 필요하므로.

(이하, 생략)

(출처: 방위성 방위연구소 『대일기갑편 쇼와12년』, 문서명 「야전주보규정개정에 관한 건」[12])

문서-3: 상하이 파견군내 육군위안소의 작부모집에 관한 건 [군마<群馬>현 지사](쇼와 13<1938>. 1. 19)

<해설>

1938년 1월 일본 관동지방 북쪽에 있는 군마현에 중국 상하이의 현지 일본군 특무기관의 의뢰를 받았다고 하여 위안부 모집 업자가 모집활동을 시작했다. 그런데 업자의 모집방법에 문제가 많다고 느낀 군마현 경찰서는 그들을 체포하여 심문했다. 당시 군마현 경찰은 상하이 주둔 일본군 측에서 위안부 모집을 업자들에게 의뢰한

---

12) 아시아역사자료센터 : https://www.jacar.archives.go.jp/(레퍼런스 코드: C01001469500), 방위성 방위연구소 청구번호=陸軍省-大日記甲輯-S12-3-25.

사실을 모르는 상황이었다.

상하이는 일본군 '위안부' 제도의 발상지로 알려진다. 1931년 11월 일본의 상하이 주둔 해군 당국은 홍커우(虹口) 일대에서 일본인이 경영하는 성적 유흥시설 전체를 해군 특별 위안소로 지정했다.[13] 이것이 중국 내 '위안소' 개설의 시작이었다. 그 후 1932년 1월 28일 시작된 제1차 상하이사변 이후 상하이에 위안소가 잇달아 개설되었다.

한편, 위안부란 말이 처음에 나타난 장소도 상하이와 관계가 있다. 당시 일본군 상하이 파견군의 참모장이었고 후에 중국에 파견된 일본군 전체를 통괄하는 지나파견군 총사령관으로 취임한 오카무라 야스지(岡村寧次)가 위안부 여성들의 일단이라는 뜻으로 '위안부단'이라는 말을 처음 사용했기 때문이다.

특히 1937년 12월 난징 대학살 이후 상하이와 난징에서의 위안소 숫자가 급격하게 증가했다. 이 문서는 군마현 경찰서에서 진행된 업자들에 대한 취조조사 내용이 기록된 문서다.

----------------------<문서>----------------------

보(保) 제242호

쇼와13년(1938) 1월 19일 군 마 현 지 사

(경 찰 부 장)

내 무 대 신 귀하

---

13) 신화사(新華社), 2005. 6. 17.

육 군 대 신 귀하

　홋카이도청 장관 귀하

　경 시 총 감 귀하

　각 청 부현 장관 귀하

　다카사키(高崎) 연대 총사령관 귀하

　다카사키 헌병분대장 귀하

　　(현하 각 경찰서장 귀하)

상하이 파견군내 육군위안소의 작부모집에 관한 건

고베(神戸)시 마나토히가시구 후쿠하라쵸(湊東区福原町) 213

유곽업자 오우치 도시치(大内藤七)

위 사람이 자신의 주소지에서 창기 수십 명을 고용해 유곽 영업을 해 왔기 때문인지 이번에 지나 사변으로 출정(出征)한 장병들을 위안하기 위함이라 하여 재 상하이 육군 특무기관의 의뢰라고 하면서 상하이 파견군내 위안소에서 작부가업(추업<醜業>)을 하는 작부 3천 명이 필요하다고 말한다. 이것을 위해 금년 1월 5일 작부모집을 위해

관하[14] 마에바시(前橋)[15]시　렌자쿠쵸(連雀町) 17

예창기 작부 등 소개업 소리마치 추타로(反町忠太郎)

댁을 방문했다. 그 후 여러 번 마에바시를 방문해 별지의 서류(계약서<1

---

14) 관하: 군마(群馬)현 관하. 군마현은 일본의 관동지방 북부에 있는 현.
15) 마에바시(前橋)시: 군마현청 소재지.

호>, 승낙서<2호>, 차용증서<3호>, 계약조건<4호>)를 제시해 작부 모집을 의뢰해 온 사실이 있다.

본건은 과연 군의 의뢰가 있는지 여부가 확실치 않고 공서양속(公序良俗)에 반하는 듯한 사업을 공공연히 퍼뜨리는 듯한 행위는 황군(皇軍)의 위신을 심하게 실추시키는 것이라 생각하므로 이를 엄중하게 단속해야 한다. 관할 마에바시(前橋) 경찰서장에 지휘를 내려주시기를 부탁 말씀드린다.

아울러 오우치 도시치(大內藤七)의 언동이 하기와 같으니 말씀드린다. 그리고 귀 효고(兵庫)현에서는 단속을 철저히 하시고 번거로우시더라도 그 결과를 통보해 주시기 바란다. (현<縣>하 각 경찰서장들은 엄중히 단속해야 함.)

하기

일지(日支) 사변[16]에 의한 출정장병도 벌써 지나(중국) 재류 기간이 수개월이 되었고 전쟁도 고비를 넘었기 때문에 일시 주둔 태세가 되어서 장교가 지나의 추업부와 놀아서 병에 걸린 사람들이 상당히 많다. 군의 의무국은 전쟁보다 오히려 이 화류병(花柳病)[17]이 무섭다고 하는 상황이므로 이런 시설의 [설치] 문제가 제기되었다. 그러므로 재 상하이 특무기관이 우리 업자들에게 의뢰하게 되었고 동료

고베시 미나토히가시구 후쿠하라쵸(神戸市湊東区福原町)

현재 상하이 거주 유곽업자 나카노 미쓰조(中野光蔵)

---

16) 일지(日支) 사변: 중일전쟁
17) 화류병: 성병을 가리킴. 화류계(예기, 창기 세계)에 많은 병이므로 화류병이라 칭했음.

를 통해 약 3,000명의 작부를 모집하여 [현지로] 보내기로 되었다.

이미 본 건은 지난해(1937) 12월 중순부터 실행에 옮겨서 현재 2~300명이 [현지에서] 일을 하고 있다. 효고(兵庫)현[18]이나 관서지방 방면에서는 현(縣) 당국도 양해하여 응원해주고 있다.

영업은 우리들 업자가 출장으로 가서 영업을 하므로 군이 직접 경영하는 것은 아니지만 최초 별지와 같은 쿠폰(花券)(병사용 3엔, 장교용 5엔)을 영업자 측으로부터 군대에 납부하여 이것을 각 병사에게 나누어준다. [위안소를] 사용한 경우 각 장병들이 우리 업자들에게 쿠폰을 주기로 했고 업자들은 쿠폰을 모아서 제출하면 군 경리부로부터 그 사용대금을 받는 구조가 되어 있다. 직접 장병들로부터 현금을 받지 않는다. 군은 군으로서 위안비와 같은 경비에서 이 비용을 지출하기로 한 것으로 알고 있다.

어쨌든 이달 26일에는 고베항으로부터 두 번째 작부들을 군용선으로 보낼 생각이고 현재 모집 중에 있다. 운운.

(1호)　　　　　　　　　　계 약 증

一. 가업연한

一. 계약금

一. 상하이 파견군내 육군위안소에서 작부가업을 할 것.

一. 상여금은 번 돈의 1할로 한다(단, 그 반은 저금할 것).

一. 식비, 의상 및 소모품은 포주의 부담으로 함.

一. 연한(年限) 도중에 해약할 경우 원금의 잔액, 위약금 및 가업 개시 당

---

18) 효고(兵庫)현: 일본의 관서지방에 있는 현.

시의 여러 비용 일제를 즉시 지불해서 갚아야 함.

위 계약조항을 준수 이행하기로 하므로 이 계약증으로 틀림없이 약속함.

쇼와　년 월 일

본적지

현주소

　　　　　　가업인

현주소

　　　　　　연대인

귀하

(2호)　　　승 낙 서

본 적

주 소

과 업 인

　　　　　　년　　월　　일 생

위 사람은 전선에서의 귀하가 지정하는 육군위안소에서 작부가업(창기와 동일)을 하기를 승낙함.

쇼와　　년　　월　　일

위 호주 혹은 친권자

가업인

(3호)　　　　　　　　금원 차용 증서

一. 금

위 금원을 본인이 필요해서 받았기 때문에 차용하는 것이 사실임. 그러므로 변제방법은 별지 계약서에 입각해 작부가업을 하면서 변제하기로 함. 만일 본인이 계약을 이행하지 않을 때는 본인과 연대자가 신속히 갚기 위해 후일을 위해 차용증서로 이와 같이 틀림없이 약속한다.

쇼와　　　년　　월　　일

본적지

현주소

차용주

현주소

연대인

귀하

(4호)

올해도 머지않아 지나갑니다. 많이 바쁘신 줄 압니다. 저는 이번에 **의 양해하에 지나 중부 방면에서 군 장병을 위한 위안을 목적으로 하는 위안소를 설립하도록 결정했습니다. 다음 조건으로 약 500명의 작부를 모집하므로 번거로우시더라도 아무쪼록 급히 수배를 부탁드리고자 알려드리는 바입니다. 즉시 출장할 수 있도록 연락을 주시기를 부탁드립니다.

쇼와12년(1937) 12월 28일

오우치 도시치(大内藤七)

귀하

조건

一. 계약연한   만2개년

一. 가불금 오백 엔으로부터 천 엔까지. 단, 위 가불금의 2할을 공제하여 신체보호금, 교통비로 충당함.

一. 연령 만16세부터 30세까지

一. 신체 건강하고 친권자의 승낙이 필요하다. 단 양녀적에 있는 자는 생가측의 허락이 없더라도 문제없음.

一. 가불금 변제방법은 연한 종료와 동시에 소멸함. 즉 연기(年期) 중 가령 병으로 휴양한다고 해도 연기종료와 동시에 가불금은 완제됨.

一. 이자는 연기 중 없음. 도중에서 폐업할 경우는 잔금에 대해 한달 1부임.

一. 위약금은 1개년 내의 경우 가불금의 1할임.

一. 연기 도중 폐업할 경우 일당계산으로 함.

一. 연기 만료하여 귀국할 때는 귀국비용은 포주부담으로 함.

一. 정산은 매출고의 1할을 본인의 소득으로 하여 매달 지급함.

一. 연기 무사히 만료할 경우 본인의 매출고에 상응한 위로금을 지급함.

一. 의류, 침구, 식료, 입욕요금, 의약비용은 포주부담으로 함.

ㄱ. 영업자 부본	ㄴ. 영업자 부본
ㄱ.회계부본	ㄴ.회계부본
파견군위안소 ㄱ.쿠폰	파견군위안소 ㄴ.쿠폰
ㄱ. 파견군위안소 쿠 폰 한 장 금 5 엔	ㄴ. 파견군위안소 쿠 폰 한 장 금 2 엔
본권 1장 1명용	본권 1장 1명용

(출처: 일본 국립공문서관, 『내무대신결재서류, 쇼와13년(상)』,
문서명 「支那渡航婦女の取扱に関する件」19))

문서-4: 북지나[20] 파견군 위안작부 모집에 관한 건 [야마가타(山形)현[21] 지사](쇼와13. 1. 25)

<해설>

일본의 동북지방 야마가타(山形)현에서도 위안부 모집 업자들이

---

19) 아시아역사자료센터 : https://www.jacar.archives.go.jp/(레퍼런스 코드
=A05032040800), 국립공문서관 청구번호=平9警察00285100.

20) 북지나=중국 북부.

21) 야마가타(山形)현: 일본의 동북지방에 있는 현.

활동을 시작했다. 이 문서는 군마현 마에바시(前橋)시에서 활동했던 전술한 모집 업자 오우치 도시치(효고현 고베시)의 의뢰를 받았다고 한, 야마가타현 모가미(最上)군에 사는 도즈카 쿠니고로(戸塚国五郎)에 대한 야마가타현 경찰의 취조조사 결과다.

이 문서는 또한 야마가타현 지사 겸 경찰부장이 업자들에 대한 취조조사 결과를 상관인 일본 내무성 대신(장관)에게 보고한 문서이기도 하다.

이 경찰서에서도 아직 상하이 현지 일본군이 위안부 모집을 의뢰했다는 사실을 모르고 있다는 것을 알 수 있다.

---------------------<문서>---------------------

*보친(*保親) 제1호 중

    쇼와13년(1938) 1월 25일

        야마가타현 지사 다케이 군지(武井群嗣)

          (야마가타현 경찰부장)

    내무대신 수에쓰구 노부마사(末次信正) 귀하

    육군대신 수기야마 겐(杉山元) 귀하

        경 시 총 감 귀하

        각청부현 장관 귀하

      (현하 각 경찰서장, 단, 신조<新庄>지방 제외)

북지나 파견 위안작부 모집에 관한 건

고베시 미나토히가시구 후쿠하라쵸(神戸市湊東区福原町) 213

유곽업자 오우치 도시치(大內藤七)

관하에 있는 모가미(最上)군 신조쵸(新庄町) 사쿠라바바(桜馬場)의 예창기 작부 소개업자 도즈카 쿠니고로(戸塚国五郎)는 상기 사람으로부터 "이번에 북지나 파견군에서 장교 위문을 위해 전국에서 2,500명의 작부를 모집하게 되었다고 하여 500명 모집을 의뢰해 왔다. 작부는 연령 16세부터 30세까지, 가불금은 500엔으로부터 1,000엔까지 가업(稼業)[22]연수는 2년. 소개수수료는 가불금의 1할을 군부가 지급할 것이다 등 운운" 말했다.

이것을 관할 신조경찰서에서 들었는데 이런 것은 군부의 방침으로서는 금방 믿을 수 없을 뿐만이 아니라 이런 것들이 공연히 유포되어 있다는 것은 일반의 민심 특히 가정을 지키는 부녀자의 정신상에 미치는 악영향이 적지 않다. 더욱이 일반부녀자 인신매매 방지 정신에도 위배되는 것으로 관할 경찰서장은 이와 같은 취지를 해당 유곽업자에게 말했다. 그는 이것을 양해했고 본인의 나이가 많아 활동을 마음대로 못한다 등의 사정으로 모집을 단념했다. 전에 송부받은 서류 일체를 상기 오우치(大內)에게 반송한 상황이다.

위 내용을 말씀드리고 통보합니다.

(현하 경찰서장에 있어서는 참조하고 단속하는 데 문제 없도록 해야 한다.)

(출처: 일본 국립공문서관, 『내무대신결재서류, 쇼와13년(상)』,
문서명 「支那渡航婦女の取扱に関する件」[23])

---

22) 가업(稼業): 장사.

23) 주 19와 같은 문서.

문서-5: 지나 도항 모집 단속에 관한 건 [고치(高知)현[24] 지사](쇼와13년<1938> 1월 25일)

<해설>

이 문서는 일본 각지에 위안부 모집 업자들이 나타나는 것을 심각하게 생각한 일본 고치(高知)현 지사가 내무성 대신과 각 지사들에게 보낸 편지이고 고치현 지사는 업자들을 단속할 것을 당부했다. 특히 군의 의뢰를 받았다거나 추업(醜業), 즉 매춘을 목적으로 하는 여자들에 대해 중국도항을 금지해야 한다고 주장한 내용이다.

이 문서 또한 고지현에서도 아직 상하이 현지군이 다수의 위안부를 모집하기 시작했다는 사실을 모르는 상황에서 작성된 문서다. 당시의 일본 내 형법으로도 위안부 모집은 인신매매와 같으므로 범죄였기 때문에 경찰당국이 단속에 나선 것이 당연한 반응이었다.

------------------------<문서>------------------------

보발(保發)[25] 제24호

쇼와13년(1938) 1월 25일 고치현 지사 고바야시 미쓰마사(小林光政)

내무대신 수에쓰구 노부마사(末次信正) 귀하, 각 청 부현 지사 귀하

---

24) 고치현: 일본 시코쿠(四國) 지방에 있는 현.
25) 문서분류기호.

지나 도항 부녀 모집 단속에 관한 건

최근 지나로 도항할 부녀를 모집하려는 자들이 속출하는 경향이 있다. 이것은 주로 지나 도항 후에 추업(醜業)에 종사하게 함을 목적으로 하는 것이므로 마치 군과의 연락 하에 모집하는 것 같은 언사를 사용하는 등 좋지 않은 것이 있다. 그러므로 이것의 단속에 관해 별기와 같이 통첩을 송부합니다. 일단 참고하시기 위해 말씀드리고 통보합니다.

기

지나 각지에서 치안이 회복됨에 따라 각지로 기업가들이 진출하면서 이에 수반하여 예기 급사부(給仕婦)[26] 등의 진출도 매우 많다. 그중에는 군 당국과 연락이 있는 것처럼 말하여 도항 부녀자를 모집하는 자들이 점차 늘어나는 경향이다. 군의 위신에 관한 언사를 사용하면서 모집하는 자에게는 결단코 도항을 금지시켜 또한 추업에 종사할 목적으로 도항하려는 자에 대해서는 신분증명서를 발급하지 말도록 해 주시기 바란다.

(출처: 국립공문서관, 『내무대신결재서류, 쇼와13년(상)』, 문서명 「支那渡航婦女の取扱に関する件」[27])

---

26) 급사부: 식사시중을 드는 여성.
27) 주 19와 같은 문서.

문서-6: 시국이용 부녀유괴 피의사건에 관한 건 [와카야마(和歌山)현[28) 지사](쇼와13<1938>. 2. 7.)

<해설>

1938년 2월 7일 와카야마(和歌山)현에서도 부녀유괴 혐의자가 체포되었다. 그들은 중국 상하이 현지군의 의뢰로 3,000명의 작부를 현지에 보낼 계획이라고 비슷하게 말했다. 와카야마현은 이런 얘기가 사실인지 나가사기(長崎)현 지사에게 조회했다.

나가사키현에서는 업자들이 말하는 대로 상하이 현지 일본군이 부녀자 동원을 의뢰한 사실이 있고 상하이에 있는 일본 총영사관으로부터 업자들에 대한 편의제공 의뢰가 정식으로 들어왔음을 확인해 주었다. 이것으로 설마 했던 상하이 현지 일본군의 위안부 동원 지시가 일본 내에서 처음으로 사실로 드러났다.

한편 나가사키현은 거기서 활동한 업자들의 출신지 오사카부(大阪府)에 조회해 같은 사실이 있었음을 확인했다. 이런 조회 과정에서 위안부 동원과 위안소 설치에 상하이 현지 일본 영사관, 무관실, 헌병대 등이 역할을 분담하고 있다는 내용이 밝혀졌다.

이 문서는 일본군이 위안부 동원을 결정하면 현지 외무성 총영사관이나 영사관이 협조하여 일본 국내에서는 경찰들이 업자들에게 편의를 제공했고 영사관과 군이 준비한 군함으로 여성들을 중국

---

28) 와카야마현: 일본의 관서지방 남쪽에 위치한 긴키(近畿)지방에 있는 현.

현지에 보냈다는 사실을 증명한다.

그리고 이 문서를 보면 '항구 도착과 동시에 영사관에 머물게 하지 말 것을 원칙으로 하고 허락 여부 결정 후에 즉시 헌병대에 인도하는 것으로 함'이라고 규칙을 정했다. 즉 이 문서로 항구에 도착하면 영사관에서의 간단한 절차를 마치면 헌병대가 여성들을 즉시 현지 위안소로 이송했다는 사실을 확인할 수 있다.

항구에는 군 헌병대가 기다리고 있어 여성들이 혹시 마음을 바꿔도 도주 못 하게 했고 그들을 전선의 위안소로 즉시 보내는 시스템이 만들어져 있었다. 바로 여성들은 군함을 탄 순간부터 되돌아가거나 계약을 취소하기가 불가능한 시스템이었기 때문에 이것이 바로 일본정부와 일본군에 의한 위안부 강제연행 수법이었다.

---------------------<문서>---------------------

형(刑) 제303호 쇼와13년(1938) 2월 7일

와카야마현 지사(경찰부장)

내무성 경보국장 귀하 (현하, 각 경찰서장 귀하)

시국이용 부녀유괴 피의사건에 관한 건

우리 현하 다나베(田邊) 경찰서에서 표제의 사건이 발생했으며 이의 취조 상황이 다음과 같습니다. 이 내용을 말씀드립니다. (현하에서는 이것을 참고하여 단속에 도움을 주는 동시에 이후 같은 범죄가 있을 경우에는 수사에 착수하기 전에 보고하기 바란다.)

기

一. 사건 인지(認知) 상황

쇼와13년 1월 6일 오후 4시경 관하 다나베쵸(田邊町) 오아자(大字) 미코노하마(神子浜) 통칭 분리(文理) 음식점 상가에서 3명의 거동이 의심되는 남성들이 배회하므로 주의를 주었다. 그런데 그들 중 2명은 분리 수이조(水上) 파출소 순사에게 자신들은 의심스러운 자들이 아니라 군부의 명령으로 상하이 황군(皇軍) 위안소로 보내는 작부들을 모집하러 온 자들이고 3,000명을 보내라는 요구가 있어 이미 70명은 쇼와13년(1938) 1월 3일 육군의 어용선으로 나가사키(長崎)[29]항에서 헌병이 호위하면서 보냈다고 말했다고 순사가 보고했다.

진상이 의심스러워서 정보계 순사에게 수사를 시켰더니 [이들은] 분리(文里)항 요리점 만테이(万亭)[30]를 운영하는 나카이 코마노스케(中井駒之助) 집에서 놀면서 작부를 불러 술을 따르게 하면서 상하이 행을 권유했다고 한다. 교섭방법에 무지한 부녀자들에 대해 돈을 잘 벌 수 있는 점, 군대만 상대로 위문하여 식사는 군이 지급한다는 등 [얘기를 하여 이것은] 납치의 혐의가 있으므로 피의자를 동행시켜 단속을 개시했다.

二. 사건 취조 상황

피의자를 단속했더니

오사카시 니시구(西区) 나카노쵸(仲ノ丁) 21, 대석업(貸席業)

사가 이마타로(佐賀今太郎) 당년 45세

---

29) 나가사키항: 일본 규슈 서쪽에 있는 나가사키현의 항구.
30) 요리점 이름.

오사카시 니시구(西区) 나카노쵸(仲ノ丁) 1-389, 대석업(貸席業)

　　　　　　　　가나자와 진에몬(金澤甚右衛門) 당년 42세

　　오사카시 히가타쵸(日方町) 603, 소개업

　　　　　　　　히라오카 시게노부(平岡茂信) 당년 40세

라고 자백해 가나자와 진에몬(金澤甚右衛門)의 자백에 의하면 쇼와12년
(1937) 가을쯤

　　오사카시 니시구 짓펜쵸(西区十返町), 회사임원　　　고니시(小西*夫)

　　고베시 후쿠하라(福原), 대석업(貸席業)　　　　　　나카노 모(中野某)

　　오사카시 니시구 나카노쵸(西区仲ノ丁), 대석업(貸席業)

　　　　　　　　후지무라 마사지로(藤村政次郎)

라는 3명과 육군 어용상인 모(씨명미상)와 함께 상경하여 도쿠히사(德久) 소
령을 사이에 두고 아라키(荒木) 대장[31], 도야마 미쓰루(頭山滿)[32]와 회합하
여 상하이 황군의 풍기위생 상 연내에 내지(일본 본토)로부터 3,000명의 창
부를 보내게 되었다. 상세한 사정을 모르지만 후지무라와 고니시 두 명이 [여
성] 70명을 보냈는데 구조(九條)경찰서(오사카부), 나가사키현 외사과에서
편의를 제공해 주었다고 한다.

---

31) 아라키(荒木)대장: 아라키 사다오(荒木貞夫) 육군대장을 가리킴. 육군대장은 당시
　　일본수상과 동격. 아라키는 패전 후 A급전범으로 종신형을 선고받았다. 1955년 병
　　을 앓고 가석방되어 그 후 석방. 1966년 사망.
32) 도야마 미쓰루(頭山滿): 일본 최초의 본격적 우익 단체 겐요샤(玄洋社 : 1881-
　　1945) 총수. 일본의 민간에 의한 국가주의운동의 창시자격 존재.

상하이에서는 정교금(情交金)[33] 장교 5엔, 하사 2엔이고 2년 후에 군이 철수할 때 함께 철수한다고 하여 사전차입금은 800엔까지 낼 수 있다. 모집에 즈음해 후지무라 마사지로의 앞잡이로 와카야마(和歌山)현 하에 들어갔다. 그러나 물정을 잘 모르기 때문에 위와 같이 사정을 밝히고 히라오카 시게노부에게 안내를 하게 하여 고보쵸(御坊町)에서

고야나기 하토코(小柳八十子) 당년 26세

후지토 도미에(藤戸トミエ) 당년 28세

두 사람에게 고야나기 하토코에는 가불금 470엔, 후지토 도미에에는 가불금 362엔을 지불하여 가이난(海南)시 히라오카 시게노부 댁에 맡겨놓았다고 자백했다.

그리하여 구조경찰서 관계를 조회함과 동시에 진상을 밝혀내기 위해 고야나기와 후지토 등을 동행시켜 사정을 청취하니 가나자와 진에몬의 자백처럼 유괴방법을 진술했다.

三. 신병의 처치

조회에 의해 피의자 3명의 신원만 판명되었지만 황군 위문소의 유무는 불명했다. 그러나 구조경찰서에서 작부공모증명을 낸 사실이 판명되었다. 그러나 의문점이 많이 남아 있다. 진상 확인 후에 조사를 할 때도 피의자 도주와 증거인멸의 우려가 없다고 인정해 관할 검사에 보고한 후,

피해자 후지토 도미에(藤戸トミエ)

피해자 고야나기 하토코(小柳八十子)

---

33) 정교금: 위안소 이용대금.

피해자 나카오 도시코(中尾敏子)

피의자 히라오카 시게노부(平岡茂信)

관계자 나카이 코마노스케(中井駒之助)

관계자 유미쿠라 스가(弓倉スガ)

등에 대한 청취를 멈추어서 1월 10일 신병(身柄)을 석방했으나 언제라도 출두할 수 있도록 했다.

四. 관계 방향 조회 상황

나가사키 현 외사과 및 오사카부 구조경찰서에 조회했더니 아래와 같은 회답이 왔다.

기

(1)나가사키현 외사과(外事課)로부터의 회답.

13외친(外親) 제1700호

쇼와13년(1938) 1월 20일 나가사키현 외사경찰과장

와카야마현 형사과장님

사실조사의 건 회답

오사카시 미나미구 나카노쵸(南区仲ノ丁) 1-21 대석(貸席)업[34]

사가 이마타로(佐賀今太郎) 기타 2명

위의 사람들이 부녀 유괴 혐의로 취조의 취지로 황군 위안부녀 도항에 관한 사실 조사를 위해 이달 18일부 형(刑) 제303호로 조회하셨다. 그 결과 본 건에 관해서는 지난해(1937) 12월 21일자로 주 상하이 일본총영사관 경찰서

---

34) 대석업: 방을 빌려주는 업자. 여기서는 유곽을 뜻함.

장으로부터 본 현 나가사키 수이조(水上) 경찰 서장 앞으로 아래와 같이 의뢰를 보냈으므로 본 현에서는 이 의뢰서장에 의거하여

　一. 본인의 사진 2장을 첨부한 임시 작부 영업 허가원

　一. 승낙서

　一. 인감증명서

　一. 호적등본

　一. 작부 가업자에 대한 조사서

를 소지하여 합법적 고용 계약에 따라 도항할 것으로 인정되는 자에게는 도항을 허가해왔으니 이것을 회답한다. (중략)

황군 장병 위안부녀 도항에 대해 편의제공 의뢰 건[35]

본건에 관해 전선 각지에서의 황군의 진전에 따라 장병들의 위안 방법에 관해 관계 여러 기관에서 연구 중이었는데, 최근 본 영사관의 육군 무관실 헌병대 합의 결과 시설의 일환으로 전선 각지에 군 위안소(사실상의 유곽)를 다음과 같은 요령으로 설치하게 되었다.

　　　　기

영사관

(가) 영업원서 제출자에 대한 허락 여부 결정

(나) 위안부녀의 신원 및 사업에 대한 일반 계약 절차

(다) 도항 상 편의 제공

---

35) 이 문서는 재 상하이 일본영사관이 작성한 문서로 추정됨.

(라) 영업주 및 부녀의 신원 기타에 관한 관련부처 간 조회 및 회답

(마) 항구도착과 동시에 영사관에 머물게 하지 말 것을 원칙으로 하고 허락 여부 결정 후에 즉시 헌병대에 인도하는 것으로 함

헌병대

(가) 영사관으로부터 인도를 받은 영업주 및 부녀의 취업지 수송 절차

(나) 영업자 및 가업 부녀에 대한 보호단속

무관실

(가) 취업 장소 및 가옥 등의 준비

(나) 일반 보건 및 검징(檢懲)[36]에 관한 건

위의 요령으로 시설을 마련하는 일을 서둘렀는데 이미 가업여성(작부) 모집을 위해 본방 내지(일본 본토) 및 조선 방면을 여행 중인 사람이 있다. 앞으로도 같은 용무로 여행하는 자가 있을 터인데 이런 자들에게는 본 영사관이 발급한 신분증명서 안에 사유를 기입하고 본인에게 휴대하게 했으니 승선이나 그 밖에 일에 편의를 제공하도록 배려해 주기 바란다. 또한 항구도착 후 바로 취업지로 향하는 관계로 모집자, 포주 또는 그 대리인 등에게는 각각 사업에 필요한 서류(아래 양식)를 교부하고 미리 서류를 완비하도록 지시해 두었지만, 준비가 안 된 자들이 많을 것으로 예상하고 동시에 항구 도착 후 복잡한 절차를 반복하는 일이 없도록, 일단 휴대 서류를 검사한 다음에 도와주실 것을 부탁드린다.

---

36) 검징: 특히 성병검사를 뜻함.

전선 육군 위안소 영업자에 대한 주의 사항

전선 육군위안소에서 일하는 작부를 모집하러 갔고 작부를 동반하여 도항하고자 할 때는 미리 다음 필요서류를 갖추고 항구 도착과 동시에 본 영사관에서 출원허가를 받아야 한다.

만약 필요서류를 구비하지 못한 경우 허가하지 않으며 즉시 귀환시킬 수 있다.

기

一. 본인의 사진 2장을 첨부한 임시작부 영업허가원 각 개인별로 한 통(양식 제1호)

一. 승낙서(양식 제2호)

一. 인감 증명서

一. 호적 등본

一. 작부 가업자에 대한 조사서(양식 제3호)

쇼와12년(1937) 12월 21일 주 상하이 일본 총영사관 경찰서

(양식 제1호)

임시 작부 영업 허가원

본적

현주소

영업장소

가호

예명

본명

생년월일

위의 사람은 이번에 사정에 따라 전기 장소에서 임시 작부 영업을 하고 싶으므로 허가를 받고자 별지승낙서, 인감증명, 호적등본, 조사서 및 사진 2장을 첨부하여서 포주의 연서와 함께 허가를 부탁하는 바임.

쇼와　년　월　일

위의　아무개　인

포주　아무개　인

주 상하이 일본 총영사관 귀하

(양식 2호)

승낙서

본적

주소

가업인

생년월일

위의 사람이 전선에서의 귀하가 지정한 육군위안소에서 작부가업(창기와 동일)을 하는 것을 승낙하였음.

쇼와　년　월　일

위 사람의 호주 또는 친권자 아무개　인

가업인 아무개　인

(양식 제3호)

작부 가업자 아무개에 대한 조사서(조사자)

전 거주지 및 들어온 연 월 일

현주소

교육수준 및 경력

작부가업을 하기에 이른 이유

형벌을 받은 적이 있는지 여부

부모 또는 내연의 남편의 유무 및 그 직업

별도 차입금액

참고사항

비고

오사카 구조경찰서장으로부터 다나베<田邊> 서장에 대한 회답

갑작스럽게 연락 드리는 점 용서하시기 바랍니다.

이번 상하이 파견군 위안소의 종업작부 모집에 관해 내무성이 비공식적으로나마 우리 오사카 부 경찰부장에게 의뢰한 바가 있으므로 본 오사카부에서는 상당한 편의를 제공했고 이미 첫 번째는 이달 3일에 도항하게 했습니다.

현재 귀 관하에도 모집하는 자가 출장 중이라는 얘기인데 하기의 사람은 우리 경찰서 관할 내에 거주하는 자이며 신원 불량자가 아니라고 관계자로부터 원서가 제출되었으므로 그것이 사실임이 틀림없는 점만 제가 증명하는 바이니 잘 조치해 주시기 바랍니다.

　　　기

니시구 나카노쵸 1쵸메(西区仲ノ丁 1 丁目), 가나자와 진자에몬(金澤甚左

衛門)

　　1월 8일 밤

　　　　　오사카부 구조경찰서장 야마자키 이시오(山崎石雄) 인

　와카야마 현 다나베(田邊) 경찰서장 귀하

　　　　　　　　(출처: 국립공문서관, 『내무대신결재서류, 쇼와13년(상)』,
　　　　　　　　　　　　「支那渡航婦女の取扱に関する件」[37])

문서-7: 상하이 파견군내 육군위안소에서의 작부모집에 관한 건 (이바라키<茨城>현[38] 지사)(쇼와13<1938>. 2. 14)

<해설>

이 문서는 일본의 관동지방 북동쪽 태평양 연안에 있는 이바라키(茨城)현 지사가 효고현 고베시의 유곽업자가 현에 나타나 중국 상하이에 보낼 위안부를 모집한 사실을 거론하면서 내무성, 육군, 현하 각 경찰서장 등에 단속을 요청하는 내용이 적혀 있다. 이바라기현에서는 위안부 모집에 상하이 현지군의 의뢰가 있었다는 사실을 아직 모르는 상황이었다.

---

37) 주 19와 같은 문서.
38) 이바라기현: 일본의 관동지방 북동쪽에 위치하는 현.

보발(保發) 제44호

쇼와13년(1938) 2월 14일 이바라키 현 지사(경찰부장)

내무대신 귀하

육군대신 귀하

각청 부현 장관 귀하

미토(水戸)³⁹⁾ 연대구 사령관 귀하

미토 쓰치우라(土浦) 헌병 분대장 귀하

현하 각 경찰서장 귀하

상하이 파견군내 육군위안소에서의 작부모집에 관한 건

효고(兵庫)현 고베(神戸)시 후쿠하라(福原) 유곽영업 오우치 도시치(大内藤七)

위의 사람은 고베(神戸)시에서 유곽을 영업하고 있는데 지난달 19일 관할 미토(水戸)시 나라야쵸(奈良屋町)의 요리점으로 들어와 주인 이토 킨자부로(伊藤金三郎)의 가게에서 취업 중인 작부,

본적 치바(千葉)현⁴⁰⁾ 이수미군 도카이무라(夷隅郡東海村) 1-171

(가불 642엔) 와타나베 나라(渡辺ナラ)

다이쇼(大正) 3년(1914) 12월 20일 생,

---

39) 미토: 이바라기현청 소재지.
40) 치바현: 일본 관동지방 동쪽에 위치하는 현. 현재 나리타 국제공항이 있음.

본적 야마가타(山形)현[41] 미나미오키타마군(南置賜郡) 미사와무라(三澤村)

(가불 691엔) 스즈키 쓰루에(鈴木ツルエ)

다이쇼 2년(1913) 2월 14일 생

2명을 상하이에서 작부 가업을 시킬 목적으로 모집을 하고 오늘 고베(神戸)를 향해 출발한 사실이 있다.

위 모집의 경위를 조사하니, 오우치 도시치는 관하 나카군 미나토마치(那珂郡湊町)에서 출생했고 약 30년 전에 고베(神戸)시에 이주했다. 실제로 그의 먼 친척인 에바타 도라키치(江幡寅吉)라는 자가 미토(水戸)시 미나토마치(湊町)에 현재 살고 있다.

그런데 올해 1월 4일경, 위의 오우치가 에바타에게 상하이 파견군으로부터 의뢰가 있어 작부 수명을 모집하는데 적당한 자가 있으면 알려 달라고 연락했다. 이에 에바타는 미나토마치(湊町)의 중개업 오카와 마쓰키치(大川松吉)에게 이 건의 알선을 의촉한 결과 그 후 오가와, 오우치가 전술한 이토의 가게의 작부를 모집한 것이다.

모집 당시 이토에게 상하이 파견군의 의뢰가 있는 것처럼 말했지만, 본 건에 과연 군의 의뢰가 있었는지 전혀 확실하지 않고 작부라는 직업은 결국 추업을 목적으로 하는 것이 분명하므로 공서양속(公序良俗)에 어긋난다. 그러므로 본 사안을 공공연히 선전하면서 모집하는 행위는 황군의 위신을 심하게 추락시키는 것으로 인정되므로 엄중히 단속하기 위해 관할 미토(水戸)시 미나토마치(湊町) 경찰서장 앞으로 지시해 주시도록 이 내용을 말씀드리기 위

---

41) 야마가타현: 일본 동북지방에 위치하는 현.

해 연락드리는 바이다.

그리고 효고(兵庫) 현에서는 상당한 단속을 하고 그 결과를 부디 알려주기 바란다.

(현내 각 경찰서장은 엄중히 단속하시기 바람.)

(이하, 생략)

(출처: 국립공문서관, 『내무대신결재서류, 쇼와13년(상)』,
「支那渡航婦女の取扱に関する件」[42])

문서-8: 상하이 파견군 위안소의 작부모집에 관한 건(미야기<宮城>현[43] 지사)(쇼13<1938>. 2. 14.)

<해설>

이 문서는 미야기현에서도 상하이 파견군에 위안부를 보내는 업자들이 활동하여서 그것을 지사(겸 경찰부장)가 내무성에게 보고한 문서다.

여기까지의 일본 문서들로 상하이 현지군의 위안부 모집 의뢰를 받은 업자들은 일본의 효고현, 오사카부, 와카야마현 등의 관서지방과 킨키(近畿)지방, 그리고 미야기현, 야마가타현, 이바라기현, 군

---

42) 주 19와 같은 문서.
43) 미야기현: 일본 동북지방에 위치하는 현.

마현 등 일본의 동북지방과 관동지방, 또한 고치현, 나가사키현 등 시코쿠(四國), 규슈(九州) 지방에도 나타나 상당히 넓은 범위에서 활동을 시작한 것을 확인할 수 있다.

그들은 조선 방면에도 사람을 보낸 것을 언급했으므로 매우 큰 규모로 조직적으로 활동할 계획이었음을 알 수 있고 조선에서의 위안부 동원도 같은 시기에 본격화된 것을 알 수 있다.

----------------------<문서>----------------------

보(保) 제981호

쇼와13년(1938) 2월 15일 미야기현 지사(경찰부장)

내무대신 수에쓰구 노부마사(末次信正) 귀하

각 청 부현 장관 귀하

관하 각 경찰서장 귀하

상하이 파견군 위안소의 작부모집에 관한 건

주제의 건에 관해 지난달 19일자 보(保) 제242호로 귀관 군마현 지사로부터의 통보를 접해 그 후 내사 중이었다. 이달 8일 관하 나토리군(名取郡) ▆▆▆▆▆▆ 주선업자 무라카미 겐노스케(村上源之助) 앞으로 후쿠시마(福島)현[44] 다이라(平)시 ▆▆▆▆ 주선업 하세가와(長谷川) ▆▆▆▆로부터 작부로서 연령 20세 이상 35세까지의 여자에 가불금 600엔으로 약 30명 정

---

44) 후쿠시마현: 일본 동북지방에 위치하는 현. 2011년 3월 동북대지진 때 원전사고가 일어난 현.

도의 주선을 부탁한다는 내용을 우편엽서로 의뢰해 온 사실이 있다. 그리고 본인의 의향을 내사했는데 본인은 일소(一笑)하고 주선할 의사가 없다.

그리고 본건은 사실에 관해 현재 후쿠시마현에 조회 중임을 말씀드린다. (관하 각 경찰서에서는 본건의 사안을 고려해 계속 내사하여 발견될 경우는 속히 보고를 해야 함.)

위 내용을 통보해 드린다.

(출처: 관계자료집성 제1권, pp. 53–54)

상하이 위안소로 강제 연행된 김순덕씨(1921~2004)

　김순덕씨는 1921년 경상남도 의령에서 태어났다. 증언에 의하면 1937년 음력 정월이나 2월쯤 17세 되던 해에 준간호사를 모집한다는 말에 속아 중국 상하이로 연행되어 거기서 일본군 위안부 피해를 당했다.

　문서를 보면 1937년 12월부터 상하이 파견군으로 여성들을 대량으로 보내는 정책이 시작되었다. 당시 상하이파견군의 지시로 일본과 조선에 업자들이 보내졌다는 문서 내용이 있으므로 김순덕씨가 연행된 해는 실제로는 1938년 초쯤이 아니었을까 생각된다. 김순덕씨는 1940년까지 약 3년간 일본군 위안부 피해를 당했다고 증언했는데 1938년 초부터이면 1940년까지 약 3년이 된다.

　김순덕씨는 난징으로 갔을 때 취한 것같이 보이는 일본 군인에게 "취했어요?"라고 물었더니 그 군인은 "취한 게 아니다. 미친 거야. 너무 사람을 죽여서"라고 대답했다는 증언을 한 적이 있다. 이런 증언은 당시의 상하이나 난징에서 일어난 일본군의 잔인한 살육 행위를 상기시키는 생생한 증언이자 당시 난징대학살을 목격한 사람들의 증언과도 일치한다.

　김순덕씨는 난징을 거쳐 1940년 일본군 고위 장교의 도움을 받아 조선으로 귀국할 수 있었다. 김순덕씨는 피해자들의 상징이 된 그림 '못다 핀 꽃'을 그렸고 2004년 6월 30일, 늘 참여했던 수요일 집회의 아침 84세로 돌아가셨다.

제3절. 중일전쟁 이전의 중국 내 위안소 상황

1. 배경

중일전쟁 이전에도 중국 내에 위안소가 존재했고 위안부도 존재했다. 그러나 중일전쟁 이전의 위안소는 일본군에 의해 설치되었다기보다는 민간이 유흥업소 성격으로 설치한 것을 일본군이 위안소로 지정한 것들이 많았다. 중일전쟁 이전에는 일본군이 위안소를 강제적으로 만들 필요가 별로 없었기 때문이다.

그런데 일본군은 중일전쟁(1937)을 전후해서 위안소 설치와 위안부 동원을 적극적으로 추진하기 시작했다. 그 이유는 일본병사들이 중국 현지 여성들을 성폭행하는 사건이 늘어났고 그 결과 중국에서의 민심이반을 우려한 일본육군 당국이 위안소를 다수 설치할 것을 결정했기 때문이다. 그리고 일본병사들이 중국인 창부들이 있는 기존 유곽에서 성병에 많이 걸렸기 때문에 군 당국은 일본군이 관리할 수 있는 위안소 설치를 원했고, 일본병사들이 중국 내 민간 매춘부와 접촉하면 일본의 기밀이 누설될 우려도 있기 때문에 군이 관리하는 위안소를 만드는 것이 급선무가 되었다.

그러므로 중일전쟁 이전에 중국에 있던 유곽과 그 이후에 만들어진 위안소는 성격에 차이가 있다. 물론 일본이 1931년 만주사변을 일으켜 중국침략에 나섰다. 그런 면에서 볼 때 중일전쟁 이전에 중국에 존재했던 위안소도 특히 만주 측 위안소는 일본의 침략과 관련이 있지만, 아직 일본군은 중국 전체에서는 대대적인 위안소 설치라는 지침을 내리지 않고 있었다.

1937년의 중일전쟁 도발이 중국대륙과 나아가 동남아 전체를 점령하려는 일본의 움직임의 시작이어서 이와 더불어 일본군이 점령한 중국 각지에, 그리고 태평양전쟁 도발 이후부터는 남방의 점령지에 대대적인 위안소 설치를 감행했다.

환언하면 일본이 중일전쟁과 태평양전쟁을 도발하여 중국과 동남아 등에 대한 침략을 본격화하지 않았다면, 대대적인 위안부 강제동원이나 강제연행이 필요 없었다. 이런 관점에서 볼 때 위안부 문제란 여성의 인권문제일 뿐만이 아니라 일본군의 아시아·태평양 침략전쟁에 기인한 전쟁범죄인 것이다.

중일전쟁(1937)을 계기로 중국 내 위안소의 성격이 변화하므로 여기서는 중일전쟁 이전의 중국에서의 위안시설의 상황을 알 수 있는 문서를 살펴보기로 한다.

2. 관련 문서

문서-9 위생업무 순보 [혼성 제14여단 사령부](쇼와 8<1933>. 4. 11~20)

<해설>

상하이는 청나라 말기부터 일본해군의 해외에서의 최대 기지였다. 그런 연유로 1932년 상하이에 있는 일본 주둔군을 위해 최초의 위안소가 지정되었다. 전술한 바와 같이 상하이의 일본해군 당국이 상하이 유흥가를 해군위안소로 선정했다.

한편 1931년 만주사변을 일으킨 일제는 괴뢰 만주국을 건국했고 만주지역에서도 그 지역을 관할한 관동군을 위해 위안소가 설치되었다.

이 문서는 만주국 핑취안(平泉)[45]에 주둔한 일본군이 경영한 것으로 판단되는 위안소에 대한 건강검사 기록의 일부다. 이 위안소에서는 성병검사를 군이 실시했으므로 군이 관리하는 위안소였음을 알 수 있다. 주목할 만한 점은 이 문서에 기재된 위안부 총 38명 중 35명까지가 조선인 여성이었다는 점이다.

---

45) 핑취안(平泉): 일제가 건국한 괴뢰 만주국 열하성(熱河省)에 있던 지명. 현재는 허베이(河北)성 핑취안.

‒‒‒‒‒‒‒‒‒‒‒‒‒‒‒‒‒‒‒‒‒‒‒‒‒<문서>‒‒‒‒‒‒‒‒‒‒‒‒‒‒‒‒‒‒‒‒‒

쇼와8년(1933) 4월 자(自) 11일 지(至) 20일 위생업무 순보

혼성(混成) 제14여단 사령부

(전략)

六 방역 및 위생시설

핑취안(平泉)에 내선인(內鮮人)[46] 창기 38명이 들어와 개업했으므로 16일, 그 검징(성병검사)을 실시했고 앞으로 매주 1회 실시하기로 했다. 제1회 검사성적은 다음과 같다.

화류병[47] 예방법으로서는 예창기에게 건강 진단표를 소지하게 하여, 손님의 요구에 따라 제시하도록 지시하고, 이를 병사들에게 주지시킨다. 기타 성비고(星秘膏: 성병예방약) 콘돔의 사용을 엄격히 전달할 것. 그 외에 외출자는 귀가 후에 반드시 음부를 승홍수(昇汞水)[48]로 세척할 것을 지시했다.

검징성적

	검사인원	유독자 인원	병명 별 검사인원에 대한 %		
			임질	매독	기타
일본인예기	1				
동 작부	2				1
선인[49] 예기	2				1
동 작부	33	21% 4	2	2	15
계	38명	10.5% 4	5.26(%)	5.26(%)	17명

---

46) 내선인: 일본인과 조선인

47) 화류병: 성병

48) 승홍수: 독성이 강한 소독약.

49) 선인(鮮人): 조선인.

비고 검진자

관동군 임시 제1야전병원 부 육군 3등 군의정(軍醫正) 시마즈 기요시(島
津淸志)

보병 제25연대 제2대대부 육군 이등 군의　신카이 쥰(針介順)

(출처: 일본 국립공문서관, [衛生業務旬報]自昭和7年9月24日至昭和8年12月10日)[50]

문서-10: 혼성 제14여단 예창기 작부 건강진단 실시요령(쇼와8년<1933> 4월 28일)

<해설>

이 문서는 1933년 만주국 핑취안에 주둔한 일본군 혼성 제14여
단이 작성한 예창기와 작부에 대한 건강진단 실시요령이다. 이 내
용은 위안부에 대해 일본군이 성병검사와 기타 검진을 정기적으로
실시하는 규정을 만주사변 이후에 처음으로 작성했고 이 문서가 이
후 작성되는 위안부 관리요령의 기초가 된 것으로 보인다. 이 문서
의 목적은 위안부의 성병관리에 있으며 위안소를 이용하는 군인들
이 성병에 걸리지 않도록 하는 데 있었다. 이런 위안부에 대한 방침

---

50) 混成第十四旅団司令部 편집: 청구기호=返赤43011000(소장관 : 일본국립공문서
관), 아시아역사자료센터=레퍼런스 코드= A03032171600.

은 일본의 패전 시까지 변함없이 이어졌다.

----------------------<문서>----------------------

혼성 제14여단 예창기 작부 건강진단 실시요령. 쇼와8년(1933) 4월 28일

一. 여단 경비 구역 내(만주철도 부속지 제외)에서 영업하는 예창기 작부에 대한 건강진단은 본 요령에 따라 실시하기로 한다.

二. 본 건강진단은 군대 방역 상 필요에 따라 실시하는 것이지만 어떤 경우에도 인권에 관계되는 것이므로 신중히 실시하는 것은 물론, 헌병 또는 경찰관과 잘 협의하여 유루(遺漏) 없기를 기해야 한다.

三. 건강진단은 여단사령부 소속 군의정(軍醫正) (여단사령부 소재지 외에서는 그 토지의 고급의관)이 지시하는 의관에게 실시하게 하는 것으로 한다.

四. 건강진단 실시 횟수는 헌병 혹은 경찰관과 협의하여 정해야 하지만, 일반 검사는 매월 1회, 국부 검사(검징)는 매주 1회 이상 검사를 요하는 것으로 한다. 검사 일시 장소 등은 검사의관 헌병 또는 경찰관과 협의한 후에 정하는 것으로 한다.

五. 검사의관은 건강진단의 결과 질병에 걸려 가업을 할 수 없는 자, 또는 전염성 질병이 있는 자를 발견했을 때는 그 내용을 헌병 또는 경찰관에게 통보하기로 한다.

六. 검사의관은 예창기, 작부의 건강진단 부(별지 양식 제1)를 비치하고 검사할 때마다 소견을 기입하고 날인하여 후증(後症)의 자료로 하기로 한다.

七. 방역의 필요상 예창기, 작부에게는 건강진단 수검표(별지양식 제2)를 각자가 항상 휴대하도록 하여 객의 요구에 따라 제시하는 것으로 한다.

검사의관은 건강진단을 실시할 때마다 건강진단 수검표에 질병의 유무(병이 있는 자는 병명을 기입한다)를 기입하고 날인한 후에 그것을 본인에게 교부하는 것으로 한다.

八. 검사의관은 검사 종료 후에 되도록 신속히 검사 개황(概況)에 검사성적표(별지양식 제3) 4통을 첨부하여 여단사령부 소속 군의정에게 제출하는 것으로 한다.

九. 건강하지 못한 자에 대해서는 누주(樓主)[51]에게 신속히 치료받을 수 있도록 지도하기로 한다. 단 지방에 적당한 진료기관이 없을 경우에는 관동군의 지방민 시료(施療)실시 요령에 따라 시료를 실시하여 방역에 대비하는 것으로 한다.

十. 기루(妓樓)[52]의 화류병 예방시설에 대해서는 되도록 완비할 수 있도록 지도하기로 한다.

(중략)

(참고법규)

---

51) 누주: 가제 주인, 포주.
52) 기루=창기

창기 단속 규칙

제2조: 창기 명부에 기록되지 않은 자는 창기업을 할 수 없다. 창기 명부는 창기 소재지 관할 경찰관서에 비치하기로 한다. 창기 명부에 등록된 자는 단속상 경찰관서의 감독을 받기로 한다.

제3조 제3항: 창기 명부에 등록을 신청한 자는 등록 전에 청부현(廳府縣)령의 규정에 따라 건강진단을 받는 것으로 한다.

제9조: 창기는 청부현(廳府縣)령의 규정에 따라 건강진단을 받아야 한다.

제10조: 경찰관서가 지정한 의사 또는 병원에서 질병에 걸려 장사를 할 수 없는 자 또는 전염성 질환이 있는 자로 진단된 창기는 치유한 후에 건강진단을 받지 않으면 일에 종사할 수 없다.

제13조의 1: 아래 사항에 해당되는 자는 3개월 이하의 징역 또는 100엔 이하의 벌금에 처한다.

3: 제10조에 의해 가업을 할 수 없는 자 또는 가업 정지 중인 창기를 억지로 가업에 종사시킨 자.

제13조의 2: 아래의 사항에 해당되는 자는 구류 또는 과료에 처한다.

2: 제7조, 제9조, 제19조에 위배한 자.

(출처. 일본 국립공문서관. 문서명 [衛生業務旬報 自昭和7年9月24日至昭和8年12月10日][53])

53) 아시아역사자료센터: 레퍼런스 코드= A03032171600, 국립공문서관 청구번호=返赤43011000.

문서-11: 쇼와11년 재류 일본인 특수부녀의 상황 및 그 단속 [재 상하이 총영사관 경찰서 연혁지에 의함](쇼와11년 <1936>)

<해설>

이 문서는 중일전쟁 이전 1936년까지의 상하이에 재류한 일본인(조선인과 대만인 포함) 특수부녀의 상황 보고서다. 이 문서를 통해 1936년까지 상하이의 일본영사관에서는 상하이에 있는 일본 국적의 예기, 유녀 등을 줄이는 방침을 세웠다는 것을 알 수 있다.

그리고 예기, 유녀들도 자발적으로 업소를 떠나는 추세였다고 기록되어 있는 점이 주목된다. 그러므로 중일전쟁이 시작된 1937년 7월 이전의 상하이 위안소는 강제동원, 강제연행 되어 본인의 의사에 반한 상황에서 위안부가 되었다고 보기 어려운 업소들이었음을 알 수 있다. 그들은 1937년 이후와 달리 폐업도 자유스러웠다.

그러나 이 보고서는 상하이 관련 보고서이므로 만주 측 사정과는 다르다. 만주국의 위안부 관련 자료는 일본의 패전과 동시에 많이 파기되었으므로 그 실체를 파악하는 데 어려움이 있으나 강제연행에 관한 많은 증언이 남아 있다.

쇼와11년 재류 일본인 특수부녀의 상황 및 그 단속(재 상하이 총영사관 경찰서 연혁지에 의함)

1. 예기(藝妓)

쇼와11년(1936) 말 현재 요리점 겸 오키야(置屋, 포주집)[54] 수는 24채, 예기 수 145명으로, 전년에 비해 가게 수는 증감이 없지만 예기는 10명이 감소했다. 또 예기가 벌어들인 총금액은 쇼와10년(1935)의 368,708불에 대비해 쇼와11년(1936)은 343,074불로 전년보다 25,634불 감소했다.

그러므로 일본과 지나(중국)의 경제제휴 문제가 대두되어 생산물가 등이 점차 오름에 따라, 방적 기타 상업회사 방면의 거래가 활황세를 보여 11일 이후로는 이들 유흥가 방면에도 영향을 주었고 급격히 호황시대를 나타내기에 이르렀다. 예기들 대부분은 가정형편이 여의치 않거나, 또는 어릴 때부터 예비예기로 고용된 자여서 교육 수준이 낮아도 최근 사회정세 또는 국민사상이 바뀌고 접객이 비교적 상층계급에 속하는 등의 관계상 관련 상식이 많고 또 계약기간 만료 후에 재계약을 하는 자는 드물고 스스로 나가서 다른 정당한 직업으로 가려고 하는 자가 점차 증가하는 경향이 있다. 이로 인해 각 영업주는 새로운 예기를 고용하는 데 상당히 고심하는 상황이다. 당 총영사관에서는 위의 요리점 겸 오키야에 대해서는 보안 풍속 위생상의 단속에 박차를 가하는 동시에 신규 영업주와 종사자가 점차 감소하도록 정책을 강구하고

---

54) 오키야: '오키야'는 '포주집'이고 기생, 유녀를 두는 집이며 요정, 찻집 등에서의 고객의 요구에 응해 기생이나 유녀를 보내는 가게다.

있다.

2. 작부

쇼와11년(1936) 말 현재 (해군위안소인 요리점 3채 포함) 수는 10채, 작부수 131명(그들 중 내지인 102명과 조선인 29명)이며 요리점 3채는 거류 일본인을 고객으로 삼고 있고 나머지 7채는 해군 하사병을 전문적으로 고객으로 삼으며 지역 고객은 절대 받지 않는다. 또 작부는 건강진단도 해병대원과 당 총영사관 경찰관리가 입회하여 매주 2회 전문의에 의해 시행하고 있다. 그 외의 위안소에 대해서는 해군 측과 협조하여 단속을 엄하게 하며 또 신규개업을 허가하지 않기로 했다. 이들 가업 종사자는 모두 교육 수준은 낮아도 과거 수년 전에 비해 품성과 상식이 어느 정도 향상되고 있음을 알 수 있고 동시에 여급 '댄서' 또는 다른 직종으로 전향하겠다는 자가 점차 증가하는 추세다.

한편 고용할 때는 가불을 인정하지 않고 번 금액을 반으로 나누도록 계약하라고 명령했지만, 사실상 창기 직업으로 볼 수 있는 이 직업은 고용할 때 어느 정도의 가불은 피하지 못한다. 또 이들 중에 때로 자유 폐업 등의 신청을 하는 자 등이 있어 그때마다 임시 조치를 강구한다.

(출처: 관계자료집성 제1권, pp. 435-437)

만주의 위안소로 강제 연행된 조선 여성들

1) 만주 위안소에 강제 연행된 나눔의집 위안부 피해 여성들

1937년 이후 만주나 중국 북부방면의 위안소로 연행된 여성들이 많다. 만주의 위안소에 관한 기록은 1937년 이전의 것이 남아 있으나 1937년 이후의 자료는 거의 남아있지 않지만, 위안부 피해자의 증언이나 병사들의 증언으로 그 실태를 알 수 있다.

위안부 피해자로 알려진 여성분들, 그리고 나눔의집에 계시는 분들 중에는 만주의 위안소로 끌려가신 분들이 많은 편이다. 강일출씨(1928~)가 만주의 창춘(長春)과 무단장(牡丹江)의 위안소에서 피해를 당했고 김순옥씨(1922~)와 지돌이씨(1923~2008)가 헤이룽장성(黑龍江省)의 스먼즈(石門子) 위안소에서 위안부 피해를 당했다.

박옥순씨(1924~)는 헤이룽장성 무릉(穆稜) 부근의 위안소로 연행되었고 이옥선씨(1927~)는 엔지(延吉)로 끌려가서 위안부 피해를 당했다.

이옥선씨(1930~)가 또 한 명 계시는데 그분은 만주 하이청(海城)으로 연행되었고 김군자씨(1924~2017)는 훈춘(琿春) 위안소로 연행되어 위안부 피해를 당했다. 문필기씨(1925~2008)는 창춘에 있는 위안소로 연행되었고 문명금씨(1919~2000)는 헤이룽장성의 순우(孫吳)로 연행되어 위안부 피해를 당했다. 기타 만주의 위안소에서 피해를 당한 여성들이 많다.

2) 만주 둥닌의 위안소로 강제 연행된 조선 여성들

만주의 헤이룽장성 둥닌(東寧)의 위안소에서 관동군 병사 나가오 가즈로(長尾和郎)가 경험한 위안소의 체험담을 『관동군 군대 일기-병사의 생과 죽음과(関東軍軍隊日記-兵士の生と死と)』(1968) 속에서 다음과 같이 썼다.

만주 동부의 둥닝 변두리에 조선여성들의 시설이 있었다. 그 수는 알 수 없었지만 조선여성들만이 아니라 일본여성들도 있었다(중략).

(일반 병사용) 시설은 짚으로 둘러싸인 초라한 오두막집에서 한 평 정도의 마루에 매우 얇은 이불을 깔고 그 위에 누운 여성의 모습을 보았을 때, 내 마음에는 작은 휴머니즘이 불타올랐다. 하루에 몇 사람의 군인과 영업하는지. 밖에서 줄을 서는 군인들을 하나하나 때리고 싶은 의분 같은 충동을 느끼면서 나는 그 자리를 떠났다.

이들 조선 여성들은 '종군 간호사 모집'이라는 보기 좋은 광고에 끌려서 모집되었기 때문에 이런 시설에서 영업한다고는 생각하지도 못했다고 한다. 그런데 만주 각지에 보내져서 말하자면 병사들의 배설 처리 도구로 전락한 운명이 되었다. 나는 정에 무른 감상가였는지도 모르나 전쟁에 임했을 때 인간이라는 동물의 배설 처리에는 마음으로부터 환멸을 느꼈다. (후략)

이 글을 보면 만주지역에 상당히 많은 위안소가 있었음을 알 수 있다. 그리고 조선인뿐만이 아니라 일본인 위안부들의 존재도 확인 되었다. 조선 여성들은 '종군 간호사' 모집이라는 말에 속아서 연행 된 사람들이라고 전 일본인 병사는 증언했다. 이런 얘기들은 그가 만난 조선인 위안부에게 들은 것으로 보인다.

『관동군 군대 일기-병사의 생과 죽음과(関東軍軍隊日記-兵士の生と死と)』표지

3) 만주 훈춘의 위안소로 강제 연행된 조선 여성들

다음은 지린(吉林)성 훈춘(琿春)의 위안소에 관한 증언이다. 훈춘 은 나눔의집에서 생활하다가 2017년 돌아가신 김군자씨가 끌려간 장소다. 아래 문장은 제733부대의 공병으로 참전한 시마모토 시게 조(島本重三)가 『우리와 전쟁⟨2⟩ 전쟁체험문집(私たちと戦争⟨2⟩戦争体 験文集)』(1977) 속에 「군 위안소」라는 제목으로 쓴 글이다.

병사 전용의 위안소는 훈춘에 5채 산재해 있었다. 한 가게에 10명 정도의 여자들이 있었다. "군인 아저씨, 남자가 되세요." 조선의 여자들은 길가에 나가 병사들을 불러들였다. 아직 앳된 얼굴의 여자도 있었다.

군인의 위문을 위해서 일하는 것은 훌륭한 것이고 게다가 돈을 벌 수 있다고 유혹당해 먼 곳까지 연행되었다. 알게 되었을 때는 돌아가려고 해도 이미 돌아가지 못하게 되어 있었다. 그녀들은 굶주린 병사들의 먹이로 몸을 던져야 했다.

일요일에는 짐승이 된 군인을 상대로 잠시도 쉴 틈이 없었다. 아직 앞사람이 끝나기도 전에 다음 병사가 문을 두드리고 재촉해댔다. 베니어 판자로 만든 작은 방에는 빈약한 경대와 트렁크가 있었다. 그것이 그녀의 전 재산이었다.

얇은 이불을 덮는 약간 더러워진 시트에는 해부대처럼 불쾌한 피가 배어 있었다. 생리 때도 쉬는 것을 허락받지 못하고 일해야 하는 여자들이었다.

이 증언에서도 조선 여자들이 군인들을 위문한다는 얘기에 속아서 만주로 연행된 사실을 밝혔다. 일본인 병사들의 눈으로 봐도 일본군의 범죄는 분명했다. 그러나 시마모토 병사는 이런 위안부들에게 무엇인가 도움을 주지는 못했던 모양이다. 결국 본인의 의사에 반해 강제적으로 위안부가 된 조선 여성들은 대부분 어떤 도움도 받을 수 없어서 위안소에서 비참한 생활을 보낼 수밖에 없는 처지였다.

제2장.
전쟁의 격화와 군부 주도의 위안부 동원 시작

제1절. 위안부 모집에 관한 일본 내무성 통첩과 동원의 실상

1. 배경

상기 제1장에서 봤듯이 1937년 12월경부터 일본과 조선 내에 상하이 현지군에 작부 약 3,000명을 보내기 위해 부녀자를 모집하는 업자들이 빈번하게 나타나기 시작했다. 업자들은 때로는 유괴에 가까운 방법으로 부녀를 납치하다시피 했으므로 경찰에 의해 검거되었다.

그러나 그들은 취조조사 중에 상하이 현지 일본군의 의뢰를 받았다고 진술했으므로 일본 경찰서가 조사를 했더니 업자들의 말이 사실로 드러났다. 상하이 현지 일본군이 위안소를 증설하기 위해 위안부 모집을 업자들에게 맡긴 것이다.

이에 일본 내무성이 인신매매를 금지한 국제조약에 일본이 가입한 관계상 원래는 허용할 수 없지만 현지군의 사정을 고려하여 당분간 눈을 감자고 제안한다. 그리고 나서 여성들을 동원하기 위해 영사관, 헌병대, 무관실 등의 역할 분담이 정해졌는데 그 내용을 보면 일본뿐만이 아니라 조선에도 업자들을 보낸 것을 알 수 있다.

제1장에서 살펴본 문서들로 확인되는 것은 일본에서 중국으로 여성들을 보낼 때 군과의 협의하여 주로 군함을 사용했고, 중국 항구에 도착한 후 즉시 여성들을 헌병대에 인도하여 직접 위안소로 이송한다는 점이었다. 이것으로 확인되는 점은 여성들이 군함을 탄 이후는 업자, 영사관, 헌병대에 의해 위안소로 강제연행 되었다는 점이다.

일왕 직속부대인 현지 일본군의 결정이므로 위안부 동원에 협조할 수밖에 없는 일본정부는 내무성이 국내외적으로 눈에 띄지 않도록 업자들에게 편의를 제공해준다는 동원 방침을 세웠다. 그런데 이런 방침은 군의 허가가 있으면 경찰서가 업자들에 대해 눈감아주고 위안부 모집에 편의를 제공한다는 것이었으므로 수많은 불법행위가 자행되었음을 시사해 준다.

내무성 통첩 속에는 위안부가 될 여성들은 부모나 호주(戶主)의 허가가 필요했지만, 허가를 줄 사람이 없는 경우에는 그 사실을 기재하기만 하면 허가되었으므로 문서위조나 사기가 있어도 막을 수 없게 만들어져 있었다.

한편으로는 일본정부 내무성이 업자들에 대한 단속을 강화한다고 하기는 했으나, 그들에 대한 편의 제공이 보다 본질적인 내무성의 방침이었으므로 단속은 군의 허가증이 없는 업자들에게만 실시되었다. 군의 허가증을 가진 업자들에게는 그 횡포를 눈감아준 일본정부는 결국 군의 횡포를 허용한 것과 마찬가지이므로 군과 업자들의 범죄에 대한 공범, 방조자로서 위안부 강제연행의 법적 책임을 면할 수 없다. 군부는 위안부 동원을 직접 지시하여 이에 수반된 사기행위나 물리적 강제동원에 대해 눈을 감아주고 여성들의 목소리를 묵살했기 때문에 이에 대한 법적 책임을 면할 수 없다.

2. 관련 문서

문서-12: 지나 도항 부녀 취급에 관한 건 [내무성 경보국장] (쇼와13<1938>. 2. 23)

<해설>

이 문서는 소위 '내무성 통첩'으로 불리는 문서다. 중국 현지 일본군의 위안부 동원 요청에 따라 일본정부 내무성이 위안부 동원을 허가했다. 일본이 부녀의 인신매매를 금지하는 국제조약에 가입한 경위도 있어 국제적인 눈을 의식해 형식상 단속을 한다고 하지만 군의 허가를 받은 업자들은 눈감아주고 편의를 제공하라는 지침을 내린 것으로 확인된다.

내무성은 일본 내에서 이미 추업을 해온 만 21세 이상의 여성만 중국 현지로 보낼 수 있도록 하자는 방침을 세운다. 그러나 조선이나 대만에는 이런 방침이 적용되지 않았고 일본 내에서 연행되는 여성에게도 실제로는 적용되지 않은 사례가 많았다. 소위 감언이설로 취업 사기 수법이 많이 동원된 것으로 확인된다.

오랫동안 위안부문제를 연구해 온 일본인 학자 요시미 요시아키(吉見義明) 교수도 이 통첩은 "내지에서 종업부를 모집하기 위해"라고 적혀 있어 내지(일본 국내)에만 적용되었다고 지적하며 "조선, 대만에서는 적용되지 않았다"고 설명했다. 그 후에도 조선, 대만에서는 유괴, 감언, 인신매매 등에 의해 여성들이 동원되었으므로 "내지에서는 위법 행위가 일어나지 않도록 단속했지만, 식민지에서는 그런 조치를 취하지 않았다"거나 혹은 "식민지에서는 군 또는 경찰이 선정한 업자에게는 불법행위를 묵인하고 군 위안부의 모집을 추진했다"는 두 가지 가능성을 지적했다.[55]

아래 문서는 일본정부가 일본이나 조선, 대만 등에서 위안부 동원을 허가해 준 문서이자 아울러 일본정부가 위안부 동원에 법적 책임이 있다는 점을 잘 나타내는 문서다.

---------------------<문서>---------------------

내무성 발경(發警) 제5호 쇼와13년(1938) 2월 23일

내무성 경보국장

지나 도항 부녀의 취급에 관한 건

최근 중국 각지에서 질서가 회복됨에 따라 여행자가 현저하게 증가하고

---

55) 吉見義明『日本軍「慰安婦」制度とは何か』(岩波ブックレット，2010), pp. 30~31.

있는데, 그들 중에는 현지에서 요리점, 음식점, "카페" 또는 유곽과 유사한 영업자와 제휴하고 그런 영업에 종사하는 것을 목적으로 하는 부녀가 적지 않다. 더욱이 일본 본토에서 부녀의 모집 주선을 하는 사람들 중에는 마치 군 당국의 양해가 있다는 식으로 말하는 사람들도 요즘 각지에 빈번하게 나타나는 상황이다. 부녀의 도항은 현지의 실정을 생각해 볼 때는 확실히 어쩔 수 없이 필요한 면이 있다. 경찰 당국에서도 특별히 고려해서 실정에 맞는 조치를 강구할 필요가 있다. 그러나 이런 부녀들의 모집 주선 등 단속에 적절함이 결여된다면 제국의 위신을 훼손하고 황군의 명예를 더럽히게 된다. 그뿐만이 아니라 후방을 지키는 국민, 특히 출정 병사의 유가족들에게 좋지 않은 영향이 있고, 부녀 매매에 관한 국제조약[56]의 취지에도 어긋나지 않도록 하기가 어렵다. 그래서 현지 실정과 그 외 여러 가지 사정을 고려하여, 금후 이것의 취급에 관해서는 다음 각호에 준거하기로 함을 명으로 통첩한다.

　기

一. 추업[57]을 목적으로 하는 부녀의 도항은 현재 일본본토에서 창기 기타 사실상 추업을 하고 있고 만 21세 이상 및 성병 기타 전염성 질환이 없는 사람으로, 북부 지나, 중부 지나 방면으로 가는 사람에 한해 당분간 이를 묵

---

56) '부인 및 아동의 매매 금지에 관한 국제조약'을 뜻한다. 1921년 국제연맹에 의해 채택된 성매매(추업)와 이에 따른 여성과 아동의 인신매매를 금지하기 위한 국제조약. 1922년 6월 15일 발효되었고 일본은 1925년 12월 15일 비준서를 국제연맹에 기탁해 같은 날에 발효했고 1925년 12월 21일 일본에서 공포되었다. 이 조약으로 해외로 보낼 수 있는 부녀의 연령은 만 21세 이상으로 되었으나 조선과 대만은 이에 해당되지 않았다.
57) 추업: 매춘업이나 이에 준한 직업.

인하기로 한다. 쇼와12년(1937) 8월 미삼기밀합(米三機密合)[58] 제3776호 외무차관통첩에 의한 신분증명서를 발급할 것.

二. 전항의 신분증명서를 발급할 때는 직업의 임시 계약 기간이 만료되거나 직업을 계속할 필요가 없어졌을 때는 속히 귀국하도록 미리 말해놓을 것.

三. 추업을 목적으로 도항하려는 부녀는 꼭 본인 스스로 경찰서에 출두하여 신분증명서 발급을 신청할 것.

四. 추업을 목적으로 하는 부녀가 도항하기 위해 신분증명서 발급을 신청할 때는 반드시 동일 호적 내의 가장 가까운 존족(尊族) 부모, 존족 부모가 없을 때는 호주의 승인을 얻어야 하고 만약 승인해줄 사람이 없을 때는 그 사실을 밝힐 것.

五. 추업을 목적으로 하는 부녀자가 도항하기 위해 신분증명서를 발급할 때는, 직업계약 기타 제반 사항을 조사하고 부녀매매 또는 약취 유괴 등의 사실이 없도록 특히 유의할 것.

六. 추업을 목적으로 도항하는 부녀, 기타 일반 유흥에 관한 영업에 종사하는 것을 목적으로 도항하는 부녀의 모집 주선 등을 하기 위해 군의 양해 또는 군과 연락이 있다는 식의 언사 기타 군에 영향을 미칠 듯한 언사를 사용하는 사람은 모두 엄중히 단속할 것.

七. 전항의 목적으로 도항하는 부녀의 모집 주선 등을 위해, 광고 선전을 하고 허위 혹은 사실을 과장하여 전하는 행위는 모두 엄중히 단속할 것. 또는 이런 모집 주선 등에 종사하는 사람에 대해서는 엄중히 조사하고 정규

---

58) 문서분류 기호.

허가 혹은 재외공관 등이 발행하는 증명서가 없고 신원이 불확실한 자는 인정하지 말 것.

(출처: 국립공문서관, 『내무대신결재서류, 쇼와13년(상)』,
문서명 「支那渡航婦女の取扱に関する件」[59])

문서-13: 군위안소 종업부 등 모집에 관한 건 [육군성 부관] (쇼13<1938>. 3. 4)

<해설>

이 문서는 위안부 강제동원을 입증할 수 있는 매우 중요한 문서 중 하나다. 이 문서는 상기 문서-12 내무성 통첩이 하달된 후에 나온 문서다.

육군성 병부과가 기안하여 육군대신으로부터 위임을 받은 육군차관이 결재했고 육군성 고급부관이 중국에 파견된 군참모장에게 통지한 문서다. 이 문서에는 육군차관 우메즈 요시지로(梅津美治郎)가 날인했다. 육군대신은 육군차관이나 육군성 고급부관의 이름으로 통첩을 내는 경우가 많았다.

내용은 위안부 모집업자들을 단속해야 한다는 내용으로 시작되지만 결국은 위안부 모집에는 중국파견군이 통제할 수 있고 모집을

---

59) 주 19와 같은 문서.

맡길 수 있는 인물의 선정을 잘해야 한다고 주장했다. 그리고 모집을 할 때는 관계 지방의 헌병이나 경찰 당국과의 연락을 긴밀히 하면서 군의 위신을 떨어뜨리지 않도록 배려해야 한다고 지적했다.

바로 이 문서는 여성들을 위안부로 동원하되 사회적 문제가 되지 않도록 단속하면서 실시하라고 위안부 동원을 은밀하게 진행하라고 지시한 문서다. 이 문서는 내무성 통첩(문서-12)으로 일본정부가 위안부 동원을 허용한 다음 나온 문서라는 점에서 사회문제가 되지 않도록 신중하게 동원하라는 지시로 해석된다.

이렇게 위안부 동원에는 사회문제가 되지 않도록 일본의 관련 부처가 서로 연락을 하면서 진행하는 방식으로 일본의 공권력이 투입되었다. 이 문서는 위안부 동원에 일본정부와 일본군에 법적 책임이 있음을 증명하는 문서 중 하나다.

이 문서는 1992년 1월 요시미 요시아키(吉見義明) 교수가 발견하여 공표해 일본정부가 일본군의 관여를 인정하는 계기가 된 자료다.[60]

------------------------<문서>------------------------
군위안소 종업부 등 모집에 관한 건

쇼와13년(1938)

육지밀(陸支密)

---

60) 일본의 전쟁책임 자료센터 감수, 전게서, p. 39.

부관이 북지(중국북부) 방면군 및 중지(중국중부) 파견군 참모장 앞으로 보내는 통첩안

지나사변의 땅에 위안소를 설치하기 위해, 내지에서 종업원을 모집하면서 함부로 군부의 양해가 있다는 등의 명의를 이용하여 결과적으로 군의 위신에 상처를 주고, 또 일반인의 오해를 불러일으킬 염려가 있는 자, 혹은 종군기자, 위문하러 가는 자 등을 통해 통제 없이 모집하여 사회문제를 야기할 우려가 있는 자, 또 모집에 임하는 자에 대한 인선이 적절하지 못해, 모집 방법이 유괴와 유사하여 경찰 당국에 검거되어서 조사를 받는 자가 있는 등, 주의를 요하는 자가 적지 않다.

앞으로 이런 모집 등에 대해서는 파견군이 통제하고 이를 맡길 인물의 선정을 주도 적절하게 하여, 그 실시에 임해서는 관계 지방의 헌병 및 경찰 당국과의 연락을 긴밀히 하여, 결국 군위신의 유지상 및 사회 문제상 유루(遺漏)가 없도록 배려해 줄 것을 명에 의해 통첩한다.

육지밀 제745호 쇼와13년(1938) 3월 4일

(출처: 방위성 방위연구소, 쇼와13년(1938) 『육지밀대 일기』 제10호[61])

---

61) 아시아역사자료센터 : https://www.jacar.archives.go.jp/(레퍼런스 코드: C04120263400, 청구번호 : 陸軍省-陸支密大日記-S13-6-115.

문서-14: 지나 도항 부녀에 관한 건, 문의 [내무성 경보국 경보과장](쇼13<1938>. 11. 4.)

<해설>

이 문서는 남지나(중국 남부) 파견군이 400명 정도의 위안부를 동원해 보내달라고 내무성에게 신청한 문서다. 대만에서는 이미 300명을 도항시킬 준비가 되었다고 하니 한꺼번에 700명의 여성을 중국 광둥성에 보낼 계획이었던 것을 알 수 있다.

이 계획을 추진한 남지나 파견군은 광둥(廣東)성에 주둔한 군부대다. 그리고 특히 여기서 말하는 남지나 파견군이란 일본의 제21군 통칭 파(波)8604부대를 뜻한다. 이 부대는 1938년 9월 일본 내에서 조직된 부대인데 중국에 상륙하여 광둥성을 점령했다.

그들이 점령한 광저우시 중산(中山) 대학 의학부에 본부를 두었다. 광저우시는 1941년 12월 태평양전쟁이 시작되자 영국령 홍콩에 가까워서 전략상 중요한 곳이 되었다.

이 문서에는 1938년 2월 23일의 내무성 통첩에 입각해서 포주들의 선정이나 여성들의 이송을 추진하는데 모두 비밀리에 진행해야 한다는 내용이 들어 있다. 그리고 군 위안소를 만든다고 하면서 위안소가 군의 지시로 만들어진 점을 분명히 했다.

내무성이 여성들을 오사카, 교토, 효고 등지에서 동원할 인원수까지 지시하고, 대만까지는 포주의 비용으로 데려가고 대만으로부터 광둥성까지는 어용선(군함)을 이용하여 여성들을 이송한다고 지시한 내용이 적혀 있다.

이 문서로 위안부 동원은 일본군이 지시하여 내무성이 이 지시를 일본의 각 현(縣)이나 부(府)에 하달해 현이나 부에게 업자들을 선정하게 해서 위안부를 동원했다는 사실을 알 수 있다. 이렇게 하여 각 지방정부가 업자들에게 편의를 제공해 여성들을 동원하는 공동작전으로 취업사기 등이 동원되는 위안부 모집이 이루어진 것으로 확인된다.

-----------------------<문서>-----------------------

비(秘) 시행 11월 8일

쇼와 13년(1938) 11월 8일

지나 도항 부녀에 관한 건, 문의

오늘 남지나파견군 고조(古莊)부대참모, 육군항공부대 소령 구몬 아리후미(九門有文), 및 육군성 징모(徵募)과장으로부터 남지나파견군의 위안소 설치를 위해 필요하기 때문에 추업을 목적으로 하는 부녀 약 400명을 도항하게 하도록 배려해 달라는 신청이 있었다. 이에 관해서는 올해 2월 23일 내무성 발경(發警)[62] 제5호 통첩의 취지에 따라 다루기로 하고 아래 내용을 각 지방청에 통첩하여 비밀리에 적당한 인솔자(포주)를 선정해 그들에게 부녀자를 모집하게 하여 현지에 향하도록 하는 것은 어떤가. 참고로 이미 대만총독부

---

62) 문서분류 기호.

의 손을 통해서 그곳에서 약 300명이 도항 준비를 마무리했다고 한다

　기

一. 일본 본토에서 모집하고 현지로 보내는 추업을 목적으로 하는 부녀는 약 400명 정도로 하고, 오사카(100명), 교토(50명), 효고(100명), 후쿠오카(100명), 야마구치(50명)를 분담시켜 현(縣)이 그 인솔자(포주)를 선정해 부녀를 모집시켜 현지에 보낼 것.

二. 인솔자(포주)는 현지에서 군 위안소를 경영하게 하는 자이므로 특히 신원이 확실한 자를 선정할 것.

三. 도항하는 부녀의 수송은 일본 본토로부터 대만 가오슝까지는 포주의 비용으로 내밀하게 연행하고 이곳으로부터는 대충 어용선에 편승시켜서 현지에 보내기로 한다. 또한 이것이 어려우면 대만 가오슝-광둥(廣東) 사이에 정기 배편이 있으므로 이에 인솔자가 동행할 것.

四. 본건에 관한 연락은 참모본부 제1부 제2과 이마오카(今岡) 소령, 요시다(吉田) 대위가 담당한다. 현지에서는 군사령부 미네키(峯木) 소령이 이를 담당한다.

五. 이상 외에 이들 부녀를 더 필요로 할 경우에는 반드시 고조(古莊)부대본부에서 남지나 파견군에 관한 일을 모두 통일하고 인솔 허가증을 교부하도록 하기로 한다(구몬<九門>참모가 귀군한 후에 즉시 각 부대에 이 지시를 통보할 것)

六. 본건 도항에 관해서 내무성 및 지방청은 이들 부녀의 모집 및 출항에 관해 편의를 제공하는 일만 하고 계약 내용 및 현지에서의 부녀 보호는 군이 충분히 주의할 것.

七. 이상에 의해, 아울러 올해 2월 23일자 당국 통첩을 고려하여 본건 도항 부녀는 아래에 의해 각 지방청에서 취급하게 할 것. (일단 전화로 통보하고 아울러 서면을 발송할 것)

(가)인솔자(포주), 현지에서는 책임이 있는 경영자(포주 또는 관리자)를 필요로 하므로 추업을 목적으로 도항하는 부녀들의 인솔자 신원은 특히 확실하고 상당한 수의 추업 여성들을 인솔하여 현지에서 군 위안소를 경영할 수 있는 자를 선정할 것.

(출처: 국립공문서관, 『내무대신결재서류, 쇼와13년(하)』,

문서명 「支那渡航婦女に関する件」[63])

문서-15: 남지나 방면 도항 부녀의 취급에 관한 건 [내무성 경보국장](쇼13<1938>. 11. 8.)

<해설>

이 문서는 중국 남부에 주둔한 남지나 파견군에 여성들을 동원해 보낼 때 지켜야 할 사항을 내무성 경보국장이 오사카, 교토, 효고, 후쿠오카, 야마구치의 각 부현 지사 앞으로 보낸 문서다.

중국 남부에서 위안소를 경영하는 자는 확실한 자를 각 부 현에

---

63) 아시아역사자료센터(레퍼런스 코드=A05032044800), 국립공문서관 청구번호=平 9警察00286100)

서 선정하고 군이 위안부 동원과 위안소 설치를 결정한 것은 비밀로 하여 어디까지나 포주들이 자발적으로 위안소를 경영하기 시작했다고 위장할 것을 촉구하는 내용이 적혀 있다. 그리고 이런 내용은 모두 '극비'로 진행해야 한다고 이 문서는 강조하고 있다.

이 문서도 중국 현지군이 위안소 설치를 결정하여 위안부 동원을 내무성에 의뢰했고 내무성이 각 부현 지사에게 업자들을 선정하게 하여 부녀의 모집은 은밀하게 진행하도록 지시를 내렸기 때문에 일본군과 일본정부가 위안부 모집을 주도한 증거 문서다. 즉 위안부를 모집하는 업자들의 배후에 일본군과 일본정부가 있었음을 입증하는 증거자료다.

----------------------<문서>----------------------

통첩 안 경보국장 경보국 경발갑(警發甲)[64] 제136호   (11월 8일 시행)

오사카(大阪), 교토(京都), 효고(兵庫), 후쿠오카(福岡), 야마구치(山口) 각 부현 지사 앞

남지나 방면 도항 부녀의 취급에 관한 건

지나로 도항하는 부녀에 관해서는 올해 2월 23일 내무성 경발(警發) 제5호 통첩이 나온 내용도 있고 남지나 방면에서도 추업을 목적으로 하는 특수부녀를 필요로 하는 모양이지만, 아직 그들의 도항이 없고 현지의 희망도 있

---

64) 문서분류기호.

으니 사정이 어쩔 수 없다고 인정될 경우 본건을 아래와 같은 극비로 취급하는 것으로 하므로 배려 바란다.

기

一. 포주인 인솔자의 선정 및 취급

(가) 인솔자(포주)는 유곽업자 등 중에서 신원이 확실하고 남지나 방면에서 군위안소를 경영하게 해도 지장이 없다고 인정되는 사람을 포주인 인솔자로 선정하여 이들에게 남지나 방면에서 군위안소 설치를 허가하는 모양이므로 만약 그 설치 경영을 희망하는 자가 있는 경우에는 편의 관계 방면에 추천한다는 뜻을 전해 어디까지나 경영자의 자발적인 희망에 입각해 일을 진행해 선정할 것.

(나) 추업을 목적으로 남지나 방면으로의 도항을 허락하는 부녀자의 수는 약 400명으로 한다. 이를 위해 오사카부 약 100명, 교토부 약 50명, 효고현 약 100명, 후쿠오카현 약 100명 및 야마구치현 약 50명으로 분담하는데 이를 인솔하기 위해서 적당한 사람을 전항에 따라 선정하고 그 인솔자(포주)에게만 은밀하게 행하는 부녀 고용을 허가하고 그들의 도항은 다음 각항에 따라 취급할 것. 다만 도항하는 부녀의 출신 지방은 지정된 부현이 아니어도 지장이 없다.

(다) 인솔자(포주) 한 사람이 인솔하는 부녀의 수는 10명에서 30명 정도로 할 것.

(라) 앞의 3개항에 따라 위안소 경영을 희망하는 자가 있을 경우에는 즉시 그 인솔자인 경영자의 주소, 씨명, 경력 및 인솔 예정 부녀자 수를 비밀리에 전화 등으로 내무성에 통보할 것.

(마) 전항의 보고에 입각하여 군부의 증명서를 송부하기 위해 추업을 목적

으로 도항하는 부녀를 비밀리에 모집할 것.

(후략)

(출처: 문서-14와 같음)

문서-16: 추업부 지나 도항에 관한 경위 [내무성](불명)

<해설>

이 문서는 작성날짜가 없는 문서이지만 다른 문서와의 관계와 상하이 현지군의 요청이라는 내용으로 보아 1938년 1월경에 작성된 것으로 추정된다.

내무성 경무과장으로부터 효고현 경찰부장 앞에 유곽업자들에게 편의를 제공해 달라는 전보가 왔는데 해당 유곽업자들은 주선업의 허가증이 없었다. 그러나 내무성이라는 윗사람의 요청을 거절할 수 없는 경찰관계자는 그들의 활동을 허가해 주었다. 즉 현지 일본군의 권위 때문인지 내무성에서는 군부가 요청하는 위안부 동원에 어떤 반대도 못 하는 상황이었음을 알 수 있는 문서다.

일본정부가 일본군에게 압박을 받기 시작한 것은 만주사변 때부터였다. 1932년 5월 15일 괴뢰 만주국 건국을 비판한 이누카이 쓰요시(犬養毅)수상을 비롯하여 일본의 주요인사들이 만주국에서 상경한 관동군 장교들에게 권총으로 사살되었다. 이것이 5.15 사건이다. 1936년 2월 26일에도 2·26 사건이 일어나 한때 군부가 일왕까지 자신들의 영향하에 두려고 했다. 그런 사건 후 일본정부는 군부에 끌려다니는 신세가 되었고 일본 내에는 군부에 대한 공포분위기가 만연되었다.

1937년 일왕 직속의 일본군 통괄조직인 '대본영'이 출범한 이후는 더욱 일본군에 대해 일본정부가 의견을 말할 수 없는 상황이 되었다. 그것이 위안부문제뿐만이 아니라 일본군의 잔인하고 무도한 행위를 일본정부가 추인해 버린 요인이 되었다. 그런 뜻에서 일본정부는 직무유기라는 범죄를 면할 수 없다.

----------------------\<문서\>----------------------

추업부 지나도항에 관한 경위

一. 12월 27일 내무성 경무과장으로부터 효고현 경찰부장 앞에 "상하이 도쿠히사(德久) █████ 고베시 나카노 미쓰히로(中野光弘)라는 2명이 상하이 총영사 경찰서장의 증명서와 야마시타(山下)내무대신 비서관의 소개명함을 지참하여 출두할 예정이니 사정을 청취하신 다음 아무쪼록 편의를 제공해주시기 바란다"라는 전보가 왔다.

一. 12월 27일 이 2명이 출두하여 내무대신 비서관의 명함을 제출했는데 도쿠히사는 자신의 명함을 제출하지 않고 그 신분을 밝히지 않았다. 나카노는 고베시 가시와바라쵸(柏原町)4-8 나카노 미쓰히로(中野光弘)라는 명함을 꺼냈는데 2명은 유곽업자다.

一. 2명이 말하는 것은 오사카 세관에 근무하는 오키(沖) 중령과 나가타(永
田) 대위가 인솔한다고 칭하여 최소한 추업부 500명을 모집하고 싶은데
주선업 허가증이 없다. 이 연말연시의 휴가 중이지만 부디 지나 도항 절
차를 밟아달라고 요청했다.

一. 효고현 경찰부장은 일반 지나 도항자와 똑같은 증명서를 관할경찰서에서
발급하기로 했다.

一. 고베로부터 지나로 도항하기 위해 승선을 하느라 육로로 나가사키까지
간 자는 200명 정도였다.

一. 1월 8일 고베 출발의 임시선박 단고마루(丹後丸)로 지나로 도항한 4~50
명 중 미나토가와(湊川)경찰서에서 신분증명서를 발급한 사람은 20명이
었다.

一. 주선업 영업허가가 없는 자는 효고현에서는 묵인상태다.

(출처: 관계자료집성 제1권, pp. 105-109)

일본 형법과 한일병합조약으로 본 위안부문제[65)]

일본의 형법은 당연히 사람을 폭행, 협박 등으로 연행하는 약취, 그리고 감언이나 속이는 수법을 쓰는 유괴에 대해 법률 제45조로 개정된 형법 제224조부터 제227조가 엄벌할 것을 규정해 있다. 그리고 가불금을 주고 자유를 구속하면서 사람을 해외로 연행하는 것은 '제국 외 이송목적 인신매매죄'에 해당한다. 당시 일본의 법률이 적용된 조선에 대해서도 형법은 일본본토와 마찬가지로 적용되도록 1912년 '조선형사령'이 다음과 같이 규정했다.

조선형사령

제1조 형사에 관한 사항은 본령 기타 법령에 특별한 규정이 있는 경우를 제외하고 다음의 법률에 의한다.

형법

형법시행법

폭발물 단속 벌칙

메이지22년(1890) 법률 제34호

---

65) 이 칼럼은 일본의 '일본군 위안부문제해결전국 행동'이 작성한 『日本軍'慰安婦」関係資料21選』(2015), pp. 120~124를 참고로 했음.

통화 및 증권 모조 단속법

(중략)

조선 병합 후의 오늘날에 있어 형벌 법규에 두 종류의 계통을 존치(存置)하는 것은 부조리하고 불공평한 결과를 초래함을 면할 수 없다. 그러므로 조선총독부 재판소 령의 개정을 계기로 형사법규를 통일 정리하여 내외인 및 조선인의 구별 없이 공통의 실체법 및 절차법을 규정하여 대체로 내지(일본 본토)의 형법 법규에 의하는 것으로 하고 예외로는 현재 조선에서 실시되는 형사소송절차에 관한 특별규정을 습용(襲用)할 것으로 한다. 이것이 본령 제도를 필요로 하는 소의(所依)다.

(출처: 국립공문서관[66])

위와 같이 형법은 일본과 조선이 특별한 경우를 제외하고 차이가 없었다.

그러므로 일본 내무성은 여성을 해외로 이송한다고 하더라도 형법에 걸리지 않도록 만 21세 이상의 여성이어야 하고 원래 매춘업을 한 여성, 그리고 부모나 호주(戸主)의 승인을 받은 여성을 해외로 이송하도록 하자고 내부 방침을 정했다. 그래도 내무성이 '현지군의 사정을 고려하여 당분간은 눈을 감자'라고 한 것은 여성들에 대한 모집 수법이 약취와 유괴에 해당된다고 알고 있었기 때문이다.

---

66) 국립공문서관, 레퍼런스 코드=A01200089200, 문서명=『公文類聚 · 第36編 · 明治 45年~大正元年 · 第16巻 · 衛生 · 人類 · 獸畜 願訴,司法 · 裁判所~刑事』「朝鮮刑事 令ヲ定ム」

그리고 해외 이송을 승인해 줄 부모나 호주가 없을 경우에도 그런 사정을 기재만 하면 된다고 해서 서류 위조의 길을 열었다.

일본군이나 헌병, 일본정부 내무성, 경찰, 외무성, 육군성 등이 이런 형법을 외면하여 일본여성이나 조선 여성, 대만 여성들을 속이고 가불금으로 자유를 구속하여 현지 위안소에 도착한 후에는 본인들의 의사에 반해 강제로 위안부로 만들었으니 군이나 일본정부 각 부처는 법적 책임을 절대 면할 수 없다. 그것을 알고 있었는지 모르고 있었는지 한국정부가 2015년 한일 위안부합의를 맺은 사실 자체가 도저히 이해할 수 없는 일이다.

아래의 당시의 형법 조항을 제시한다.

법률 제45조(형법 개정)

(전략)

제33조 약취 및 유괴의 죄

제224조 미성년자를 약취 또는 유괴한 자는 3월 이상 5년 이하의 징역으로 처한다.

제225조 영리 외설 또는 결혼의 목적으로 사람을 약취 또는 유괴한 자는 1년 이상 10년 이하의 징역으로 처한다.

제226조 제국 외로 이송하는 목적으로 사람을 약취 또는 유괴한 자는 2년 이상의 유기 징역으로 처한다. 제국 외로 이송할 목적으로 사람을 매매하여 또는 피 유괴자 혹은 피매자를 제국 외로 이송한 자도 마찬가지다.

제227조 앞의 3조의 죄를 범한 자를 방조(幇助)할 목적으로 피(被) 유

괴자 또는 피매(被賣)자를 수수(收受) 혹은 숨기고 또는 은피(隱避)시키는 자는 3월 이상 5년 이하의 징역에 처한다.

영리 또는 외설의 목적으로 피 유괴자 또는 피매자를 수수한 자는 6월 이상 7년 이하의 징역으로 처한다.

(후략)

(출처: 국립공문서관[67])

위안부문제란 위 형법의, 특히 제226조를 현저하게 위반한 범죄임이 틀림없다.

---

67) 국립공문서관, 레퍼런스 코드=A03020700700, 문서명=御署名原本 · 明治40年 · 法律第45号 · 刑法改正.

제2절. 중일전쟁 확대와 위안부 동원

1. 배경

중국을 침략한 일본군은 1937년 12월 13일 난징 대학살로 중화민국 국민정부의 수도 난징을 점령했다. 그 후에는 전선을 확대하여 우창(武昌), 한커우(漢口), 광저우(広州) 등 중국의 주요 도시를 점령했다. 그리고 일본군은 도시들을 연결하는 철도도 지배하에 두었다.

중국군은 수도를 충칭(重慶)으로 옮겨서 항전했다. 중국군은 게릴라전을 펼쳤기 때문에 일본군이 고전을 면치 못하게 되어 중일전쟁은 장기전으로 돌입했다.

일본군이 점령하여 많은 위안소를 설치한 한커우는 중국 후베이성(湖北省) 동부에 위치한 대도시다. 한커우는 우창(武昌), 한양(漢陽)과 함께 우한시(武漢市)를 형성하여 소위 우한삼진(武漢三鎭) 중 하나다. 한커우는 양쓰강(揚子江)의 지류 한수이(漢水)와 양쓰강의 교차

지점에 위치하므로 예부터 교통의 요지로 지목되어 왔다.

한커우는 16세기에 한커우 진(鎭)으로서의 도시적 기초가 만들어 지자 급속히 발전했고 명나라 말기와 청나라 초기에는 중국 4대진 중 하나로 꼽히게 되었다.

여기에서는 난징과 한커우의 일본군 위안소 관련 문서들을 살펴본다.

우한시(武漢市) 우한삼진(武漢三鎭): 한커우(漢口), 우창(武昌), 한양(漢陽).
(출처: http://www.obadiah2015.com/issue0721010/stroy.htm)

2. 관련 문서

문서-17: 「외무성 경찰사 재 난징 총영사관」 발췌(쇼와 13<1938>)

<해설>

이 문서는 1937년 말경 군이 결정한 특수위안소 설치를 육군성, 해군성, 외무성 등 3성이 확인하는 문서이고 특수위안소가 기존의 위안소와 다르다는 점을 강조하는 문서다. 특수위안소는 군 전속의 위안소이고 일반인은 이용할 수 없도록 했다. 특수위안소는 병참부가 단속하고 헌병대가 수시로 감독하는 군이 통제하는 위안소를 뜻했다.

즉 1937년 말의 위안소의 대대적인 설치 계획 수립 이후 위안소의 경영은 업자들에게 맡기는 형태였으나 이 문서는 군이 직접 경영하는 특수위안소 설치를 일본정부 부처들이 확인한 문서다. 즉, 이 문서는 중일전쟁을 계기로 해서 위안소의 감독, 경영, 이용 형태가 바뀌는 것을 일본정부 관련 부처가 서로 확인하고 새로운 군 전속의 특수위안소 설치를 결정한 문서다.

----------------------<문서>----------------------

「외무성 경찰사 재 난징 총영사관」 발췌

쇼와13년(1938) 4월 16일 난징(南京) 총영사관에 육군성, 해군성, 외무성 3성(省) 관계자 회동해 재류 일본인의 각종 영업허가 및 단속에 관하여 협의회를 개최하여 각 항에 대하여 다음과 같이 결정한다.(난징 경찰서 연혁지 <誌>에 따른다.)

기(記)

1. 기일(期日): 쇼와13년(1938) 4월 16일 오전 10시 개시(開始), 같은 날 오후 5시 종료.

2. 출석자

    육군측

    병참 사령관 센다(千田) 대령

    제3사단 참모 구리스(栗栖) 중령

    제3사단 군의부(軍醫部)　　다카하라(高原) 군의 중령

    난징 특무기관　　　　　　　오니시(大西) 소령

    난징헌병대　　　　　　　　　고야마(小山) 중령

    상동　　　　　　　　　　　　호리카와(堀川) 대위

    상동　　　　　　　　　　　　기타하라(北原) 중위

    해군측

    해군무관　　　　　　　　　　나카하라(中原) 대령

    사가(嵯峨)[68] 함장(艦長)　　우에노(上野) 중령

---

68) 사가(嵯峨): 일본 군함 명칭.

영사관 측

하나와(花輪)총영사, 다나카(田中)영사, 시미즈(淸水)경찰서장, 사사키(佐々木)경부보

3. 의결사항

(중략)

(6) 군 외 사람들도 이용 가능한 군 매점, 위안소 문제

육해군에 전속된 군 매점 및 위안소는 육해군이 직접 경영, 감독하는 것이므로 영사관은 관여하지 않으나, 일반인이 이용할 수 있는 소위 군 매점 및 위안소에 대해서는 예외로 한다. 이런 경우 업자에 대한 일반 단속은 영사관이 그 업무를 담당하고 이에 출입하는 군인, 군속에 대한 단속은 헌병대에서 처리하는 것으로 한다. 또한 헌병대는 필요한 경우 수시로 임시 검문, 기타의 단속을 해야 한다.

즉, 군 헌병대, 영사관은 협력하여 군 및 거류민의 보건위생과 업자의 건전한 발전을 기해야 한다.

향후 병참부 지도에 따라 설치해야 할 군 전속의 특수위안소는 헌병대가 단속하는 곳으로 하고, 이미 설치된 위안소에 대해서는 병참부가 일반 거류민의 편리도 고려하여 그 일부를 특수위안소로 편입하고 정리해야 한다. 이상은 추후 각 기관이 협의하여 결정하기로 한다.

군 전속의 군 매점 및 특수위안소를 육군, 해군 양쪽에서 허가하는 경우는 영사관의 사무 처리에 편리하도록 해당 군 헌병대가 수시로 그 업태(業態), 영업자의 본적, 주소, 씨명, 연령, 출생, 사망 그 밖에 신분상의 변동을 영사관에 통보하는 것으로 한다.

(이하, 생략)

(출처: 관계자료집성 제1권, pp. 479~482)

문서-18: 쇼와13년(1938) 재류 일본인 특종부녀의 상황 및 그 단속과 조계(租界)당국의 사창 단속상황 [재 상하이 총영사관 경찰서 연혁지에 의함](쇼와13<1938>)

<해설>

일본정부는 1936년까지 상하이의 유곽 등 유흥업소를 감소시키는 방향이었으나 1937년 중일전쟁 발발과 동시에 상하이에 주둔한 일본 군인들이 증가함에 따라 정책을 변경해 다시 위안소를 늘리는 방향을 설정했다.

상하이는 1842년 아편전쟁을 종식하기 위해 청나라와 영국 사이에서 맺어진 난징조약 이후 영국, 미국, 프랑스, 일본 등의 조계지가 되었다. 당시 상하이에 일본인들이 많았던 이유가 바로 여기에 있다. 그런데 1937년 중일전쟁으로 중국 국민정부가 난징, 우한을 잇달아 잃고 충칭(重慶)으로 수도를 옮겼다. 그 후 열강들의 조계도시 상하이는 일본군 점령지에 떠 있는 섬처럼 되어 버렸다.

이 문서에서 주목할 점은 상하이 재류 일본인이 경영한 유곽 내 유녀들은 일본 본토 공창제에 의한 을(乙)종 예기(창기)였고 1907년 7

월 이래 영업해 왔는데 1929년 6월 상하이 공안국이 중국인 공창 폐지를 선포했고 일본인 업자들에 대해서도 폐쇄를 강요했다는 내용이다. 그러므로 1929년 6월 시점에서 중국 상하이에서는 공창제도가 사라진 것이다. 상하이 일본 총영사관은 이에 공창제도를 대체할 편법으로 요리점 작부제도를 개설했다는 부분이 이 문서의 중요한 부분이다. 바로 중국에서의 일본군 위안부제도는 공창제가 아니라 요리점 작부제도의 연장선에 있는 점이 중요한 관점이 된다.

일본군으로서는 중일전쟁 발발로 상하이로 파견된 병사들이 많아짐에 따라 위안소를 늘릴 필요가 생겼다. 이 문서에는 1938년 12월 말에 해군위안소 7채와 위안소 4채가 있다고 기술했다. 그리고 작부 191명 중 73명이 증원되었다고 기록했다. 상하이 총영사관 관내의 육군위안소 임시작부가 300명이라고도 기록되어 있다. 위안부를 작부라는 이름으로 데려온 증거 문서다.

------------------------<문서>----------------------

쇼와13년(1938) 재류 일본인 특종부녀의 상황 및 그 단속과 조계당국의 사창 단속상황(재 상하이 총영사관 경찰서 연혁지에 의함)

1. 예기

상하이에서의 예기의 보호 단속과 대우 개선 등에 관해서는 항상 세심하게 주의를 펼치고 있는 터, 이전에 쇼와 4년(1929) 5월 해당 업자로 하여금

주식 조직의 권번(券番)[69]을 설치하게 하여 권번 요리점과 오키야(포주집, 유곽), 그리고 포주와 예기 간에 대차(貸借)계약, 취업기간, 수익금 분배, 급여 등에 관한 명령을 내림으로써 예기의 대우개선을 도모하는 동시에 작년 말 일부 명령 내용을 개선하여 금일에 이르렀는데, 예기에 대한 대우 등의 실상은 오히려 일본본토의 사정에 비해 훨씬 개선의 영역에 들어가고 있다고 말할 수 있다. 쇼와 12년(1937) 8월 일지사변[70]의 전화(戰禍)가 상하이에 파급하자 일시적으로 모두 피난 귀환을 했지만 동년 12월경부터 점차 복귀하여 현재 요리점과 오키야 27채, 예기 수 257명이며 작년 말에 비해 4채 증가하고 60명이 증원되었다.

또 예기가 벌어들인 총금액은 작년 전쟁 때 예기들이 일본으로 귀환한 관계상 231,000여 불이었는데, 올해 12월 말일 현재는 859,800여 불로 올라갔다.

이들 요리점과 오키야 및 예기 등에 대해서는 항상 보안 풍속 위생상의 단속을 힘써 해오고 있지만 지나사변[71]에 유래한 현지 정세는 종래의 점감(漸減)책[72]을 지속할 수 없는 사정이 있음을 감안해 시설 기타 조건을 붙여 증가를 인허하기로 한다. 쇼와13년(1938) 12월 말 현재 요리점 오키야 27채, 예기 257명으로 올라 작년에 비해 60명의 증원을 보임.

---

69) 권번(券番): 일본어로는 검번(檢番). 권번은 직업적인 기생을 길러내던 교육기관이 자 기생들이 기적(妓籍)을 두고 활동하던 기생조합.
70) 일지(日支)사변: 중일전쟁
71) 지나(支那)사변: 중일전쟁
72) 중일전쟁 이전에 정해진 정책이고 점차 유흥업소를 감소시킨다는 정책.

2. 작부

재류 일본인이 경영하는 유곽은 일본 본토 공창제에 의한 을(乙)종 예기(창기)를 고용해 메이지 40년(1907) 7월 개업한 것인데, 쇼와 4년(1929) 6월 상하이 공안국은 관하 전반에 걸쳐 지나인[73] 공창 폐지를 선포하는 동시에 지나 거리에 있던 일본인 업자에 대해서도 폐쇄를 강요하는 등의 태도를 보였다.

한편 이에 호응하여 본토 일본인으로 조직된 부인교풍회(婦人矯風會) 상하이지부도 공창제에 극력 반대를 외치고 외무성에 진정서를 제출하는 등의 운동을 하여 사회문제로서 거론된 적이 있다. 국제도시에서의 일본인의 체면과 사회 풍교(風敎) 상 항상 문제시되는 상황을 감안해 본 총영사관에서도 동년 공창폐지를 대체할 편법으로서 요리점 작부제도를 개설한 이래 고용된 작부의 개선을 계획해 왔다. 그런데 쇼와 7년(1932) 상하이 사변[74] 발발과 동시에 일본 군대의 현지 주둔 증원에 따라 이들 병사의 위안기관에 일조하기 위해 해군위안소(사실상의 유곽)를 설치하여 현재에 이르렀다.

그런데 본 업자도 이번 사변 발발과 동시에 일시적으로 일본본토로 피난했는데, 작년(1937) 11월경에는 상태가 회복되어 그 후 거류 일본인이 크게 증가함과 동시에 호월(滬月), 말광(末廣)의 유곽을 늘려 12월 말일 현재 사실상의 유곽 11채(해군위안소 7채를 포함), 작부 191명(일본인 171명, 조선인 20명), 작년에 비하여 73명의 증원 되었음. 그리하여 일반 유곽 4채는 대부분

---

73) 지나인: 중국인
74) 상하이사변: 제1차 상하이사변. 1932년 1월 상하이 공동조계지 주변에서 일어난 일본군과 중국군의 충돌.

거류 일본인을 고객으로 하고 다른 해군위안소 7채는 해군 하사관을 전문으로 하여 절대 지방고객과 접촉하지 않는다. 또 작부의 건강진단도 육전대(陸戰隊)와 당 총영사관 경찰관리 입회하에 매주 1회 전문의가 실시하고 있다. 또한 기타 당 총영사관 관내에 육군위안소 임시작부 300명이 있다.

(이하 생략)

(출처: 관계자료집성 제1권, pp. 447-450)

문서-19: 「외무성 경찰사 재 주장(九江)영사관」 발췌(쇼와 13<1938>)

<해설>

1938년 6월 일본군은 중국 우한(武漢)과 광둥(広東) 공략을 결정했다. 이때 우한 점령작전을 위해 중지나 방면군이 편성되었고 1938년 8월 22일 중지나 방면군은 우한 공략 작전으로 우한삼진 공략을 시작했다. 광둥 공략 명령을 받은 제21군(파집단)은 남지나 방면군이 되어 1938년 10월 21일 광둥성을 점령했다.

이어서 10월 27일 중지나 방면군이 우한삼진을 점령했다. 전술한 바와 같이 우한 함락으로 장제스는 충칭(重慶)에 국민정부를 옮겼다.

이에 1938년 11월 3일 일본의 고노에 후미마로(近衛文麿) 총리

는 성명을 내고 "일본의 목적은 동아시아의 영원한 안정을 확보할
신 질서 건설에 있다"라고 하면서 '동아 신질서 성명'을 공표했다.
장제스는 12월 28일 "동아 신질서"는 중국의 노예화와 세계의 분
할 지배라는 의도가 있다고 비판했고 미국도 이를 승인할 수 없다
고 일본을 압박했다. 이에 미국과 일본의 대립이 본격화하기 시작
했다.

중국의 각성, 주요도시 명칭

(출처: http://home.hiroshima-u.ac.jp/yhiraya/er/Rres_CH.html)

그리고 그전의 11월 장제스를 지원하는 버마(현, 미얀마) 루트가
영미에 의해 완성되었다. 버마 루트는 버마로부터 중국 윈난(雲南)
성에 물자를 보내는 루트다.

12월 6일 일본은 "쇼와13년(1938) 가을 이후 대 중국 처리방안"을

결정하면서 더는 점령지 확대를 기도하지 않고 점령한 지역의 안정성 확보에 중점을 둔 '치안 지역'과 항일을 저지하려는 '작전 지역'으로 구분했다.

이러한 일본군의 침략과 전쟁상황 때문에 1938년 12월에는 중국 장시성(江西省) 북단, 양쯔강(揚子江) 변에 있는 도시 주장(九江)에서는 아직 종전의 상거래가 거의 불가능한 상태였다. 주장(九江)은 우창 동남쪽에 위치해 있다.

그런데 1937년부터 시작된 위안부 동원으로 1938년 12월 주장(九江) 재류 일본인 557명 중 약 40%(약 220명)는 특종(特種) 부인, 즉 위안부였고 그들은 군의 명령에 따라 이동한다고 기록되어 있다. 이 문서는 전쟁상태로 위험한 지역이라고 해도 지역인구에 비해 위안부 인원수가 매우 높은 비율이었고 현지 일본군이 위안부들을 데리고 전선을 이동했다는 사실을 증명한다.

주장(九江)은 우한(武漢) 동남쪽에 위치하는 도시다.
(출처: YAHOO! JAPAN 地図)

-----------------------<문서>-----------------------

「외무성 경찰사 재 주장(九江)영사관」 발췌(쇼와13<1938>)

개관당시의 상황은 다음과 같음.

1. 일본인 관계

12월 1일 주장(九江)[75] 재류 일본인은 557명이었지만, 그 대부분은 군을 대상으로 하는 음식점, 군 매점, 사진업, 특종(特種) 위안소 관계자로 모두 일시적인 재류자이며, 그중에서도 전 인구의 40%를 차지하는 소위 특종 부인 같은 경우 군의 명령에 따라 이동하고 있는 상태이기 때문에 주장(九江)의 부흥 또는 번영 등을 수립하기에 당분간 곤란한 실정이다.

또한 구(舊) 거류민은 난쉰철도(南潯鐵道) 관계자 2명을 제외하고 거의 복귀했으나 (대체로 단신<單身> 부임자임) 현재 루산(廬山) 및 난창(南昌)[76] 작전상 지나인 외의 외국인 복귀는 아직 허가하지 않기 때문에 사변 전과 같은 상거래가 전혀 불가능하다. 그러므로 부득이 군인 상대의 소위 '통조림 판매'가 계속되고 있어서 가급적 빨리 지나인(對支那人)과의 거래 개시 시기가 도래하기를 기다리고 있다.

군은 이들 구 거류민을 매우 동정하여 가옥 등도 종래의 가장 번화한 다중루(大中路)에 접한 지나인 점포를 호의적으로 할당해 주는 등 편의를 도모하고 있다.

또한 진출한 일본인에 대해서도 동 구역 일대를 일본인 거주 구역으로 삼

---

75) 주장(九江): 중국 장시성(江西省) 북단의 양쯔강(揚子江) 연변에 있는 도시.
76) 난창(南昌): 중국 장시성(江西省)에 있는 도시.

아 가옥을 할당하려고 하며, 지나인이 복귀하면 이들이 집세 등에 관해 근간 결성될 자치 위원회 방면과 협정할 필요가 있다. 현재 특무기관과 협의 중이며, 당 영사관에서도 재류 일본인 통제를 위해서도 속히 일본인회가 부활할 필요성이 있다. 이에 현재 민회장(民會長) 및 민회임원 등을 물색 중이다. 그러나 외국인의 복귀를 승인하지 않을 관계로 대외적으로 상당히 미묘한 관계도 있어서 일본인회 부활에 대해서는 신중을 기하고 있다.

(출처: 관계자료집성 제1권, pp. 477-478)

문서-20: 모리카와(森川)부대 특종위안 업무에 관한 규정 [모리카와 부대장](쇼14<1939>. 11. 14.)

<해설>

일본군은 1939년의 작전으로 1월부터 중국 국민정부의 새 수도 충칭을 공습하기 시작했고, 2월 10일 하이난(海南) 섬에 상륙, 3월 하이저우(海州) 등 장쑤성(江蘇省)의 요충지를 점령했고, 3월 27일 난창(南昌) 공략 등을 실시했는데 전쟁은 장기화의 양상을 띠었다.

1939년 6월에 접어들어 소련이 중국 국민정부에 1억5,000만 달러의 차관을 공여해 국민정부를 돕는 자세를 보였다.

한편 6월 14일 일본군은 베이징에 가까운 텐진(天津)에 있는 영국의 조계지를 봉쇄했다. 이에 영국은 현실을 인정해 일보 후퇴하는 작전을 취했다. 이렇게 영국이 일본에 대해 한발 물러섰지만, 미국은 7월 26일 미일 통상항해조약 폐기를 일방적으로 일본에 통보했고 이에 일본정부가 충격을 감추지 못했다.

한편 9월 1일 유럽에서 나치 독일이 폴란드를 침공해 제2차 세계대전이 시작되었다. 이에 일본의 아베 노부유키(阿部信行) 내각은 개입하지 않겠다는 성명을 냈다.

11월에 접어들어 일본군이 영미의 장제스 지원 루트 차단을 목적으로 광저우(広州) 서쪽의 도시 난닝(南寧) 작전을 실시해 11월 24일 난닝을 점령했다.

(출처: YAHOO! JAPAN 地図)

11월 일본과 미국의 대사 간 회담이 시작되었지만 12월 22일 미국은 일본군이 중국에서 환율, 외환, 무역 등을 전면적으로 제한하는 이상, 미일 통상항해조약의 재체결은 불가능하다고 일본 측 요구를 거절했다. 이런 미일의 대립양상은 결국 태평양전쟁으로 연결된다.

1940년이 되어 3월 30일 장제스의 동지였던 왕징웨이(汪兆銘)가 난징에 친일정부를 수립했고 중화민국 난징 국민정부로 칭했다.

아래 문서는 1939년 11월 우창(武昌) 가까이에 있는 거디엔(葛店)과 화룽진(革容鎭)에 위치한 4개 위안소를 관리한 모리카와(森川) 부대장이 작성한 특종위안업무에 관한 규정이다. 이 규정은 "경비지역 내의 위안업무를 실시하기 위해 위원을 임명한다"라고 규정했다.

"전반적인 통제"는 연대 본부 무라카미 대위, 제1, 제2 위안소에 대한 "경영지도"는 나카지마 소위 등 3명, 제3, 제4 위안소에 대한 "경영 지도"는 고가 중위 등 2명, "위안소 검사 및 위생시설 지도"는 군의가 분담하는 것으로 되어 있다. 이 문서는 군대가 위안소를 직접 경영한 사실을 증명하는 문서 중 하나다.

----------------------<문서>----------------------

쇼와14년(1939) 11월 14일

모리카와 부대 특종위안 업무에 관한 규정

모리카와 부대

제1 본 규정은 모리카와 부대 경비지역 내 특종 위안업무에 관해 규정한다.

제2 특종 위안업소 개설의 취지는 장병의 살벌한 기풍을 완화 조절하여 군기 진작에 일조하는 데 있다. 따라서 이것이 단지 장려 또는 선전에 흐르는 행위는 엄한 단속을 요한다.

제3 경비지역 내에 위안업무를 실시하기 위해 위원을 임명한다. 그 차출(差出) 및 임무 분담 부표는 제1항과 같다.

제4 경비대장은 위안업무를 감독 지도하는 것으로 한다.

제5 위안소 및 식당 부근의 경계 및 군기 풍기의 단속은 화용진(革容鎭) 및 거디엔(葛店) 경비대장이 담임하기로 한다.

제6 위안소는 거디엔(葛店) 및 화용진에 설치한다.

제7 특종 위안소에 필요한 경비는 모두 경영자의 부담으로 한다. 그러므로 경영자는 아래의 각 항을 확실히 실시해야 한다.

설치의 취지에 반하거나 각 규정의 이행이 확실하지 않으면 영업을 정지하거나 퇴거를 명한다.

1 지정된 계급 외의 자의 출입 [제한]을 엄수해야 한다.

2 영업시간을 엄수해야 한다.

3 요금 및 소정 시간을 명료한 곳에 표시해야 한다.

4 입소권, 콘돔은 연대에서 발행하는 위안허가증 및 요금과 교환으로 교부해야 한다.

5 순찰자에 대해서는 이용자의 개황을 보고해야 한다.

6 매주 토요일은 12:00부터 개업하기로 하고 그날은 검징(檢徵)[77]을 받

---

77) 검징: 성병검사를 뜻한다.

아야 한다. 또 매월 제1, 제3 토요일은 공휴일로 하고 제1토요일에는 건강진단을 받아야 한다.

7 항상 위안소 내를 청결하게 하고, 음식물 및 술안주의 판매를 금한다.

8 위안부는 신체를 청결히 하고 항상 실내를 청소하며 콘돔을 교부해 둘 것. 또 세척(洗滌)[78] 설비를 갖추게 하고 세척을 장려하고 감독해야 한다.

9 검징실을 설비하고 불합격자는 격리수용하고, 일반 환자는 자신의 방에서 보양하게 해야 한다. 단, 문에 그 사정을 표시해야 한다.

10 경영자는 매일 매상표를 제작하여 매주 월요일 경비대장을 거쳐 연대본부에 보고해야 한다.

11 위안부의 외출에 관해서는 연대장의 허가를 받을 것.

제8 위안소를 이용하려는 하사관 이하는 다음 각 호를 엄수해야 한다.

1 연대에서 발행하는 위안허가증을 휴행하고, 입소권을 구입할 때에 위안소 경영자에게 교부해야 한다. 본 권은 1회에 한한다.

2 음주 명정(酩酊)한 자는 입소를 금한다.

3 음식물을 들고 들어가기를 허가하지 않는다.

4 위안소 내에서 시끄럽게 하면 안 된다.

5 위안부에게 난폭한 행동을 해서는 안 된다.

6 행위가 끝난 후에는 반드시 세척(洗滌)할 것.

---

78) 세척(洗滌): 상처나 국부를 씻는 것을 뜻한다.

7 이용시간을 엄수하여 타인에게 폐를 끼치지 않도록 할 것.

8 위안소 부근의 지나가(支那街)[79]에 출입하지 말 것.

제9 위안소는 다음 시간 및 구분을 따라 이용해야 한다.

제1 제2 거디엔(葛店) 경비대, 신디엔(新店) 경비대

제3 제4 화용진(革容鎭) 경비대

단, 제2위안소의 개설 시간은 따로 알린다.

이용시간

병사   10:00 ~ 18:00

하사관   19:00 ~ 21:00

단, 토요일은 12:00부터 개업한다.

제10 이용 요금은 다음 구분에 의한다.

장교   1시간   3엔 00

하사관   30분   1. 20

병사   30분   1. 00

단, 콘돔은 경영자의 지불로 한다.

제11 영업을 정지했을 때는 그것을 입구에 표시하고 군인, 군속의 출입을 엄금한다.

제12 위안소 설치소는 별지 부도 제1, 제2와 같다.

제13 각 부대의 이용일 배당은 따로 알린다.

제14 각 부대의 식당 이용일은 위안소 이용일과 같다.

---

79) 지나가 : 중국인 거리.

제15 각 부대의 식당 경영자는 제7 및 그 제2, 제3, 제5항을 확실히 실행할

  것.

제16 식당의 영업시간과 판매품을 다음과 같이 정한다.

  매일 10:00 ~ 21:00까지

  단, 제1, 제3 토요일은 휴업한다.

  과자 및 일반 음식물, 술 등.

부표 제1

모리카와 부대 특종 위안업무 위원

임무	차출부대	관명
위안에 관한 업무 전반의 통제	연본	무라카와(村上) 대위
제1, 제2 위안소 및 식당의 경영 지도		나카지마(中島) 소위
		우치다(內田) 중위
		하라다(原田) 준위
제3, 제4 위안소 및 식당의 경영 지도		고가(古賀) 중위
		후쿠다(福田) 중위
위안부의 검사 및 위생시설의 지도		군의(軍醫) 각자

(출처: 방위성 방위연구소, 『진중일기(陣中日記)』, 쇼와14〈1939〉. 11. 1.~11. 30.[80])

80) 아시아역사자료센터, www.jacar.archives.go.jp/(레퍼런스 코드=
  C11111527000), 방위성 방위연구소 청구번호=支那−支那事変北支−811.

문서-21: 「한커우(漢口)[81] 공략 후 일본인(邦人) 진출에 대한 응급처리 요강」 송부 건 [재 상하이총영사 대리](쇼와 13<1938>. 9. 28)

<해설>

대본영은 1938년 8월 22일 중지나 파견군에 한커우 부근의 요지 공략과 점령을 명령했다. 일본군은 9월 15일에 이르러서 한커우 남단과 동단을 점령, 중국군은 이날 한커우 시내에서 철수해 한커우는 함락했다.

이 문서는 한커우 함락 이후 한커우 체류 일본 거류민들의 귀환에 관한 규정문서다. 거류민의 귀환 외의 일본인들 출입은 단속하지만 "군대 위안소 개설을 위해 진출하는 자는 이에 한정되지 않는다"라고 하여 군 위안소 설치를 위해서 한커우로 들어오는 위안소 관계자, 위안부들은 군의 방침으로 적극적으로 수용한다는 문서다.

그리고 한커우 방면에 대한 통행허가증은 '군사상의 필요에 근거하여 군대에서 발행 교부하는 것 외는 육해군 특무부에서 발급하도록 한다'라고 기록되어 있으므로 위안소 및 위안부가 군사상 필요한 것들이었고 허가증을 군대 혹은 육해군 특무부에서 발행한다고

---

81) 한커우(漢口): 중국 후베이 성(湖北省) 동쪽, 한수이(漢水) 강과 양쯔강(揚子江)이 합류하는 북쪽 기슭에 있는 도시. 일본이 중일전쟁 중에 1938년 우한(武漢) 공략 시 점령했던 도시 중 하나.

하면서 군이 위안소 및 위안부 동원에 주도적 역할을 했음을 확인
할 수 있다.

----------------------<문서>----------------------

기밀 제3107호, 쇼와13년(1938) 9월 28일

재 상하이 총영사 대리 고토 이쓰오(後藤鎰尾)

외무대신 우가키 가즈시게(宇垣一成) 귀하

「한커우(漢口) 공략 후 일본인(邦人)[82] 진출에 대한 응급처리 요강」 송부 건

한커우 공략 후의 일본인 진출에 관해 9월 14일 연락회의에서 결정한 (현
지 영사관과 충분히 연락하도록 거듭 확인했음) 응급처리요강을 참고로 별지
와 같이 송부한다. 또한 사본 한 부를 하나와(花輪) 총영사에 교부해 두었다.

쇼와13년(1938) 9월 14일

연락회의 결정

한커우 공략 후 일본인(邦人) 진출에 대한 응급처리 요강

방침

한커우에 진출하고자 하는 일본인에 대해서는 군수(軍需)의 충족과 부흥

---

82) 방인(邦人): 일본인, 즉 일본 국적자를 뜻하여 조선인, 대만인도 포함된다.

의 촉진을 주안으로 하여 당분간 필요한 통제를 가한다.

요령

一. 한커우 거류민의 복귀(復歸)는 우선적으로 인정한다. 특히 군대 혹은 군인, 군속(軍屬)을 대상으로 하는 상업 종사자, 음식점 업자, 여관업자, 그리고 민단 임원, 수송(運輸)업자 등을 우선하는 것으로 한다.

二. 거류민 중의 유력자 수명은 특무부의 진출 시 동행(隨行)하는 것을 허가하고 한커우의 부흥, 물자 공급, 복귀 거류민의 지도 등에 관해 특무부(特務部)[83]를 보좌하게 한다.

三. 거류민 외의 진출은 복귀를 희망하는 거류민의 수송에 여유가 생긴 후에, 진출 후 신속하게 영업을 개시할 수 있는 자부터 우선적으로 인정함. 단, 군대 위안소 개설을 위해 진출하는 자는 이에 한정되지 않는다.

四. 일반 여행자는 한커우에서 숙영(宿營) 설비가 정비되어 수송력에 여유가 있는 경우를 제외하고 당분간 여행을 인정하지 않도록 한다. 단, 조사나 기타의 이유로 긴급하게 필요한 자에 대해서는 이에 한정되지 않는다

五. 한커우 공략 후 진출해야 할 일본인의 수송용 선박은 일청기선(日淸汽船)으로 하여금 미리 준비하게 해두는 것으로 한다.

六. 첫 번째 배편으로 진출하는 자에 대해서는 상품 외에 자가(自家)용 식량으로 대략 한 달분을 가지고 오도록 한다.

七. 공공시설 복구(復舊)용 자재 및 결핍물자의 수송은 특별히 고려하도록

---

83) 특무부: 특무부대, 특무기관이라고도 한다. 구 일본군의 정보기관이었다.

한다.

비고

한커우 방면에 대한 통행허가증은 군사상의 필요에 근거하여 군대에서 발행 교부하는 것 외는 육해군 특무부에서 발급하도록 한다.

(출처: 관계자료집성 제1권 pp. 121-123)

문서-22, 23: 한커우(漢口) 육군 아마야(天野) 부대 위안소 부녀자의 지나 도항(渡支)의 건과 답장 [외무대신](쇼와 14<1939>. 12. 22, 12. 27)

<해설>

다음 두 개의 문서(문서-22, 23)는 한커우에 주둔한 일본군 아마야 부대가 군위안소 개설을 위해 50명의 위안부 모집을 업자에게 의뢰한 사건에 대한 기록이다. 문서-22는 외무성 대신이 한커우 총영사에게 이 일을 아는지 문의를 한 내용이다. 업자는 50명을 모집했고 중국 도항에 필요한 부녀 인솔 허가를 가가와(香川)현에 신청해서 내무성 측은 이를 승낙했다. 그러나 내무성 측이 비공식적으로 허가를 내주었다고 하니 외무성이 현지 총영사에게 사실을 확인한 문서다.

내무성 통첩에 의하면 위안부를 중국으로 도항시키려면 내무성 산하 거주지 경찰서에 위안부가 되려는 여성들이 직접 출두하여 허가를 얻어야 한다. 그러나 이 문서를 보면 그런 절차가 올바르게 진행되었는지 의문이다. 정식 절차를 밟았다면 '비공식적'이라도 '어쩔 수 없이'라는 말이 나올 리가 없기 때문이다. 바로 위안부 동원에 불법이 동원되었다는 가능성을 시사하는 문서다. 여성들의 인원수도 50명이라는 결코 적지 않은 숫자였으므로 외무성 대신이 현지 총영사에게 문의를 한 것으로 판단된다.

업자들이 여성들을 대신해 50명의 명단을 제출하여 한꺼번에 허가를 받았을 가능성도 있다. 혹시 그런 방법이 동원되었다면 취업사기 등을 충분히 동원할 수 있었을 것으로 판단된다. 현지군의 결정에 내무성이나 외무성, 그리고 현지 총영사관이 끌려다니는 상황을 알 수 있는 문서다.

그런데 문서-23을 보면 내무대신의 연락을 받은 한커우 총영사가 한커우 현지 군사령부에 연락했더니 군에서도 정식 절차를 밟지 않았던 것이 드러났다. 그런데 이미 부대에서 준비를 진행했으니 이를 추인하겠다는 답변이 온 것이 문서-23이다. 총영사관에도 사전에 어떠한 연락도 없었다고 총영사는 확인했다.

이런 문서들은 일본정부와 일본군 사령부, 즉 대본영마저도 현지군에 대한 통제를 전혀 할 수 없는 상황이 당시의 실상이었음을 보여준다. 군에 대한 통제라는 직무를 유기한 일본정부와 일본군 사령부의 법적 책임이 무겁다고 하지 않을 수 없다.

문서-22: 쇼와14(1939). 12. 22.

주관 아메리카국장. 주임 제3과장. 쇼와14년(1939) 12월 22일

전송 제34890호. 쇼와14년 12월 23일 오후 7시 분 발

수신: 재 한커우 하나와(花輪) 총영사

발신: 노무라(野村) 대신

한커우(漢口) 육군 아마야(天野) 부대 위안소 부녀자의
지나 도항(渡支)의 건

제323호

재 한커우 가가와(香川)현[84] 아마야 부대에서 군위안소 개설을 위해 부녀 50명을 모집하는 목적으로 지나 도항에 대한 부녀 인솔 허가를 가가와현에 신청한 자가 있다. 동 현 관계에 군대 측으로부터도 이에 대한 알선을 신청했으므로 사정이 어쩔 수 없다고 인정하여 비공식적으로 승낙(內諾)한다고 내무성이 통보해왔다.

이상의 내용은 귀 총영사관과 양해가 끝난 것인지 알고 싶다. 일행은 연내에 출발할 계획이니 귀하의 의견을 즉시 회신 바란다.

(외무성외교사료관, 『지나사변에 임해 일본인(邦人)의 지나 도항 제한 및
단속관계잡건 일본인(邦人) 지나도항 단속에 관한 척식성 보고 (一)』

---

84) 가가와현: 일본 시코쿠 지방에 위치하는 현.

문서-23: 쇼와14(1939).12. 27.

한커우 육군 아마야(天野)부대 위안소 부녀 지나도항의 건-답변
[재 한커우 총영사]

노무라(野村) 외무대신

하나와(花輪) 총영사

제734호

귀 전보 제323호에 관해 (한커우 육군 아마야 부대 위안소 부녀 지나 도항의 건) 현지 군사령부에 연락한 결과, 위안부의 본토로부터의 초치(招致)는 허가제를 채택하고 있어 이번 아마야 부대의 위안부 초치에 관해서는 군에 대해 정식 절차를 밟지 않았다. 그러나 이미 동 부대에서 초치 준비를 한 사실을 감안하여 이를 추인(追認)하는 바이므로 이상 양해 바란다.

또한, 본 건에 관해서는 사전에 본 총영사관에 어떠한 연락도 없었고, 군의 의향으로는 초치한 위안부의 가업(稼業)에 관해서는 본 총영사관의 감독하에서 영업하게 해 달라는 요청이 있었다. 따라서 한커우에 오면 본 총영사관에 출두하도록 인솔자에 전달을 해주시기 바란다. (끝)

(출처: 관계자료집성 제1권, p. 133)

『한커우 위안소(漢口慰安所)』(나가사와 켄이치〈長沢健一〉 저, 도서출판사, 1983)

<해설>

이하의 내용은 중일전쟁 중 한커우에 있던 전첩관이라는 위안소에서 군의(軍醫: 군 소속의사)로 근무한 일본인 나가사와 켄이치(長沢健一)가 그의 체험을 기록한 책에 실린 실화다.

(『한커우 위안소(漢口慰安所)』) 표지

일본에서 속임을 당해 한커우 위안소로 연행된 한 여자가 성병검사를 거부하려 했을 때 벌어진 일에 대한 이야기인데 이 글 중에서 군의였던 저자는 여성이 일본에서 왔다고만 썼고 내지인인지 조선인인지, 혹은 대만인인지는 쓰지 않았다. 그 여성은 「訛り(나마리)」가 강한 말을 썼다고 기록되었으나 일본어로 '나마리'는 '방언'이 아니라 표준어와 차이가 있는 억양이나 발음을 말하므로, 이 여성이 당시 일본에 가서 살았던 조선인이나 대만인일 가능성도 배제할 수 없다.

전첩관(戰捷館)의 관리인이 처음 보는 젊은 여자의 손을 잡고 끌고
왔다. 그 여자는 엉덩이를 뒤로 내밀고 몸을 접는 듯한 자세로 뒷걸음질 치
고 있었다. 여자는 내 모습을 보더니 구석에 몰린 개처럼 겁에 질린 얼굴로
더욱 뒷걸음질을 쳤다.

나는 여자를 붙잡고 있는 관리인의 손을 떼서 그를 커튼 안쪽으로 불러
얘기을 들었다. 관리인은 여자가 어제 오후쯤 내지(일본본토)에서 왔고 오
늘 검사를 받아서 내일부터 가게로 나가야 하는데 검사를 받지 않겠다고
떼를 써서 곤란하다고 말했다.

나는 그 여자를 커튼 안쪽으로 불렀다. 검은 얼굴로 논밭에서 그대로 데
려왔다고 보이는 그 여자는 표준어와 차이가 나는 억양과 발음으로 울면
서, "저는 위안소라는 곳에서 병사들을 위로한다고만 듣고 왔는데 이런 곳
에서 이런 행위를 해야 한다고는 전혀 몰랐어요. 돌아가고 싶어요. 돌아가
게 해 주세요,"라고 통곡하면서 호소했다. 관리인은 매우 곤란한 모습이
었다. (중략)

다음날 그 여자는 관리인, 업자와 함께 다시 [진료실로] 들어왔다. …
어제 그 후에 관리인과 업자에게 뺨을 맞아서인지, 계속 울어서인지 눈을
뜨지 못할 정도로 얼굴이 부어 있었다. 오늘은 각오하고 왔는지 저항하지
않고 진찰 침대 위에 올라 누웠다. 여자는 소매로 얼굴을 가리고 다리가 긴
장으로 굳어지면서 부들부들 떨고 있었다. (중략)

[그 다음 날] 여자가 우는 소리가 들렸다. 창문에서 바깥을 보니 옆에
위치한 전첩관의 세수하는 방 창문에서 어제의 그 여자가 얼굴을 내밀고

토하고 있었다. … 울면서 토하고 토하기를 멈추면 다시 아이처럼 소리를 치르면서 운다. … 무거운 빚이 있고 돌아가려고 해도 돌아갈 수 없고 고향은 멀다. 부모, 형제, 가족, 친구, 호소해도 구제해 줄 사람은 아무도 없다. 그녀가 할 수 있는 것은 찢어지는 듯한 목소리로 울부짖는 일뿐이었을 것이다. 얼마 후 동료 위안부가 나타나 어깨를 안으면서 그녀를 데리고 갔다.[85]

---

85) 「女たちの戦争と平和資料館」 기타 편, 『ここまでわかった！日本軍「慰安婦」制度』 (2007, かもがわ出版), pp.21-22.

제3장.

일본군 각 편성부대와 위안부문제

제1절. 북지나파견군과 위안부문제

1. 배경

　중국에 주둔하는 일본군으로서는 우선 만주지역을 작전범위로 하는 관동군이 있었다. 그리고 관동군 외에는 중국(청나라)과의 합의로 일본 공사관이나 영사관, 그리고 중국에 체류하는 일본인을 보호하는 목적으로 '지나(支那)주둔군'이 텐진(天津)에 주둔해 있었다.

　1931년 만주사변에 이어 1932년 괴뢰 만주국을 건국한 관동군의 목표는 만주국을 지키는 데 있었고 나아가 중국북부를 장악해 분리시켜 일본군의 영향하에 두는 데 있었다. 그렇게 하여 관동군은 남하하려는 소련을 경계하는 데 작전의 중점을 두고 있었다.

　그런데 '지나(支那)'란 진(淸, 청)이라는 청나라의 명칭이다. 영어의 China(중국)를 일본식으로 읽어서 만든 일본 내에서의 중국의 명칭이다. 현재 일본에서는 이 말을 차별어로 규정해 사용하지 않으나 본서에서는 역사적 표기상 이 명칭을 사용하도록 한다.

텐진의 지나주둔군이 1937년 7월의 중일전쟁 발발로 중국 북부를 작전지역으로 하는 북지나방면군으로 재편성되었다. 그렇게 하여 만주에는 관동군, 중국 북부에는 북지나방면군이 주둔하게 되었고 만주국을 제외한 중국북부에 대한 작전은 주로 북지나방면군이 맡았다.

이어서 1939년 9월 '지나파견군'이 편성되었고 지나파견군 하에 북지나방면군은 북지나파견군으로 이름을 바꿔서 소속했다. 여기서는 북지나파견군(북지나방면군)의 위안부 관련 문서들을 살펴보기로 한다.

2. 관련 문서

문서-24: 군인군대의 대 주민 행위에 관한 주의의 건 [북지나 방면군 참모장](쇼13<1938>. 6. 27)

<해설>

이 문서는 청일전쟁 이후 1896년 창설된 '보병 제41연대'의 기록이다. 1938년 보병 제41연대는 북지나방면군 제5사단에 속하는 군부대였다. 1938년 중국의 산둥(山東)성, 허난(河南)성 등지에서 전투에 참가한 '보병 제41연대'에게 북지나방면군 참모장으로부터 지시가 내려왔다. 이 지시문은 병사들에게 중국여성들을 강간하지 말 것을 촉구하면서 강간을 방지하기 위해서 성적 위안 설비를 갖춰야 한다고 권장한 문서다.

----------------------<문서>----------------------

쇼와13. 7. 1.~7. 31.

보병 제41연대 진중일지

보병 제41연대

방위 연수소 전사(戰史)실

(전략)

三. 유래, 산둥(山東), 허난(河南), 허베이(河北)남부 등에 있는 홍총(紅槍) 회 다다오(大刀)회 및 이와 유사한 자위단체는 원래 군대의 약탈 강간 행위에 대한 반항이 치열했다. 특히 강간에 대해서는 각지의 주민이 일제히 일어서서 죽음으로 보복하는 것이 상시적이다 (쇼와12년<1937> 10월 6일 방면군이 배포한 홍총회의 습성에 대해, 참조). 따라서 각지에 빈발하는 강간은 단지 형법상의 죄악에 머물지 않고 치안을 해치고 군 전반 작전행동을 저해하는 누를 국가에 끼치는 중대 반역행위라고 말해야 한다. 부하 통솔의 직책에 있는 자는 국군 국가를 위해 읍참마속(泣斬馬謖)[86]을 명심하여 훈계를 주고, 그런 행위의 발생을 절멸할 것이 필요하다. 만일 이것을 불문에 부치는 지휘관이 있다면, 이는 불충의 신하라고 하지 않을 수 없다.

---

86) 읍참마속: 인정으로는 안 되지만 큰일을 위해 아까운 인물이라도 처벌해야 한다는 뜻.

四. 이와 같이 군인 개인의 행위를 엄중히 단속함은 물론 될 수 있는 대로 서둘러 성적 위안의 설비를 갖춰서 설비가 없어 본의 아니게 금을 어기는 자가 없도록 하는 것이 긴요하다.

五. 위 외에도 토벌 부대가 전투 상 필요에 의하지 않고 그저 적병(敵兵)이 존재 하기 때문에, 혹은 주민이 사는 곳 부근의 교통을 비적이 파괴했다는 이유로 주민의 가옥을 소각하는 것과 같은 것은 함부로 무고한 주민을 자포자기에 빠뜨려, 비적에게 투항하는 결과가 되기 때문에, 주민의 거주지를 소각하는 일은 엄히 금지시키기 바란다. 근래 각 유격 부대는 현(縣)정부를 만들어 상당히 조직적인 행정을 펴고 있어, 토벌 부대의 행위가 주민을 비호하는 태도로 나가지 않는다면, 주민이 일본군보다 오히려 유격부대를 돕는 일이 생길 것이다.

(후략)

(출처: 관계자료집성 제2권, pp. 33–36)

문서-25: 간부에 대한 위생교육 순서 [북지나파견군 갑집단 군의부](쇼15<1940>. 11)

<해설>

이 문서는 일본군 보병 제224연대 본부의 의무실이 간부들에게 실시한 위생교육 중 성병예방에 관한 내용이다. 이 문서의 발신자는 북지나파견군이다. 북지나파견군은 전술한 바와 같이 지나파견군 중 중국북부를 작전지역으로 한 일본군 부대를 지칭하며 옛 명칭으로서는 북지나방면군이다. 그리고 이 군부대에 소속하는 갑(甲)집단이란 장갑차 즉 탱크를 사용하는 군부대를 뜻한다. 바로 이 문서는 북지나파견군 갑집단 소속 보병 제224연대를 대상으로 한 문서다.

이 문서는 병사들에게 정신교육을 잘 실시하면서 특수위안소 외의 위안시설을 이용하게 하여 병사들이 되도록 특수위안소에 가지 않도록 하는 것이 좋다는 내용이 들어가 있어 주목된다. 병사들이 특수위안소에 가지 않는 것이 좋다는 이 문서의 취지는 화류병으로 불린 성병이 만연했기 때문으로 추정된다. 성병을 방지하기 위해 위안소를 설치하여 위안부를 동원했으나 위안소에서도 성병에 걸리는 병사들이 많았다는 사실을 보여주는 문서다.

그런데 그런 방침이 사실상 지키기가 어려웠기 때문에 이 문서는 위안부와의 성교 전후 병사들이 지켜야 할 성병예방 지침을 매우 구체적으로 설명한 문서이기도 하다.

쇼와14~17년(1939~1942)도 위생관계 참고서류철(1/3)

보병 제224연대 본부 의무실

(전략)

간부에 대한 위생교육 순서

1 보육	쓰네마쓰(常松)	군의 소령
2 결핵예방	고바야시(小林)	군의 대령
3 예상치 못한 외상 예	하야시(林)	군의 소령
4 콜레라예방	히라노(平野)	군의 소장
5 동상예방	미요시(三好)	군의 중령

20분간 휴게(공람품 설명)

6 소화기전염병예방	니시무라(西村)	군의 중령
7 화류병예방	핫토리(服部)	군의 대위
8 위생상으로 본 병요지지(兵要地誌)의 이용	히라노(平野)	군의 소장

비고: 2월 9, 10 양일 모두 정 14시부터 해행자(偕行者)[87] 회의실에서 실시하는 것으로 한다.

화류병예방

화류병은 몸을 해치고 가족을 파괴하며 나라를 망하게 한다.

一. 군의 성병예방 대책

---

87) 해행(偕行): '같이 간다'는 뜻인데 일본에서는 '같이 군대로 가자'라는 의미로 사용되었다.

1. 정신교육 및 각종 위안시설 등에 의해 특수위안소에 들릴 기회를 주지 않도록 하는 것을 첫 번째로 한다.

2. 전염의 우려가 있는 자는 치료될 때까지 내지에 환송하지 않는다.

3. 성병환자는 치료 후에도 재발할 우려가 있는 자는 그 내용을 현지 육군 병원장으로부터 출신지 시정촌(市町村)에 통보한다.

二. 화류병은 주로 성교에 의해 감염되고, 예창기는 거의 모두가 유독자다. 따라서 성교할 때는 다음 예방법을 확실히 실시해야 한다.

가. 음주 후에 성교해서는 안 된다.

나. 검징 증명서를 확인하라.

다. 성교 전에 여자에게 세척(洗滌)[88]을 시켜라.

라. 콘돔은 반드시 사용하라.

마. 성비고(星秘膏)[89]를 사용하라.

성교 전에 소량을 음경에 바른 다음에 콘돔을 낀다. 또 콘돔의 표면에 소량을 바르고 나머지를 성교 후에 요도 안에 주입하라.

바. 일이 끝난 후 신속히 방뇨 및 세척 소독을 하라. 성교 5분 이내에 소독하지 않으면 소독의 효과가 없다.

사. 귀영 후 의무실에 들려 처치를 청하라.

아. 이상이 있는 자는 조기에 진찰을 받고 철저한 치료를 받아라.

자. 포경인 자는 화류병에 걸리기 쉬우므로 특히 소독을 엄중히 하라.

(출처: 관계자료집성 제2권, pp. 337~341)

---

88) 세척(洗滌) : 국부나 성기를 세정한다는 뜻.
89) 성병에 듣는 약.

산시성(山西省) 타이유안(太原)으로 강제 연행된
조선 여성들

일본군 독립 혼성 제4여단에 소속한 콘도 하지메(近藤一) 병사는 다음과 같이 증언했다. 그는 중국 북부의 산시성 타이유안에 주둔한 병사였다. 이 증언은 일본의 사진 월간지 『DAYS JAPAN』 2007년 6월호에 '특집, 위안부 100인의 증언'에 실렸다.

(DAYS JAPAN, 2007년 6월호 표지)

대대 본부가 있는 타이유안에는 위안소가 있었습니다. (중략) 일본인 여성은 장교 전용이라서 하급병사들은 갈 수 없었습니다. 조선인과 중국인이 있는 두 군데가 하급병사용이었습니다. (중략)

조선인의 위안소로 갔을 때 나는 이야기만 했습니다. 그녀는 시골 출신으로 집안이 가난해서 돈벌이를 할 수 있다는 얘기를 하면서 일본의 공장으로 가자고 권유받고 왔는데, 도착하면 위안소였고 결국은 단념할 수밖에 없었다고 말했습니다.

위 증언도 취업사기로 속여서 여성을 위안부로 만들 목적으로 해외로 이송한 약취행위다. 여성이 단념할 수밖에 없었다고 얘기한 것을 '결국 수용했다'고 해석하면 안 된다. 가불금 등으로 자유를 구속하여 도망갈 수 없는 상황을 만든 것은 약취에 해당하므로 형법 제226조에 걸리는 범죄행위인 것이다.

제2절. 중지나파견군과 위안부문제

1. 배경

　북지나방면군(북지나파견군)과는 별도로 일본에서는 중일전쟁 개시로 '상하이 파견군'이 편성되어 상하이로 파견되었다. 이후 1937년 11월 상하이파견군은 '중지나방면군'으로 재편성되었고 이 '중지나방면군'이 1937년 12월 난징공략 작전이라 칭하여 난징대학살을 자행했다. 중국인으로는 잊을 수 없는 악몽을 만든 일본군이었던 셈이다.

　이어서 1938년 2월 '중지나방면군'은 폐지되어 '중지나파견군'으로 재편성되었다. 이렇게 해서 중국에 대한 일본군의 작전은 북지나파견군과 중지나파견군이 맡았으나 1939년 9월 '지나파견군'이 편성되었고 북지나파견군과 중지나파견군 모두가 지나파견군에 소속되었다.

　여기서는 중지나파견군의 위안부 관련 문서를 살펴보기로 한다.

2. 관련 문서

문서-26: 상황보고 [독립 공성중포병 제2대대장](쇼 13<1938>. 1. 20.)

<해설>

이 문서는 중지나방면군 소속으로 상하이와 난징 공략에 참가한 독립공성중포병 제2대대의 상황보고서다. 보고는 1938년 1월 20일 실시되었는데 보고내용은 1937년 12월 한 달간의 내용이다. 이 시기는 중지나방면군에 의해 난징 대학살이 자행된 시기다.

문서에는 병참이 경영하는 위안소와 군의 직속부대가 경영하는 위안소 두 군데가 있다고 기록되어 있다. 양쪽 민간이 아니라 군이 경영하는 위안소이므로 군이 위안소를 직접 경영했다는 증거가 되는 문서다.

그리고 문서의 위안소에는 군의 1대 단위로 함께 가고 1대당 1시간을 할당한다고 되어 있다. 1대를 구 일본군의 단위인 반(班)이나 조(組)로 볼 수 있으므로 5명부터 10명 사이였을 것으로 보인다. 그러므로 이 부대에서는 위안소 이용 시간이 병사 한 명 당 약 10분 내외였음을 알 수 있다.

---------------------------<문서>---------------------------

자 쇼와12년(1937) 12월 1일

지 쇼와12년(1937) 12월 31일

진중일지

독립공성 중포병 제2대대 본부

상황보고

一. 전반

본 대대의 일반 상태는 전투력의 충실, 군용의 정비가 예상한 대로 진보하여 즉시 차기 작전에 응할 수 있는 상태다.

그러나 세부에 이르면 아직 개선 향상이 필요한 점이 많다는 것을 감안하여 더욱 정신 위력의 단련과 훈련을 기하며 상사의 요망에 응답하려고 한다.

二. 군기 풍기

군기 풍기 상태는 긴장되어 있는 것으로 인정되지만 자칫하면 자신이 전쟁터에 있다는 자각이 부족하여 나태해질 수 있다.

(중략)

전상　4명

순환기　　　　　4명

호흡기　　　　　2명

화류병　　　　　1면

독감 위 신경병 각13명

계　　　　　　　24명

十一. 위안

위안설비는 병참이 경영하는 것과 군 직부대가 경영하는 것 두 군데가 있어서 정해진 날에 간부가 인솔하여 대충 1대에 약 1시간 배당된다. 위생상의 검사를 위해 군의(軍醫)에게 미리 입회 점검하게 하고 있다.

十二. 기타

(후략)

(출처: 관계자료집성 제2권, pp. 225~228)

문서-27: 독립공성 중포병(獨立攻城重砲兵)[90] 제2대대 제2중대 진중일지(쇼13<1938>. 1. 26.)

<해설>

이 문서는 중지나파견군 소속 독립공성 중포병 제2대대의 1938년 1월의 진중일기다. 문서를 보면 1938년 1월 26일부 기록에 9세 여자아이를 성폭행한 일본병사에 대한 기록이 있다. 조사한 결과 그 여자아이는 성병에 걸린 것으로 확인되었는데 아마도 일본병사가 폭행하는 과정에서 여자아이에게 성병을 전염시킨 것으로 추정

---

90) 독립공성 중포병 대대(大隊): 중일전쟁(1937.7.) 발발 시 일본 요코스카(橫須賀)의 중포병연대에서 동원되어 중국 중부에서 참전했다.

된다.

9세 중국아이를 성폭행한 정도로 문제가 있는 일본병사가 있었다는 증거인데, 이 문서는 일본병사들에게 중국인의 민가로 들어가지 말 것과 중국인을 폭행하지 말 것을 촉구했다. 그것은 그런 사례가 많았음을 시사하는 기록이므로 당시 이 부대가 주둔한 상하이나 난징에서의 일본병사들의 소행이 매우 불량했음을 알 수 있는 문서다.

-----------------------<문서>----------------------

자 쇼와13년(1938) 1월 1일

지 동년   1월 31일

진중일지

독립공성중포병 제2대대 제2중대

(중략)

1월 26일

제4 야전병원

一. 어제 9세 여자아이를 폭행한 자가 있다.

조사한 결과 이 아이는 화류병에 감염되어 있었다. 이 사건을 감안하여 각 대는 화류병 환자에 주의할 것.

二. 병참의 창부 중 검사에 합격한 자는 합격표(목찰)를 소지하게 하니 주의할 것.

선무반

一. 지나 민가에 들어가지 말 것.

二. 지나인을 폭행하지 말 것.

三. 군표의 가치를 인식시킬 것.

四. 양민의 호적부를 작성하는데, 부근 지나민에게 호적 등록을 시킬 것.

(후략)

(출처: 관계자료집성 제2권, pp. 229~232)

문서-28: 독립공성 중포병 제2대대 제2중대 진중일지(쇼 13<1938> 3. 3.)

<해설>

이 문서도 중지나파견군 소속 독립공성 중포병 제2대대 제2중대의 진중일기다. 일본병사가 일으킨 강간, 약탈 사건이 언급되었고 위안소의 규정에는 민족별로 요금이 차이가 나는 것이 표시되었다.

일본 위안부가 가장 비싸고 조선인, 중국인 순으로 요금이 내려간 것을 알 수 있다. 이런 요금의 차이는 의사소통의 난이도나 나라별의 물가 차이 등이 이유라고 설명하는 일부 사람들이 있지만, 위안부들이 스스로 결정한 것이 아닌 이상 일본군이 멋대로 결정한 명백한 차별이었다고 하지 않을 수 없다.

-----------------------<문서>-----------------------

자 쇼와13년 3월 1일

지 동년　3월 31일

진중일지

독립공성 중포병 제2대대 제2중대

(전략)

	3월 3일(수) 구름, 소우(小雨)　휴양일
회보	(전략) 1. 중지나파견군의 명칭이 변경되었다. 　'상하이 하타(畑)부대 본부' 　앞으로 우편물의 수신인명은 '상하이 파견군 만바(萬波)부대 마쓰다(松田)대'로 한다. 2. 병사 중에 지나 음식점에 출입하는 자가 있다. 위생상 불가하여 출입을 금한다. 3. 성내에서 강간 약탈 각 1건이 있다(위수지 회보). 엄히 주의시킬 것. 4. 외출증을 소지하지 않고 위안소에 가는 자가 있다. 5. 할당된 날이 아닌데 가는 자가 있다. 四. 위안소 규정 중 필요한 사항 및 주의를 아래와 같이 알린다. 1. 하사관, 병사의 입구는 남측 동문으로 한다. 2. 단가 　지나인 1엔 　조선인 1엔 50전 　일본인 2엔

회보	3. 돈은 반드시 지불할 것
	4. 시간은 대충 1시간 이내
	5. 방독에 주의할 것
	6. 음주자의 출입을 금한다.

(중략)

3월 11일(금) 흐림
중대회보
一. 하사관인데 위안소에 밤에 가는 자가 있다 어제 헌병대에서 확증을 얻었다고 하니 일직(日直) 순찰장교가 잘 단속할 것. 또 타 부대의 할당일에 가는 자가 있다. 二. 외출한 병사의 행동이 불량하다. 순찰자나 헌병에게 부정행위를 보이는 일이 없도록 할 것. 특히 위안소에서 행동을 조심할것. (후략)

(출처: 관계자료집성 제2권, pp. 241~250)

문서-29: 창저우(常州) 주둔 간 내무규정 [독립공성중포병대2대대](쇼13<1938>. 3. 16.)

<해설>

이 문서는 1937년 3월 16일로 작성날짜가 기재되었으나 이것은 1938년 3월 16일의 오기로 보인다. 왜냐하면 1938년 3월 창저우에

창저우(常州)는 난징과 상하이 사이에 위치한 도시다.

(출처: YAHOO! JAPAN 地図)

주둔한 부대의 부대장들의 이름이 적혀 있기 때문이다.

　이 부대는 소속 부대가 6개였음을 알 수 있고 위안소를 사용할 요일이 부대마다 정해져 있었다. 그리고 병사 1인당 위안소 사용시간이 1시간이었다. 창저우의 위안소에서는 병사와 위안부가 만날 수 있는 시간이 비교적 여유가 있었던 것으로 판단된다.

　이 부대가 이용하는 위안소에는 일본인, 조선인, 중국인 위안부들이 있었고 여기서도 요금 차별이 있었다. 일본인이 가장 비싸고 조선인, 중국인 순이었다. 이 위안소에 대해서도 일본군이 일주일에 한 번씩 정기적으로 성병검사를 실시했으므로 일본군 직속 위안소로 판단된다.

　그런데 규정을 보면 위안부를 영업자로 칭하여 그들에게는 중국인을 손님으로 맞이하는 것을 금지했고 허가된 장소 외에는 외출을 금지했다.

중국인을 손님으로 맞이하면 안 된다는 내용을 보면 이 위안소는 군이 경영하지만 손님으로 군인 외의 일본인도 받아들인 것으로 추정된다. 위안부들에게 중국인과의 접촉을 금지한 것은 군의 기밀이 누설되면 안 된다는 관점이 있었기 때문으로 판단된다.

그리고 위안부들에게 허가된 장소 외에 외출하는 것을 금지했으므로 위안부들이 성노예 상태에 있었음을 알 수 있다.

이 문서가 1938년 3월 상하이와 난징의 중간쯤에 있는 창저우에 주둔한 부대에서 사용된 것으로 미루어 1938년 초기에는 이미 상하이와 난징을 연결하는 각지에서 위안소가 가동된 상태였음을 알 수 있다.

----------------------\<문서>----------------------

쇼와13(1938) 3월

창저우 주둔 간 내무규정

독립공성중포병 대2대대

창저우 주둔 간 내무규정을 본서와 같이 정한다

쇼와12년(1937) 3월 16일

대대장 만바(万波) 소령

(중략)

제9장 위안소 사용 규정

제59 방침

완화 위안의 길을 강구하고 군기의 숙정에 일조하려는 데 있다.

제60 설비

위안소는 일화회관(日華會館) 남측 위벽내(圍壁內)에 설치하여, 일화

회관 부속건물 및 하사관 병동(兵棟)과 구별한다.

하사관과 병사의 출입구는 남측 표문으로 한다.

위생상 누주(樓主)는 소독 설비를 갖추어 놓아야 한다.

각 부대의 사용일을 아래와 같이 정한다.

호시(星) 부대　　　　일요일

구리이와(栗岩) 부대　월, 화요일

마쓰무라(松村) 부대　수, 목요일

나리타(成田) 부대　　토요일

아지하(阿知波) 부대　금요일

무라타(村田) 부대　　일요일

기타 임시 주둔 부대의 사용에 관해서는 따로 알린다.

제61 실시 단가 및 시간

1. 하사관 병사, 영업시간을 오전 9시부터 오후 6시까지로 한다.

2. 단가

사용시간은 1인 1시간을 한도로 한다.

지나인　1엔 00전

반도인　1엔 50전

내지인 2엔 00전

이상은 하사관, 병사로 하고 장교(준위 포함)는 두 배 금액으로 한다.

(방독면을 사용한다)

제62 검사

매주 월요일 및 금요일로 하고 금요일을 정례 검징일로 한다.

검사 시간은 오전 8시부터 오전 10시까지로 한다.

검사 주임관은 제4 야전병원 의관으로 하고 병참 예비병원 및 각 부대 의관은 이를 보조하는 것으로 한다. 검사 주임관은 그 결과를 제3항 부대에 통보한다.

제63 위안소 이용의 주의사항은 아래와 같다.

1. 위안소 내에서 음주를 금한다.

2. 금액 지불 및 시간을 엄수할 것.

3. 여자는 모두 유독자라고 생각하고 방독에 만전을 기할 것.

4. 영업자에게 난폭한 행위를 하지 말 것.

5. 주기(酒氣)를 띤 자의 출입을 금한다.

제64 잡건

1. 영업자는 지나인을 객으로 하는 것을 허가하지 않는다.

2. 영업자는 술안주 다과의 향응을 금한다.

3. 영업자는 특히 허가된 장소 외에 외출함을 금한다.

4. 영업자는 모든 검징 결과의 합격증을 소지하는 자에 한한다.

제65 감독 담임

감독 담임 부대는 헌병 분견대로 한다.

제66 부가사항

    1. 부대의 위안일은 목요일로 하고 당일은 각 부대 사용 시간에 간부로

      하여금 순찰하게 한다.

    2. 위안소에 갈 때는 부대마다 인솔하게 한다.

      단 감은 각반(脚絆)[91]을 벗을 수 있다.

    3. 매월 15일은 위안소의 공휴일로 한다.

(이하 생략)

(출처: 방위성 방위연구소, 청구번호=支那−支那事変上海・南京−270)

문서-30: 제3병참 무카이(向井)지부 진중일지(쇼 13<1938>. 7. 1.)

<해설>

이 문서는 중국 중부 안후위성(安徽省) 당산(碭山)에 있는 군 선무반이 위안소 설치를 신청해 군부대가 이것을 허가한 내용이 적혀 있다. 위안소 설치를 군이 결정했다는 증거 문서 중 하나다.

안후위성의 당산은 난징의 서쪽에 있고 그 서남쪽에는 우한(武漢)이 있다. 이 문서로 군위안소 설치를 신청한 무카이 부대는 병참 부

---

91) 각반(脚絆): 보행 시 발목 부분을 가뜬하게 하려고 발목부터 무릎 아래까지 옭아맨 줄을 가리키는 말.

대이고 이들은 1938년 8월 22일부터 시작된 우한 공략작전의 준비를 시작했을 때가 이 시기였다. 실제로 7월 4일 중지나파견군은 우한공략의 태세를 갖추었다.

그러므로 당산은 우한공략을 위한 중지나파견군의 후방 부대가 주둔한 곳 중 하나였고 거기에 군 위안소를 설치한다는 얘기였다. 일본군이나 그 후방부대가 가는 곳은 금방 위안소가 설치되었음을 증명하는 문서다. 중지나파견군은 10월 27일 우한삼진을 점령했다.

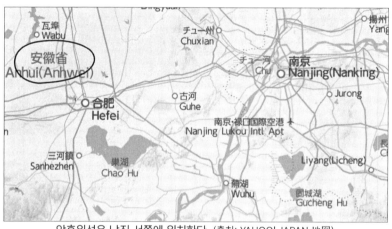

안후위성은 난징 서쪽에 위치한다. (출처: YAHOO! JAPAN 地図)

--------------------------<문서>----------------------

자 쇼와 13년(1938) 7월 1일

지   8월 2일

진중일지

당산(碭山) 무카이 지부

(중략)

四. 당산 선무반에서 위안소 설치에 관한 신청이 있었기 때문에 경비대장과
상의하여 이를 허가했다.

五. 17시 연락병으로부터 하기의 서류를 수령함.

　　　하기

　　　군감갑(軍監甲) 제44호, 제41호 2통.

　　　회보　　　　　　　　　1통

　　　정황　제82호　　　　　1통

一 23시 30분 가토 부대 경리부장으로부터의 다음 전보를 접함.

　　　전문

우메보시(梅干) 60, 죽(竹) 10포(浦) 2일 8시 쉬저우(徐州)역 발 11시 당
산역 통과 제309 열차 화차 당호 (8139)로 발송하니 내리도록 수배를 바
란다.

七. 구니사키 지대(國崎支隊) 환자 45명을 뒤에 남기고 24시에 당산을 출발
했다.

八. 금일의 급양(給養)[92] 인원 498명.

(출처: 방위성 방위연구소, 청구번호=支那-支那事変武漢-324)

---

92) 군인들의 의식주를 책임지는 요원들.

문서-31: 전장생활의 특이현상과 그 대책[하야오 데이유(昼 尾遞雄)](쇼14<1939>. 6)

<해설>

이 문서는 중지나파견군 산하의 '상하이 제10 병참 병원' 예비 육 군 군의중위로 1937년부터 근무해 중국에 1939년까지 2년간 체류 한 가나자와(金沢)대학교 하야오 데이유(昼尾遞雄) 교수의 논문 중 일 부다. 그는 특히 난징대학살을 목격한 사람이므로 이 논문은 난징 대학살의 목격담이라고도 할 수 있는 글이다.

이 글은 전쟁터에서 일어난 일본병사들의 성욕에 관련한 특이현 상을 일본군의 군의가 연구한 글이다. 중국에서 일본병사들이 성욕 을 억제하지 못하는 모습, 강간사건, 위안소 개설 등에 대해 의사 가 본 현상들과 의견을 기록했다.

군의가 놀랄 정도로 일본군인들이 전쟁터에서 태연하게 중국여 성들을 강간했다는 내용이 많이 포함되어 있다. 일본 측은 일본병 사들의 강간범죄를 막기 위해 위안소를 개설했음을 주장하고 있는 데 현지 여성들에 대한 일본군인들의 강간행위는 줄어들지 않았음 을 보여주는 글이다.

그리고 그는 강간을 방지하기 위해서는 병사들의 수에 비해 위 안소 여성들의 숫자가 너무 적다고 적었다. 그러므로 적은 숫자를 보충하기 위해 일본이나 조선, 대만 등지에서 여성들을 계속 속이 고 혹은 강제로 연행하여 위안부로 동원한 것이다. 수요가 많았으니 불법을 동원하는 보십수법을 군이나 일본정부 당국은 알고도 묵인한 것이다.

하야오 데이유는 중국에서의 경험이 매우 충격적이었으므로 대학교수로 일찍 복귀했으나 이후 정신적인 고통을 받고 대학강의도 제대로 못 하게 되었을 정도였다고 전해진다.

----------------------<문서>----------------------

전장생활의 특이현상과 그 대책

(전장 심리의 연구 각론)

十七 성욕과 강간

출정 병사에게 오랫동안 성욕을 억제하게 하는 것은 자연스럽게 지나(중국)의 부녀들을 폭행하는 일이 될 것이라며, 병참은 신경을 써서 중국 중부에도 서둘러 위안소를 개설했다. 그 주요 목적은 성욕을 만족시켜 장병의 기분을 부드럽게 해서 황군의 위엄에 상처를 입히는 강간을 방지하는 데 있다.

위안소의 급한 설치는 분명히 그 목적의 일부를 달성했다. 그러나 다수의 장병에 비하면 위안소 여자의 수는 너무 적다. 상하이나 난징 등에는 위안소 외에도 [성욕을 만족시키는] 길이 열려 있기 때문에, 위안소가 부족한 지방, 혹은 전선으로 [위안부들이] 보내졌지만, 그래도 지방에서도 강간의 수가 상당히 있고 또 전선에서도 이것을 많이 본다. 이는 아직 여자의 공급이 부족하다는 것이 원인이라는 것은 물론이지만, 역시 유학생이 서양여자에 흥미를 느끼는 것과 마찬가지로, 지나 여자이므로 호기심이 솟는 것과 동시에 내지

(일본 본토)에서는 도저히 허락되지 않는 일이, 적의 여자니까 자유롭다는 생각이 크게 작용하기 때문에, 지나 처녀를 보면 홀린 듯이 매료된다. 따라서 검거된 자는 그야말로 불행했고 검거되지 않는 자는 얼마나 많은지 알 수 없다.

헌병의 활약이 없었던 무렵, 그것도 지나병사들에 의해 교란되지 않고 거의 저항도 없이, 일본병사들의 통과가 자유로웠던 시정촌 주변은, 지나인도 도망치지 않고 많이 있었으므로 상당한 피해가 있었다고 한다. 그에 더해 부대장은 병사의 사기를 위해서는 필요하다며 모른 척하고 지냈던 일마저 있었을 정도다.

그러므로 지나의 토민은 일본병사를 보면 처녀를 어딘가에 숨긴다. 상하이에 잔류한 일본인은 지나인과 서양인의 앞에서, 일본의 군인은 예절을 매우 소중히 여기기 때문에 지나 부인들을 범하는 것과 같은 일은 결코 없을 것이라고 새삼스럽게 선전했다. 그런데 사실은 그것과 달랐기 때문에 지나의 양민은 일본병사들 크게 두려워하여, 젊은 여자들은 도망쳐 숨어 그림자도 없는 것 같았다고 한다.

한편 난징의 피난민구에서는 호구(糊口, 생계)의 길을 찾기 위해, 에도시대[93]의 매춘부(夜鷹)처럼 젊은 지나 부녀들이 베개나 깔개를 들고 주야로 병사들의 숙소에 나타나게 되었기 때문에 풍기가 문란해지는 일도 있었다.

이렇게 되자 헌병 쪽도 강간인가 화간인가의 구별을 생각하지 않을 수 없게 되었다. 만일 그 장소에 깔개 대용품이 있거나 지나 부녀들이 일본 돈을 가지고 있는 사실이 인정되면 화간으로 취급하게 되어서 강간의 수는 실제

---

93) 에도시대: 1603~1867. 일본의 사무라이 시대 중 하나.

보다는 적게 보고되었다고 한다. 또는 적국인이라는 생각 때문에 무상으로 하고 [돈을] 요구받았을 때 쫓아버리기도 하기 때문에, 자치 위원회에서 고소를 당해 창피를 당하는 예도 적지 않다.

승리자이기 때문에 금은(金銀) 재보의 약탈은 말할 것도 없고 적국 부녀자의 신체까지 더럽히는 것은 참으로 문명인이 할 행위로 생각할 수 없는 일이다. 동양 예절의 나라라고 자랑하는 국민으로서 부끄럽기 짝이 없는 일이다. 옛날 일본의 왜구(和倭)는 상하이에 상륙하여 난징에 이를 때까지 이와 같은 폭거를 저질렀기 때문에 [중국에서] 야만인으로 취급하며 증오했다고 하는데, 지금도 여전히 같은 일이 되풀이되는 것은 참으로 치욕이 아닐 수 없다. 헌병의 활약으로 그것을 일소하여 황군의 명예 회복에 노력하는 것은 감사하기 그지없는 일이다.

다음에 강간 사건의 예를 열거한다.

一. 어떤 병사는 병참 병원을 퇴원하고 원대에 복귀하는 도중 음주 명정(酩酊)하여 소속부대 숙소 부근의 지나인 가옥에 침입하여 그 집 2층에 있던 지나 부녀(당 31세)를 강간했다.

二. 병사 2명(A, B)은 다른 한 사람(C)을 꾀어 외출했다. A는 지나 부인(당 30세)을 보자 열정을 일으켜 강간을 생각하고 C에게 그 여성을 부근의 빈집에 끌고 가게 하고, C에게 휴대 소지한 소총을 1발 발사하게 했고, 다시 착검한 검의 끝을 그 여성에게 들이대며 위협하게 했으며, 그 여성이 공포에 떠는 것을 보자, 부근의 민가 안으로 끌고 가서 강간했다. B는 A가 목적을 달성한 것을 보자, A가 나간 후에 들어가 같은 여성을 강간했다.

三. 어떤 병사는 지나 민가에 들려, 그 집의 딸(당 16세)이 병사를 보고 무서워 도망치려고 하자, 그를 붙잡아서 강간했다. 그뿐만 아니라 다음 날도 가서 강간했다.

四. 어떤 병사는 음주 명정한 후에 무단으로 외출하여 지나 부인 아무개(당 49세)집에 침입하여 휴대 소지한 군도를 빼어 협박한 후 강간했다.

五. 어떤 병사는 지급된 술에 취해 전우와 함께 외출하여 지나 부인 아무개(당 42세)를 보고 이를 강간할 생각으로 그 집으로 침입하여 그 여성에게 성교를 요구했다. 그 여성이 일본병사들을 무서워하여 저항도 할 수 없음을 이용하여 강간했다.

六. 어떤 병사는 지나의 술에 취하여 지나 가게에 들려 구운 닭을 먹을 때, 그 옆에 있던 지나 소녀(당 6세)를 보자, 그 여자가 13세 미만의 소녀임을 인식하면서도 강간할 생각으로 그 소녀를 품고 실내에 들어가 소녀의 부친에게 총검을 들이대며 퇴출을 명하고, 소녀를 강간하려고 했으나 소녀이기 때문에 목적을 달성하기 어려워서 손가락을 넣어 열려다 상처를 입혔다.

七. 어떤 병사는 무장하고 가두에 나가 지나 민가의 대문을 차서 열고, 집 안으로 침입하여 숨어 있던 지나 여성(당 16세)을 발견하자 그 여성에게 총구를 대고 협박한 후에 강간했다. 그런 다음에 그 여성을 숙소로 데려가서, 집으로 돌아가면 죽이겠다고 협박하며 불법으로 감금했다. 그 사이에 저항하지 못하는 것을 이용하여 강간했다. 그 다음 날 그 여성의 집에 침입하여 무서워서 숨어 있는 그 여성을 찾아내 강간했다.

八. 어떤 병사는 전우 2명과 함께 지나 술과 맥주를 마신 후에 지나 부녀를 찾아내서 윤간했다.

九. 어떤 병사는 치과 치료에 갔다 돌아오는 길에 맥주를 마시고 취한 것을 핑계로 지나 가옥에 노크하여 들어갔다. 남자가 차를 대접해 주었다. 밖에서 이야기 소리가 들리기 때문에 착검하고 경계하려 나가려고 할 때였다. 그때 지나 여성과 부딪쳤을지도 모른다고 말했으나 이것은 거짓말로 강간미수였다.

十. 어떤 병사는 도로변의 지나 가옥에 들어가자 모친과 딸이 있었다. 딸에게 요구하자 승낙했다. 모친은 그것을 보고 나갔기 때문에 그 딸을 강간하려고 했으나 발육한 여자가 아니어서 할 수 없었다(딸은 10세 정도). 그대로 돌아왔다. 딸에게 부대에 오면 잔반을 줄테니까 오라고 하여 부대명을 써서 주었기에 헌병에게 붙잡혔다.

이상 이야기한 것과 같은 예는 이외에도 많이 열거할 수 있다. 강간을 해도 쉽게 발각되지 않을 것이라고 생각하는 것은 커다란 잘못으로, 이렇게 알려지기 쉬운 일은 없다고 법무부 당국은 병사들에게 주의했지만 개선되지 않았다.

일본 군인들은 왜 이렇게 성욕에 이성을 잃어버리는가 하고 나는 대륙에 상륙함과 동시에 통탄했는데, 전장 생활 1개년을 통해서도 시종 통감했다. 그러나 군 당국은 감히 이를 이상하게 여기지 않고 있어 이에 대한 훈계를 들은 적이 없다.

게다가 군이 경영하는 위안소를 적극적으로 설치하여, 군인을 위해 천업부[94]를 제공했다. 그리고 창부의 성병은 군인들 사이에 만연했다. 그래서 결국 그런 자들만을 수용하는 병참병원을 만들 필요가 생겼다. 성병을 치료하는 기간은 [군으로의] 귀환을 정지시켰다. 병사들만을 그렇게 엄하게 단속했지만 오히려 장교들 사이에 성병이 더 많았다. 젊은 장교만 그렇다는 것이 아니라 상급 장관(將官) 중에도 환자들이 있어 군의에게 비밀로 치료를 받고 있었다. 성병을 지나인으로부터 얻지 않도록 위안소를 설치하고 내지와 내선인(일본인과 조선인)을 창기로 사용하면서도 얄궂게도 그녀들이 성병을 퍼뜨렸다.

군 당국은 군인의 성욕은 억제가 불가능한 일이라며 지나 부녀들을 강간하지 않도록 하기 위해 위안소를 설치했다. 그러나 강간은 아주 많이 자행되었고 지나 양민들은 일본 군인을 보면 반드시 그들을 두려워했다.

장교는 솔선하여 위안소에 가고 병사에게도 이를 권하여 위안소는 공용장소로 정해졌다. 생각이 있는 병사들은 위안소의 내용을 알고 군 당국을 냉소했을 정도다. 그런데 위안소에 가지 않는 병사는 미친 사람들이라고 욕하는 장교도 있었다.

요는 이 전장 생활이 살풍경이므로 기분이 거칠어지니까 이를 억제하기 위해서는 병사들에게 여자를 안겨주는 것보다 좋은 방책이 없다는 것은 당연한 일이다. 그러나 일본 군인들이 전쟁에 와서 거만한 얼굴로 틈만 생기면 위안소에 다니는 것을 보고 지나인들이 웃고 있었다.

상하이에 상륙한 그 날, 어디에 가면 여자를 살 수 있는가를, 재류 일본인

---

94) 천업부(賤業婦): 천한 일에 종사하는 여성=추업부.

에게 물어보기 때문에, 일본 병사들은 전쟁하러 온 것이 아닌 것 아니냐고 [중국인들이] 반문하는 소리를 들었다.

상하이에서도 난징에서도 일본 키모노[95] 모습의 부녀를 보면 [일본병사들은] 낄낄 웃으며 부끄러운 줄도 모르고 야유한다. 상대가 가정부인이건 매소부(賣笑婦)이건 구별이 없었다. 위문하러 온 여학생이나 부인들을 향해서도 태연하게 무례한 동작을 하거나 그런 말을 건다. 왜 군인은 이렇게 성욕에 굶주려 있고 또 억제할 수 없는가라는 생각이 든다. 일본해군이 결코 이러한 모습을 보이지 않는 것은, 해군의 평상시 교육이 좋기 때문이라고 생각된다.

이렇게 일본육군은 성욕의 노예처럼 전장을 황폐화하고 있으므로, 강간이 빈발하는 것도 어쩔 수 없는 일이라고 생각되었다.

선무반도 한 편으로는 큰 성과를 올리면서, 한 편으로는 이것을 파괴하는 듯한 파렴치한 행위를 한다. 즉 [그들이] 강간과 금품을 요구해 협박한다는 것이다. 이것은 그 직책을 이용하는 무뢰배(無賴輩)가 통역으로 끼어 있기 때문이다. 이러한 부도덕한 행위 때문에 소중한 선무사업이 방해되는 일이 적지 않다는 이야기를 나는 들었다.

(후략)

(출처: 관계자료집성 제2권, pp. 66~74)

---

95) 키모노: 일본식 여성복.

문서-32_1: 독립 산포병(山砲兵) 제3연대 진중일지(쇼 16<1941>. 4. 9.)

<해설>

독립산포병 제3연대는 중일전쟁에 2개 대대 6개 중대, 산포 24 문, 병사 약 2,500명, 마필 1,500마리의 편성으로 참전했으며 중지 나파견군 소속이 되었다.

산포란 산악지대 등 이동에 어려움이 있는 지형에서도 경쾌하게 기동할 수 있는 대포를 말한다. 산포는 자동차에 의한 견인뿐만 아니라 분해하고 인력으로도 수송이 가능한 점이 큰 특징이다.

이 문서가 작성된 1941년 9월에는 독립산포병 제3연대는 제1차 창사(長沙)[96] 점령 작전에 참가했다. 이 문서는 독립산포병 제3연대의 다카모리(高森) 부대의 위안소 이용 규정이다. 이 규정을 보면 병사와 하사관의 위안소 이용시간이 한 명당 30분이고 장교는 1시간으로 되어 있다. 각 부대마다 위안소 이용시간에는 차이가 있었음을 알 수 있다.

---

96) 창사(長沙): 중국 중남부에 위치한 3000년 역사를 자랑하는 도시.

창사(長沙)는 우한의 서남쪽에 위치한 도시다.(출처: YAHOO! JAPAN 地図)

------------------------<문서>------------------------

자 쇼와16년 4월 1일

지 쇼와16년 4월 30일(극비)

진중일지

독립 산포병 제3연대

일일 명령 4월 9일

1. 다카모리(高森) 부대 특수위안업무 규정 중 제15, 제16을 아래와 같이 개정
   함.

   제15 위안소를 이용할 수 있는 매일의 시간은 아래와 같다.

병사   09:00부터 석식 1시간 전까지.

하사관 09:00부터 저녁 점호 30분 전까지

준사관 이상 점호 후부터 이용할 수 있다.

제16 위안소 요금은 당분간 아래와 같이 정함.

 1. 병사 30분 1엔

      30분 연장할 때마다 50전을 더함.

 2. 하사관 30분 1엔 20전

      30분 연장할 때마다 1엔을 더함.

 3. 장교 1시간 3엔

      1시간을 연장할 때마다 2엔을 더함.

      숙박 22시 이후 8엔.

(출처: 관계자료집성 제2권, pp. 377~380)

문서-32_2 독립 산포병(山砲兵) 제3연대 진중일지(쇼 15<1940>. 10. 11.)

<해설>

이 문서는 상기 문서-32_1의 다카모리 부대가 1940년 우한(武漢)에 주둔했을 때 지방상인에게 경영을 맡기는 형태로 위안소를 개설한 사실을 알 수 있는 문서다.

지방상인에게 위안소 및 기타 위안시설의 경영을 맡겼는데 특히 위안부에 대한 건강관리와 검징(성병검사)을 군의가 철처하게 실시하도록 명령하여 상인들은 절대로 이에 복종해야 한다고 한 점이 특징이다.

그리고 병사 100명당 위안부 1명을 배치하도록 군대가 규정한 점을 볼 때 위안부들의 부담이 너무 컸을 것으로 쉽게 알 수 있다. 위안부 1명에 한꺼번에 100명의 병사들이 몰릴 우려가 있던 것으로 이 위안소의 위안부들은 바로 병사들의 성적 도구, 성노예였다.

이 위안소는 위안부들의 산책 범위를 정해 행동의 자유를 뺏은 것도 문서로 확인할 수있다. 그뿐만이 아니라 여성들이 성병에 걸리면 자신의 방에서 쉴 수 없었고, 영업주가 그런 여성들을 한 방에 모았다는 점 등 인권침해가 매우 강한 위안소였음을 알 수 있다.

------------------------\<문서\>------------------------

쇼와15년 10월 11일 다카모리(高森)부대 특수위안업무 규정
다카모라부대

다카모리 부대 경비 지구 내 지방상인의 영업에 관한 규정

제1 본 규정은 본 부대 경비 지구 내 지방상인의 영업에 관한 건을 규정하고 장병의 살벌한 기풍을 완화 조절하여 군기를 확립시키는 것을 목적으로 한다. 그러므로 연대 간부는 누구도 본 규정을 어기지 않도록 엄격히 지

도 감독할 필요가 있다.

제2 지방상인인데 [군이] 영업을 허가할 수 있는 사람은 이하의 각항에 해당하는 자에 한한다. 영사관 또는 헌병부가 발급한 신원증명서를 가진 자로 사령관, 병참사령관, 수송사령관 또는 병단장의 지구 통행허가증, 기타 병단장의 거주허가, 증거영업허가증을 가진 자.

제3 지방상인의 영업별 및 그 범위는 아래의 표준에 의거하여 허가한다.

1. 위안소 위안부는 황군(일본군) 100명에 1명꼴. 위안소업 경영자는 3명.

2. 음식점 경영자는 4명.

3. 사진관 2명.

4. 시계방 1명.

5. 영업장소는 연대 본부 근처로 한정한다.

6. 영업주의 사용인은 신원이 확실한 자로, 항상 청결해야 한다.

7. 음식점의 여급은 각 영업주당 3명을 표준으로 한다.

8. 영업주의 사용인, 위안부, 여급은 별지 양식의 이력서를 경비대장에 제출할 것.

제4 영업 관계자(사용인, 위안부, 여급)의 산책 행동 구역은 별지 첨부지도의 범위로 한다.

(중략)

제8 영업자는 임원의 지도, 감독, 검사를 받고 다음과 같이 절대복종할 것.

1. 영업주, 그 가족, 사용인, 여급은 매달 15일인 공휴일에는 군의관의 건강진단을 받을 것.

2. 위안부는 매달 1일, 10일, 20일 오전 8시부터 군의관의 건강진단과 검
   징을 받을 것.

제9 군의는 이상의 진단과 검징의 결과를 경비대장과 영업주에 보고하고 본
   인들에게도 통보할 것. 환자는 임의의 방법으로 치료한다.

제10 영업주는 불합격된 사람이 있으면 이들을 한 방에 모아 접객을 금지하
   고 그들의 방에 [그 사실을] 표시한다.

(후략)

(출처: 방위성 방위연구소, 청구번호=支那-支那事変武漢-300)

문서-33: 위안부 관련 군인 불량행위 일람표

<해설>

아래 표들(문서-33_1~4)은 지나파견군 산하에 들어간 중지나
파견군 내에서 일어난 병사들의 불량행위를 중지나파견군 헌병대
가 기록한 일람표다. 일람표 작성 시기는 1941년 11월과 12월이므
로 중지나파견군이 12월 24일 제2차 창사(長沙) 공략작전을 시작하
기 전까지의 내용임을 알 수 있다.

그리고 이 시기는 12월 11일 일본이 남방작전에 착수하여 하와이
진주만을 공격해 태평양전쟁으로 돌입했을 전후 시기에 해당된다.

여기서는 일람표 속의 전체 불량행위 중에서 위안부 관련 내용

을 발췌했다. 내용 중에는 위안소에서 폭력을 휘두르고 위안부를 구타한 사건들이 눈에 띈다. 위안부들이 항상 병사들에게 폭행을 당할 수 있는 상황에 놓여 있었음을 알 수 있는 문서들이다.

----------------------<문서>----------------------

문서-33_1: 쇼와16년 11월 육군 군인 군속 비행표 [중지나 파견 헌병대 사령부](쇼16<1941>)

쇼와16년 11월 육군 군인 군속 비행표, 중지나 파견 헌병대 사령부				
소관소속	관등급 인원	비행 일시	비행의 개요	처치
중지나파견, 다카오(高尾)부대 가토(加藤)대	현 군조 (軍曹) 1	11.3	시간을 연장하여 외출중 음주 명정하여 20시경 시안(西安) 위안소에 가서 폭행, 가게 안으로 난입함.	시말서를 쓰게 하고 비행(非違)통보. 소속장이 무겁게 근신처분 5일.
중지나파견, 다케다(武田)부대 히라키(平木)부대 우스이(臼井)대	보상 (輔上) 1	11.7	외출중 14시경 음주 명정하여 위안소에 가서 문을 파괴했고 동료를 폭행함.	비행통보, 소속장이 중영창(重営倉)[97]
중지나파견, 마쓰다케(松竹)부대, 마쓰(松) 제3부대 본부	현 군조 1	11.2.	음주후, 위안소에 가서 화권(花巻)을 구입하지 않고 들어가 작부가 응하지 않자 화내며 작부를 구타했음.	비행통보, 부대에서 엄중히 설유.

중지나파견, 제102 야전 우체국 제1분국	군속(집배인)	10.30.	1. 동료와 음주 명정하여 21시에, 상사의 부재를 기회로 지나인 여관에서 지나인을 폭행하며 여관주인에게 소녀 제공을 강요했다. 2. 지나 매음굴에 가서 유흥 숙박하고, 익일 31일 6시 30분에 귀영했다.	엄중히 설유하고 소속장에 맡김. 소속장은 훈고 처분, 외출금지(3일간)
중지나파견 오가(大賀)부대 사토미쓰(佐藤光)부대	보위(補衛)일, 1	11.1.	위안부의 의뢰로 모르핀 등 군용 약품을 꺼내서 주려고 했다.	비행통보, 소속장, 중영장 20일에 처함
	보위상(補衛上) 2	11.1.	사정을 알면서 앞의 병사의 행위를 원조했다.	비행통보, 소속장이 중영창 5일에 처함.
중지나파견 스즈키부대 구마히(熊日)부대 엔도(遠藤)대	보일(補一), 1	11.6.	인솔 외출 중에 음주 명정하여 집합시각에 늦어서 무단으로 위안소에 숙박하려 했음.	비행통보
중지나파견 도요시마(豊島)부대 미야나가(宮永)부대 하라다(原田)대	현상(現上) 1	11.7.	공용외출 중 음주 명정하여 군위안소에 가서 상의를 벗고 나막신을 신고 음식점 및 위안소 등을 방황함.	비행통보
중지나파견 도요시마(豊島)부대 미야나가(宮永)부대 하라다(原田) 대	보일(補一), 1	11.3.	윤허 외출 중, 음주 명정하고 위안소에 가서, 단골녀에 선객이 있자, 취기에 폭행하려다 타 부대병에게 제지당하자 격앙하며 폭행했다.	비행통보, 소속장이, 중영창 5일에 처함

중지나파견 모리도(森戸)부대 다카하시(高橋)부대 마스다(益田)대	보일(補一), 1	11.15.	치과치료로 우창(武昌)에 출장 중, 음주하고 무단 외출하여, 위안소에 가서 유흥하려 했으나, 휴업 중이라며 위안부에게 거절당하자 분개하여 동 위안부를 도로상에 끌어내어 구타했음.	비행통보

(출처: 관계자료집성 제2권, pp. 119~126)

문서-33_2: 쇼와16년 11월 헌병 천여 방인(조선인, 대만인 포함) 범죄표 [중지나파견 헌변대 사령부](쇼16<1941>)

쇼와16년 11월 헌병 관여 방인(조선, 대만인 포함) 범죄표 중지나 파견 헌병대 사령부					
죄명	주소, 씨명, 연령	범행월일	범행의 개요	처치	처분결과
자살방조	주소 상하이 동보여로 125호 유곽업 작부 ▇▇▇ 당 26세	쇼 16.10.25.	군속 ▇▇▇(당 25세)로부터 동반자살을 요청받아 이에 동정하여 ▇▇▇가 구입해 온 '카르모틴'을 마시고 ▇▇▇▇만 사망하여 피고는 미수로 그쳤음.	11월 5일 동부대 군법회의 검찰관 앞으로 사건 송치.	심리중

(출처: 관계자료집성 제2권, pp. 127~129)

---

97) 중영창(重營倉): 영창은 구 일본 육군에 존재한 처벌. 영창이라는 군 독방에 가둔다. 중영창은 무거운 영창처벌을 뜻하여 하루에 적은 양의 보리밥과 물, 반찬은 고형 소금만 주어진다. 침구도 없이 독방에 있어야 하므로 무거운 징벌이었다. 또한 영창에 들어가 있을 때의 봉급은 중영창일 경우 원래 봉급의 20%로 삭감됐다.

문서-33_3: 쇼와16년 12월 육군군인 군속 범죄표 [중지나파견 헌병대사령부](쇼16<1941>)

부표제1

쇼와16년 12월 육군 군인 군속 범죄표					중지나 파견 헌병대 사령부	
죄명	소관 소속	본적 역종 (役種) 관 등 씨명	범행 월일	범행의 개요	처치	처분 결과
군중 도주 공문 서위 조 행사 복식 차용	중지 나파 견, 다카 모리 (高 森)부 대본 부	나가사키 (長崎)현 난고(南 高)본부■ ■ ■ 29세	자1. 상순, 지 11.6	1. 창사(長沙) 작전 참가 도중 당양(當陽) 위안소의 정부를 사모한 나머지 7월 18일 자기 질병을 과장하여 진찰하러 간다고 칭하여 상기 정부를 찾아갔고, 27일 대장염으로 입원할 때까지 군중에서 8일여간 역직에서 떠나 있었다. 2. 또 대장염을 치료 퇴원한 후에 상기 정부를 찾아 유흥하고, 그 후 군의가 작성해야 할 공문서를 위조하여 입원. 10월 6일 치료하고 퇴원한 후 헌병에게 체포될 때까지 군중에 있으며 이유 없이 54여 일간 징역을 수행하지 않음. 3. 전기입원 중 공용증을 위조하여 무단 외출함.	헌 병 이 검 거 수 사 하 여 11월 24 일 여 집 단 임시 군 법 회 의. 장관 에 게 수 사보고	심 리 중

				4. 아내가 있음에도 불구하고 상기 정부에게 결혼하겠다고 사칭하고 지불할 생각도 없이 유흥한 화대 738엔을 가로챔. 5. 또 정부의 환심을 사려고 병참지부 및 야전병원에 가서 사문서를 위조 사용하여 다량의 위생재료를 교부 받아 정부에게 주었음. 6. 외출시는 늘 군조(軍曹)의 계급장을 가짜로 찼다.		
살인	중지나파견타키(瀧)제6805부대 스즈키(鈴木)대	후쿠시마(福島)현 니시시라카와쵸(西白河町) ▇▇▇	11.29.	무단 외출하여 음주 명정하고 특수 위안소에 가서 역시 음주 명정한 야전창고 근무병 1과 구론 격투 끝에, 살의가 생겨 휴대한 26년식 (이하 글이 끊어짐)	소속장에 위촉	심리중

(출처: 관계자료집성 제2권, pp. 140~141)

문서-33_4: 쇼와16년 12월 중 육군군인 군속 비행표 [중지나파견 헌병대 사령부](쇼16<1941>)

쇼와16년 12월중 육군 군인 군속 비행표			중지나 파견헌병대 사령부	
소관소속	역종 관등급 인원	비행월	비행의 개요	
중지나파견 후루니시(古 西)부대 아 사히나(朝 比奈)대	현상 (上), 1	12. 4.	윤허 외출시 음주명정하고 위안소에 가서 휴업 중인 위안부에게 접객을 요구하여 거부당하자 동 위안부를 구타 폭행함.	비행통보. 소속 대장의 엄유
중지나파 견 사카에 (榮)9875부 대	현일, 1	12. 20.	윤허 외출 중 음주명정하고 지나인 위안소에서 이유 없이 화로 1, 유리 3매 문 일부를 파괴(파괴액 약 20엔 정도)하고 귀도. 그 외에 총검을 노상에 방치함.	헌병이 설유하고, 소속 부대에 인도, 소속 대에서 2개월 외출 금지
중지나파견 오쿠보(大 久保)부대 기타자와(北 沢)대	군속, 1	11. 25.	특수위안소에서 음주 명정하고 동 위안소 가옥을 파괴하는 등의 폭행을 했음.	비행통보
중지나파견 야마모토(山 本)쇼(省) 부대 가쿠슈 (岳州)지대	군속, 1			

중지나파견 사토(佐藤)다케시(武)부대 산죠(山上)부대 슌토(春藤)대	보일, 1	11. 30.	윤허 외출하여 음주명정하고 위안소 거리를 배회하던 중, 취기로 위안부 2명을 폭행함.	소속장에 통보, 피해자에게 소속대가 각 30엔의 위자료를 혜여(惠與)함
중지나파견 사이토(斎藤)부대 우메무라(梅村)대	병장(兵長) 예정자, 1	11. 29.	음주명정하고 윤허외출하여, 이전부터 아는 군위안소에 가서 주인한테 21엔을 빌리려다 거절 당하자 술김에 주인과 위안부를 구타함.	엄유하고 소속장에게 구두로 비행통보

(출처: 관계자료집성 제2권, pp. 131~133)

문서-34: 여(呂)집단 특무부 월보(쇼15<1940>. 4.)

<해설>

이 문서 제목에 있는 '여(呂)집단'이란 1938년 7월 편성된 제11군의 통칭이다. 일본군은 파집단, 여집단처럼 군대명으로 통칭을 많이 사용했다. 이것은 일종의 암호였다. 즉, 통신 등에서 군대라는 것을 숨기기 위한 암호였던 것이다. 여집단을 처음 중지나파견군 하에 있었고 난징공략 후에 우창(武昌)공략에 투입되었다.

이 문서는 한커우를 점령한 여집단이 군위안소가 아닌 민간에서 만든 중국인 창기들을 허가제로 하여 공창으로 인정하는 작업을 했는데 그때의 규정을 알 수 있는 내용을 담고 있다. 중국에서 유곽을 악호(樂戶)라고 칭해 왔다.

원래 악호란 중국의 신분제도 중에서 음악을 다루는 신분을 가리키는 명칭이었으나 유곽을 뜻하게 되었다. 이 문서는 중국인 창부를 단속하는 내용을 규정하고 있고 중국인 창부를 공창으로 한다는 내용이다. 군 위안소 외의 창부단속 규정 중 하나다.

이런 규정의 목적은 중국 우한(한커우, 우창, 한양)에 있는 창기들을 단속하기 쉽게 하여 일본병사들이 성병 피해를 받지 않도록 하는 데 있었다. 그러므로 주된 목적은 위생관리에 있었고 검징소 등을 설립하는 규정을 설치했다. 점령군이 악호에서 세금을 징수하는 규정도 정했다. 창기들의 화대는 1종이 하룻밤 10엔, 2종이 하룻밤 8엔, 3종이 하룻밤 6엔, 출국(出局) 등으로 기록되어 있어 일반병사용으로는 매우 비쌌다. 그리고 하룻밤을 지내는 비용과 연회 등에 나가는 출국의 비용을 정했지만 군인용의 요금규정이 없다. 그러므로 이런 우한 내 중국인 창기들에 대한 규정은 우한에 재류하는 일반 일본인이나 중국인용으로 정한 것으로 판단된다.

------------------------<문서>------------------------

쇼와15년(1940) 4월(제7호. 통권 제17호)

여집단 특무부월보

여집단 특무부

(전략)

위생

  1. 콜레라 예방주사 실시

  2. 춘계 종두 실시

  3. 우창(武昌) 위생 사무소의 설립

  4. 기녀 검징소의 설립

  5. 의사, 사(士), 약사, 조산사, 호사(護士)[98], 약제생, 아의(牙醫)[99]의 등기

  6. 진료반 업무 개황

  7. 방역

  8. 특수 영업 호수표

교육

  1. 시정 1주년 기념 축하 대운동회

  2. 교사 증설 준비

  3. 학교 위생

  4. 라디오의 설치

(중략)

3. 창구(娼區)의 설정

  한커우(漢口)에 사는 창부는 현재 등기 인원 2백 수십 명에 지나지 않으

---

98) 호사: 간호사의 중국어표현.

99) 아의: 치과의사의 중국어표현.

나, 실제 수는 능히 3천 명에 달하는 것으로 사료된다. 이들은 시가의 여러 곳에 산재하며 풍기를 해치는 한편 병독을 널리 전파하여, 결국에는 황군의 위생에도 누를 끼친다는 것을 고려하여, 통제, 단속, 위생 등 여러 견지에서 시 전체에 20여 개소의 창구(娼區)를 설정하여, 6월 말까지 해당 구역에 수용하여, 기녀의 등기, 등급을 구분해서 위생국의 검병 시설과 함께 화류계의 개선을 도모하게 되었다. 그리고 우창(武昌) 한양(漢陽) 방면도 점차 한커우에 준할 방침이다.

(중략)

5. 악호(樂戶, 유곽) 공창의 시설

풍기 위생 공안의 유지를 위해 악호 공창의 단속 및 영업세 징수잠행(徵收暫行) 규정을 세워 특정지구 제3시장 부근의 일부를 한정하여 영업을 허가하기로 했다.

난창(南昌)시 정부 척비처(籍備處)의 악호(유곽) 공창의 단속 및 영업세 징수 잠행 규정

제1조 본 처는 창기를 단속하여 사회를 개진하기 위해 악호 공창 예기에 속하는 자는 모두 본 규정에 따라 영업 면허증을 발급하여 영업하게 한다.

제2조 악호 개설을 희망하는 자는 본 처 의무과에 등기를 신청하여 면허증을 영득한 후에 영업할 수 있다.

제3조 악호 개설자는 하기의 절차를 밟아야 한다.

　一. 호주, 씨명, 연령, 본적, 현주소

二. 악호의 옥호(명칭)

三. 악호의 소재지

四. 공창의 인원수

五. 악호의 등급

六. 보증인

제4조 악호는 매월 영업세를 납부하는 것 외에 면허증을 3개월 마다 갱신하

고 면허 보급 수수료는 하기의 3종으로 나눈다.

갑종은 면허비 2엔, 매월 영업세 17엔

을종은 면허비 1엔, 매월 영업세 10엔

병종은 면허비 50전, 매월 영업세 7엔

제5조 각종 악호의 소유 공창은 10명 미만으로 한다.

제6조 악호의 옥호 규정은 아래와 같다.

갑종은 ○○ 「장(掌)」으로 칭한다.

을종은 ○○ 「반(班)」으로 칭한다.

병종은 ○○ 「점(店)」으로 칭한다.

제7조 각종 유곽은 본처 의무과에서 등(燈, 유리제품)을 영득하여 현관 위에

걸어 식별하게 한다(등대는 3엔).

제8조 공창을 희망하는 자는 하기를 신고한다.

一. 씨명, 연령, 본적, 현주소   二. 본가의 직업

三. 친척의 유무   四. 공창을 희망하는 이유

五. 지원하는 창기의 종별   六. 보증인

제9조 공창은 1,2,3종으로 나누어 각종 악호에서 영업하고 매월 영업세를 납

부하는 것 외에 면허증을 영유하고 3개월마다 갱신한다. 면허비 및 영업의 1회분은 아래와 같다.

1종, 면허비 1엔, 매월 영업세 5엔

2종, 면허비 80전, 매월 영업세 4엔

3종, 면허비 60전, 매월 영업세 3엔

제10조 창기로 면허를 신청할 때는 4촌 반의 사진 2매를 첨부하여, 1매는 의무과에서 보유하고 1매는 면허증에 첨부한다. 또 3개월마다 첨부 사진을 교환 신청한다.

제11조 예기는 매월 영업세를 내는 것 외에 면허증은 6개월마다 갱신한다. 영업세 및 면허비는 아래와 같다.

면허비 1엔, 매월 영업세 3엔

제12조 각종 창기의 화대 및 출국(出局: 연회 응소<應召>)[100]금은 하기의 규정을 초과할 수 없다.

1종은 하룻밤 10엔, 2종은 하룻밤 8엔, 3종은 하룻밤 6엔, 출국은 1회 1엔.

제13조 악호의 공창으로 영업을 정지하고 시집가는 자가 있을 때는 면허증의 취소를 신청할 것.

제14조 각종 창기는 매주 1회 의무(醫務)소에 가서 검사를 받는다. 만일 질병이 있을 때는 치료 기간 중 영업을 정지할 것.

제15조 연회에 나가는 창기는 반드시 국표(局票)를 휴대하고 국표는 1매에

---

100) 출국(出局): 연회에 불려서 나가는 행위. 응소(應召): 불림에 응하는 것.

20전으로, 본처 의무과에서 구입한다.

제16조 악호가 아래의 하나라도 해당한다면 본 처에서 적당히 처벌한다.

　　一. 악호 면허증을 고의로 개정하는 자.

　　二. 피고용자 연령이 16세 미만 또는 16세라도 발육이 건전하지 않은 자.

　　三. 원래 배우자가 있어 창기 생활을 후회하는 자[를 고용한 경우].

　　四. 양가의 처녀를 유치한 자.

　　五. 창기의 인원수를 은폐한 자.

　　六. 창기의 출국에 사실이 아닌 것을 기입하거나 고의로 개정한 자.

　　七. 창기가 시집가려는 것을 고의로 막는 자.

　　八. 기타 모두 본 규정을 위반하는 자.

제17조 창기로서 아래의 하나라도 해당하는 자는 본 처가 적당히 처벌한다.

　　一. 면허증을 고의로 개정하는 자.

　　二. 출국표에 기입한 기명, 시일, 장소가 부합하지 않는 자.

　　三. 창기로 악호에 들어가지 않고 개인이 멋대로 영업하는 자.

　　四. 화류병이 있으면서 은폐 기만하는 자.

　　五. 기타 모두 규정을 위반하는 자.

제18조 본 규정은 참사회(參事會)에서 수시로 개정할 수 있다.

제19조 본 규정은 공포일부터 시행한다.

(이하 생략)

(출처: 관계자료집성 제2권, pp. 93~108)

문서-35: 지나사변의 경험에서 본 군기 진작 대책 [육군성 부관](쇼15<1940>. 9. 19)

<해설>

이 문서는 1937년 7월 시작된 중일전쟁의 교훈을 기록한 문서이고 성적 위안에 대한 지도 감독을 촉구하는 내용이다. 이 문서가 작성된 1940년 9월 일본군은 23일 북부 인도차이나에 진주했고 27일 일본은 독일, 이탈리아와 삼국동맹을 체결했다. 30일에는 미국이 일본에 대한 철강 등의 수출을 금지했다. 이런 상황에서 중일전쟁은 더욱 장기화의 양상을 띠고 있었다.

이 문서는 중일전쟁 개시 이후 1940년 9월까지의 일본병사 위법 행위자들의 실태를 소개하면서 군대의 위안시설 강화를 권고한 문서다. 즉 군이 직접 위안소를 경영했다는 증거 문서 중 하나다.

------------------------<문서>------------------------

부외비

육밀 제1955호

지나사변의 경험에서 본 군기 진작 대책

포총대 본부

본 대책은 지나사변[101]의 경험에 근거하여 군기 진작 상 주로 군대에서 주

---

101) 지나사변: 중일전쟁.

의해야 하는 사항을 기술한 것으로 내용은 더욱 추고할 여지가 있으나, 교육 지도의 참고로 인쇄하기로 했다.

(중략)

五. 사변(事變)지에서는 특히 환경을 잘 정리하고 위안시설에 대해 면밀한 고려를 하여서 살벌한 감정 및 열정을 완화 억제 하는 일에 유의하는 것이 필요하다.

환경이 군인의 심리 나아가서는 군기의 진작에 영향을 준다는 것은 부언할 필요가 없다. 그래서 병영(숙영)의 생활 시설을 적절히 하고 위안의 제 시설에 유의하는 것이 필요하다. 특히 성적 위안소에서 받는 병사의 정신적 영향은 가장 솔직 심각하여, 그것의 지도 감독의 적부(適否)는 지기(志氣) 진흥, 군기 유지, 범죄 및 성병 예방 등에 영향을 주는 것이 크다고 생각하지 않을 수 없다.

(중략)

二. 약탈 강간 도박 등에 대해

지나사변의 발발로부터 쇼와14년(1939) 말에 이르는 사이에 군법회의에서 처벌된 자는 약탈, 동 강간치사상 420, 강간, 동 치사상 312, 도박 494에 달하고 기타 지나인에 대한 폭행 방화 참살 등의 행위도 역시 산견된다.

이런 사범은 황군의 본질에 반하는 악질범으로 군기를 문란시킬 뿐만 아니라 사변지 민중의 항일의식을 부채질하여 치안공작을 방해해 지나 측 및 제3국의 선전자료에 이용되어서 황군의 성가(聲價)[102]를 해친다. 나아가서는 대외정책에도 불리한 영향을 끼쳐, 성전(聖戰) 목적의 수행을 저해하는 등 그 폐해는 그야말로 크다. 부디 군대 간부는 부하의 교육 지도를 적절히 하고, 특히 이번 성전의 목적을 말단 병사에 이르기까지 철저히 알려, 그 행동을 이에 즉응(卽應)시키는 것과 더불어 위안 기타 제시설을 강화하는 등, 각종 수단을 강구하여 이런 종류의 범행을 방지하여 황군의 진가를 발양하는 것이 필요하다.

(출처: 관계자료집성 제2권, pp. 43~54)

문서-36: 특별보고 중 군인 변사의 건 보고 [제13사단장] (쇼17<1942>. 3.)

<해설>

이 문서를 작성한 제13사단은 러일전쟁(1905) 때와 중일전쟁(1937) 때 편성되었다. 중일전쟁 때 다시 편성된 제13사단은 난징 대학살에 가담했다. 그 후 제13사단은 1938년 2월 중지나파견군에 소속되었다.

이 문서는 제13사단 하의 보병대에 소속한 어느 일본병사가 허베이성 이창에 있는 위안소의 조선인 위안부를 사모하여 동거를 요

---

102) 성가: 이름값.

구했지만 거절당하자 격분하여 위안부를 향해 총을 쏴 중상을 입히고 자신이 그 자리에서 권총 자살한 사건의 전말을 보고한 문서다. 일본병사가 조선인 위안부에 연애감정을 갖는 사례가 몇 가지 보고되어 있으나 그런 경우에도 병사의 청혼이나 여러 가지 요구를 거절하면 위안부들이 대단히 위험한 입장에 빠졌음을 보여주는 문서다.

전쟁터에서 위안부들이 검이나 권총을 휴대하여 다니는 군인들에 대해 항상 공포심을 갖고 있었으므로 속임을 당하거나 강제로 연행되어 위안부가 되었는데도 일본군의 불법인권유린 범죄에 제대로 항의를 못 하는 환경이었음을 이런 문서가 알려준다.

----------------------<문서>----------------------

특별보고 중 군인 변사의 건 보고

一. 관등급: 육군 일등병

二. 씨명: 쇼와 8년(1933) 징집 ▇▇▇▇▇

三. 소속부대: 보병 제116연대 본부

四. 월일시: 3월 13일 23:00

五. 장소: 허베이성 이창(宜昌)현 이창(宜昌)시 2 마루(馬路)

六. 수단: 연대 행리반장 대리 이시지마(石島) 병장의 26년식 권총(탄약 23발 포함)으로 자살함.

七. 평소, 또는 변사 전후의 참고사항

1. 쇼와17년(1942) 1월경부터 자금령(紫金嶺)[103] 위안소 「만(万)」의 위안부(반도인[104])) ▅▅▅▅▅와 유흥을 계속하다가 결국 장래 동거를 결심했다. 마침 부대의 배비 변경과 더불어 이창(宜昌)에 이동하여, 3월 12일 이창 2마루(馬路) 음식점 오사카야(大阪屋)에서 이미 자금령에서 의창 위안소 「만」 지점으로 철수한 ▅▅▅▅▅와 밀회(媾曳)하며, 본인이 제대하여 현지에서 취직하는 시기까지 「오사카야」의 여급으로 봉공하여, 신속히 위안부를 폐업할 것을 요구했으나 위안부로부터 즉답이 없었다. 그러자 다음 13일의 재회를 약속하고 13일 저녁의 점호 후 연대 행리반장 대리 이시지마(石島) 병장이 마구간을 순찰하느라 자리에 없자, 그의 거실에서 26년식 권총(탄약 23발도 함께)을 꺼내 무단 외출하여 「오사카야」에 가서 ▅▅▅▅▅을 불러내서, 전일의 요구에 대한 확답을 재촉했으나 거절당하자 흥분한 나머지 21:15 경에 소지한 권총을 발사하여 ▅▅▅▅▅에게 중상(우흉부 맹관<盲管> 총창<銃創>)을 입히고 그녀가 쓰러지는 것을 본 다음 자기의 인후부를 스스로 쏘아 빈사의 중상(인후부 맹관 총창)을 입었고 제4 야전병원 하야시(林), 미야우치(宮內) 두 군의(軍醫) 소위의 치료를 받고, 제4 야전병원으로 이송 중 23:00 절명했다.

八. 원인: 장래 동거를 생각한 위안부의 동의를 얻지 못하는 것을 따로 정부(情夫)가 있다고 사추(邪推)[105]하고 질투, 곡해, 흥분한 것이 원인으로 인

---

103) 위안소 이름.
104) 반도인: 조선인.
105) 사추하다: 못된 의심을 품고 추측하는 것을 뜻한다.

정된다.

九. 고의 또는 불가항력의 구별: 고의.

十. 기수 미수의 구별

본인은 절명했으나 피해자는 전치 약 1개월을 요하는 전망이어서 현재 제 4 야전병원에 입원 중임.

十一. 처치: 3월 13일 22:00경 의창 헌병파견대가 위 사건의 통보를 접하고 연대 본부 일직사관 와타나베(渡邊) 조장(曹長)이 현장에 가서, 다음 14일 12:00 화장함.

十二. 책임자 처분

연대장은 연대부관 니시무라(西村) 소위에게 감독 지도.

(후략)

(출처: 관계자료집성 제2권, pp. 147~149)

문서-37: 쇼와17년 9월 부관회동 석상 의견, 질의 및 회답 (추가) [지나파견군 총사령부](쇼17<1942>. 9)

<해설>

이 문서는 지나파견군 사령부가 상하이 지구의 위안소 증설을 요구하는 내용을 담고 있다. 상하이 지구의 특종위안소는 16군데 있고 작부(위안부) 숫자는 140명으로 기록되어 있다. 1945년 4월 시

점에서 상하이에는 실전요원으로서의 일본병사들이 약 4,000명이 주둔해 있었다. 이에 군속이나 기타 군 관계요원을 합하면 15,000명 정도가 상하이에서 위안소를 쓰는 일본인들이었다. 그러므로 위안소 숫자가 적다는 얘기가 나온 것으로 추정된다.

이 시기는 남방작전의 개시로 일본군은 동남아 쪽으로 병력을 많이 보냈고 위안부들도 동남아 쪽으로 많이 보내는 추세였다.

----------------------<문서>----------------------

쇼와17년(1942) 9월

부관(서무장교)회동 석상 의견, 질의 및 회답 (추가)

지나파견군 총사령부

(중략)

제9 숙박 위안에 관한 사항

(1~8 생략)

9. 상하이 지구의 위안 시설은 비교적 소수이기 때문에 증설 방법을 고려해주길 바란다. 특히 건전 오락시설은 나이가 어린 군속이 많은 당 부대로서 특별히 희망한다(자동차창<廠[106]>, 병기창, 화물창).

　　의견: 상하이 지구의 위안 시설은 하기와 같다.

　　　　1. 특종위안소 16군데 작부 인원수 140명

　　　　2. 휴게 오락 시설

---

106) 창(廠): 벽 등의 구별 구역이 없는 넓은 건물.

(가) 군 전용 휴게소 　　요리점 식당 7 군데

위 시설에 포함된 오락설비는 다음과 같다.

당구	4루	탁구대	3루
테니스 코트	2면	궁술장	1
씨름장	1	바둑, 장기	각 10면
관람실	1	전축라디오	6개

(후략)

(출처: 관계자료집성 제3권, pp. 17~20)

문서-38: 위생업무 요보 [제15시단 군의부](쇼 18<1943>.1., 18<1943>. 2.)

<해설>

이 문서는 중지나파견군에 소속해 있던 제15사단이 1943년 1월과 2월 난징 등의 위안소 소속 위안부에 대한 검진을 실시한 결과 보고서다. 가장 많은 위안부는 내지 일본인이고 그다음 현지 중국인이었고 반도인(조선인)은 전체 인원수로서는 적은 편이었다. 표를 보면 일본인 위안부들이 난징에 집중된 것이 특징이다.

표는 성병 검사의 연인원을 표시했다. 난징의 경우 검사횟수가 한 달에 4번으로 기록되어 있으니 일본인(내지인) 위안부 실제 인원수는 약 250명, 조선인 위안부는 약 30명, 현지 중국인 위안부는 약 130명이었던 것으로 추산된다. 우후 위안소의 경우는 검사횟수가 한달에 2~4번으로 기록되어 있으니 이것을 3번으로 하여 계산하면 일본인(내지인) 위안부는 약 30명, 조선인 위안부는 약 25명, 현지 중국인 위안부는 약 43명이었다는 결과가 나온다.

일본군의 난징 점령 후 1940년 3월 친일파 왕징웨이가 세운 난징국민정부는 1943년 1월 9일 미국과 영국에 대해 선전포고를 했다. 그리고 난징국민정부는 일본과 여러 가지 제휴 확대를 실시하고 있었다. 그러므로 당시의 난징은 일본인들이 볼 때 중국 내에서 번영하는 안전지대였다. 이것이 난징에 일본인 위안부가 조선인, 중국인보다 많이 배정된 이유로 보인다.

위안소가 있던 난징(南京), 우후(蕪湖), 진탄(金壇), 전장(鎭江)의 위치
(출처: YAHOO! JAPAN 地図)

일람표에 있는 도시명은 당시 일본군이 점령한 도시이다. 이 문서는 일본군이 점령지에 계속 위안소를 설치해 나간 것을 알 수 있는 자료이기도 하다.

--------------------<문서>---------------------

위생업무 요보

(四) 특수위안부 검진의 상황(쇼18<1943>. 1)

구분 지방별	검사 횟수	평균1일 현재 인원	검사 연인원				불합격자수			
			내 지 인	반 도 인	중 국 인	계	내 지 인	반 도 인	중 국 인	계
난징(南京)	4	413	1007	113	513	1633	13	2	12	27
우후(蕪湖)	2-4	73	88	73	129	290	7	7	10	24
진탄(金壇)	2-4	23		12	54	66			15	15
전장(鎭江)	4	31			124	124			18	18
계	2-4	540	1095	198	820	2113	20	9	55	84

(중략)

七 특수 위안부 검진의 상황(쇼18<1943>.2)

구분 지구별	검사 횟수	평균1일 현재인원	검사 연인원수				불합격자수			
			내지 인	반도 인	중국 인	계	내지 인	반도 인	중국 인	계
난징(南京)	4	437	948	81	667	1996	17		15	32
우후(蕪湖)	3-4	97	114	93	139	346	3	4	20	27
진탄(金壇)	4	11		19	22	41		1	6	7
전장(鎭江)	4	39	12		143	155	7		43	50

차오현 (巢縣)	3	34		11	91	102		3	12	15
퍄오수이 (漂水)	3	10			20	30			12	12
계	3-4	628	1074	174	982	2230	27	8	108	143

(중략)

(六) 지방 접객업자 위생시설 지도 및 특종 위안부 검진에 관한 사항

　난징 무호 전장 기타 각 소지구에서는 매주 대체로 1회, 군의장교에게 지방 접객업점의 위생순찰을 실시하게 하여, 위생 사상의 보급 및 향상 그리고 동 시설의 개선을 촉진하고 있다.

　특종 위안부 검진의 상황은 하기와 같다.

구분 지구별	검사 횟수	평균1일 현재인원	검사 연인원				불합격자수			
			내지 인	반도 인	중국 인	계	내지 인	반도 인	중국 인	계
난징	5	433	749	50	612	1411	8		7	15
우후	3-4	76	102	82	105	289	6	1	10	17
진탄	4-5	30		27	90	117		6	15	21
전장	4	29			114	114			18	18
계	3-5	568	851	159	921	1931	14	7	50	71

(출처: 관계자료집성 제3권, pp. 213~225)

후베이성 점령지역에서 강제 연행된 중국 여성들

『독산이-또 하나의 전쟁(獨山二-も
う一つの戰争)』(표지)

1940년 8월 중지나파견군은 중국 후베이성 동쪽 반 정도를 점령했다. 이 지역에서 일본군은 점령한 지역의 중국인 관리들에게 위안부 모집을 강요했다. 이 내용은 이런 행동을 한 '독립 산포병 제2연대'에 소속한 미조베 가즈토(溝部一人) 병사가 그가 자비출판한 『독산이-또 하나의 전쟁(獨山二-もう一つの戰争)』(1983)에 기록한 내용이다.

이 글을 쓴 사람은 군의관이었던 야마구치 도키오(山口時男)이고 미조베는 야마구치의 1940년 8월 11일부 일기를 인용했다. 점령지의 여성들에 대한 일본군의 매춘 강요라는 비열한 범죄행위를 알리는 증언이다.

이제 국부(局部) 검사 순서가 되자 더욱 부끄러워하고 좀처럼 바지를 벗지 않는다. 통역과 유지(維持)회장이 윽박지르고 겨우 벗게 했다. 침대에 반듯이 눕게 해서 손으로 먼저 만져서 진찰(觸診)을 했더니 필사적으로 내 손을 할퀴었다. 보니 울고 있었다. 방을 나가고 나서도 한참 울고 있었다고 한다.

다음 아가씨도 마찬가지였고 나도 울고 싶을 정도였다. 모두 이런 부끄러운 것은 처음하는 체험이었을 것이고 어쨌든 목적이 문제인 만큼 굴욕감을 느끼는 건 당연한 일이다. 촌장이나 유지회장들이 마을의 치안을 위해서, 라고 간곡히 설득했기에 울면서 온 것일까?

그들 중에는 돈을 벌 수 있다고 해서 응모한 사람도 있을지 모르지만 전쟁에 패한다는 것은 비참한 일이다. 검진하는 나도 즐거워서 하는 것이 아니다. 이런 일은 자신에게 맞지 않고 인간성을 유린하고 있다는 의식이 머리에서 떠나지 않았다.

이 증언은 일본군이 점령한 지역에서는 그 지역의 지도급 사람들에게 강요해서 위안부를 연행하는 방법을 취했다는 사실을 보여준다. 중국인들은 말을 듣지 않으면 목숨이 위태롭기 때문에 거절할 수 없는 강요 · 협박을 당한 것이다.

제3절. 남지나파견군과 위안부문제

1. 배경

일본군의 중국에 대한 작전부대로는 북지나파견군과 중지나파견군 외에 남지나파견군이 편성되었다. 남지나파견군의 정식 편성은 1940년 2월 9일이지만 1939년에 모체가 된 부대가 이미 편성되어 있었다. 그때는 제21군이 남지나파견군의 중심부대였고 제21군은 파8604부대(파집단)라고도 불렸다.

파집단이라는 명칭은 광저우에 본부를 둔 상기 제21군(파8604부대)이 먼저 쓰던 통칭인데 후에 중국남부를 작전범위로 한 제23군도 함께 파집단으로 불리게 되었다. 1941년 6월에는 제23군이 중심이 되어 남지나파견군이 재편성되어 제21군과 함께 남지나파견군 전체가 파(波)집단으로 불리게 되었다.

그들은 1941년 8월부터 지나파견군 소속이 되었고 파집단으로 불리는 남지나파견군은 이름 그대로 중국남부를 주된 작전범위로

했다.

중국대륙에는 북, 중, 남지나파견군이 소속하는 지나파견군과 만주국에 배치된 관동군이 주된 군부대로 작전을 펼쳤다. 1941년 이후는 이들 중에서 남방작전으로 참가하는 부대들이 뽑혀서 동남아 전선에 투입되었다. 여기서는 남지나파견군과 관련된 문서들을 살펴본다.

2. 관련 문서

문서-39: 쇼와14년 8월 제2순 위생순보 [남지나파견군 군의부](쇼14<1939>. 8.)

<해설>

중국에는 군 위안소 외에 민간에서 운영하는 유흥시설들이 많았고 남지나파견군이 그런 민간 유흥업소를 단속하는 방침을 세워서 작성한 문서가 이 문서다. 이 문서에서는 민간 유흥업소를 운영하는 사람들에게는 접객업자라는 명칭을 쓰고 그들이 고용한 여성들에 대해서는 접객업부라는 명칭을 썼다.

그런 민간업소들을 방인(邦人, 일본국적자)이 경영하는 업소와 중국인이 경영하는 업소로 나뉘었고 방인 접객업부(예기, 작부, 여급)들에 대해서는 일본군이 건강검사와 검징을 실시하기로 했다.

그런데 일본군은 중국인 접객업부에 대해서 일본군인들이 접근하는 행위 자체를 금지시켰다. 즉 일본군은 중국인 접객업자들을 한 구역에 모아 그들을 공창(公娼)으로 인정하지만 일본군인들이 공창을 이용하지 못하도록 규정했다.

그런 처치는 성병예방 차원으로 그리고 군의 정보 누설방지 차원으로 남지나파견군 군의부가 일본병사에 대해 중국인 접객업부들과 접촉하는 것을 엄금한 결과다.

여기서 방인(邦人)이란 일본국적자를 뜻한다. 일제강점기에는 방인 속에 조선인과 대만인이 포함되었다. 즉 이 문서에서 말하는 방인 접객업부란 일본본토인, 조선인, 대만인 모두를 포함한 접객업부, 즉 예기, 작부, 여급을 뜻했다. 그리고 방인 접객업부들을 공창으로 부르지 않았다. 이것은 1929년 상하이 일본 총영사관이 공창폐지에 따라 작부제도를 도입한 조치때문으로 풀이된다.

군의부는 이 문서로 병사들에 대해 여급과의 성행위를 엄금했다. 민간업소에 대한 성병검사 대상이 예기와 작부만이었기 때문에 일본병사들이 여급과 성행위를 가지면 성병을 예방할 수 없다는 취지로 이런 방침이 내려진 것으로 판단된다. 이 규정이 남지나파견군 전체에 통보되었다.

쇼와14년(1939) 8월 제2순 위생순보

남지나파견군 군의부

(전략)

16일 화류병 예방을 철저하게 해야 한다고, 남지참통정(南支參通丁) 제 103호(별지 제4)에 따라 군위안소 외의 접객 업자 단속에 관해 헌병대 및 총영사관에 통첩하는 것과 동시에 별지 제5처럼 시내 방인(邦人, 일본국적자) 접객업자에 대한 건강진단 및 검징[107] 요령을 규정하여, 그것의 실시를 광동 박애회에 담당시키고, 그것과 함께 본 통첩의 요지를 별지 제6처럼 발췌하여 예하 일반에 통보하고, 군내 일반에 한층 주의를 환기해야 한다.

한편 이것을 철저히 주지시키기 위해, 시내 방인(일본본토인, 조선인, 대만인) 접객업부를 헌병대 강당에 모아 사토(佐藤) (군)부원(部員)에게 화류병 예방에 관해, 헌병대 장교에게 단속 규정에 관해 각각 얘기하게 했다.

(중략)

별지 제4

남지참통정(南支參通丁)[108] 제103호

군 위안소 외의 접객업자 단속에 관한 건 통첩

---

107) 검징=성병검사.
108) 문서분류기호.

쇼와14년(1939) 8월 13일, 남지나파견군 참모장 쓰치하시 유이쓰(土橋 勇逸)

주제의 건에 관해 별지 요령에 따라 실시해 주실 것을 명에 따라 통첩한다.

　　　　　별지

군 위안소 외의 접객업자 단속 요령

첫째, 군 위안소 외의 방인(일본국적자) 접객업자에 대한 단속

본 단속은 군 헌병대 및 일본 총영사관이 실시하고 군 위생기관이 협력한다.

一. 건강진단 및 검징의 실시

　　1. 접객업부(예기, 작부, 여급)에 대해 월 1회 건강 진단을, 예기 작부는 주

　　　1회 검징을 실시한다.

　　2. 건강 진단 및 검징은 소요에 응하고 위생기관은 이를 원조한다.

二. 유질자(환자)에 대한 처치

　　환자는 일체 접객을 금하고 그 실시를 엄하게 단속하여, 금을 어기는 자

　　가 있을 때는 영업정지 등 엄중히 처분할 때가 있다.

三. 예방 설비

　　침실을 준비하는 영업자에게 반드시 예방설비를 완비하게 한다.

四. 필요하다고 인정될 때는 총영사관 소관 구역에 대해 군에서 직접 접객부

　　의 건강상태 및 위생시설을 검사한다.

五. 여급의 매음 행위를 금지하는 것은 물론 그 단속을 이행하여, 금을 어기

　　는 자가 있을 때는 영업 정지 등 엄중히 처분한다.

六. 보고 통보

　　1. 총영사관은 소관 구역 내의 접객업부의 인명(예명, 본명을 모두)은 이

동할 때마다 군헌병대에, 군헌병대는 군사령부 및 관계 각 부대에 보고 통보한다.

2. 검징성적은 검사 담임자가 따로 정한 내용에 따라 군헌병대에, 군헌병대는 군사령부 및 관계 각 부대에 보고 통보한다.

3. 총영사관은 관할 구역 내 여급 단속 상황을 매월 1회 군헌병대에, 군헌병대는 군사령부 및 관계 각 부대에 정기적으로 보고한다.

4. 군에서 실시하는 검사 소견은 관계 기관에 통보한다.

둘째, 군 특수 위안소 외의 지나 접객업자에 대한 단속

본 단속에 관하여 군 특무기관은 지나 측 제 기관을 지도하고, 그 실행을 용이하게 하고, 군 헌병대는 지나 측 제 기관 및 일본인의 실행을 단속하는 것으로 한다.

一. 군 특수 위안소 종업부 외의 지나 창부는 이를 군대 숙영지보다 원격의 지점에서 한 곳 혹은 몇 군데에 집결시켜 공창(公唱)으로 해서, 적당한 방법에 따라 정기 점검을 실시할 수 있도록 지도한다.

군인 군속의 위 지역의 출입을 허가하지 않는다.

二. 일본인이 단민선(蛋民船)[109] 내 등에 출입하며, 수상 접객업자에 접하는 일을 허가하지 않는다.

三. 전항의 단속 상황은 매월 1회 군헌병대가 군사령부에 정기 보고하는 것으

---

109) 단민(蛋民): 중국 푸지엔(福建)성·광둥성 지방의 연안 지대에 살고 수상 생활을 하는 민족. 옛날부터 단가(蛋家)·단호(蛋戸)라고 불리었으며 그 계통이나 기원에는 정설이 없다.

로 한다.

이상은 주로 광동 시내 및 그 부근의 접객업자에 대한 단속이지만 각 병단(부대)은 본 단속요령에 근거해서 자기 경비구내의 음식점 카페 등을 단속하고 매월 1회 그 상황을 군사령부에 정기보고 한다.

별지 제5

남지의(南支醫)[110] 제845호

시내 접객업자 건강진단 실시에 관한 건 통첩

쇼와14년(1939) 8월 16일, 남지나파견군 군의부장

광동 박애회 의원장 앞

별지 남지나 참통정(參通丁)[111] 제103호 제1의 2에 근거하는 광동 시내 방인(일본국적자) 접객업자에 대한 건강진단 및 검징은 현재 하기의 요령에 따라 귀 의원에서 그 실시를 담당하기 바란다.

하기

一. 건강진단은 매월 1회, 검징은 매주 1회 실시하는 것으로 한다.

二. 건강진단에는 만성 전염병의 조기 발견에 중점을 두고, 요검사, 필요하면 객담검사 및 혈액검사(징독<徵毒>[112] 반응)를 실시하는 것으로 한다.

三. 질환이 있는 자는 될 수 있는 대로 이를 수용하여 입원 치료하는 것으로

---

110) 문서분류기호: 의(醫)라는 글자가 들어있어 군의에 의한 기록임을 알 수 있다.
111) 문서분류기호.
112) 징독(徵毒): 매독, 성병의 일종.

한다.

四. 검사성적은 별지 양식에 따라 주말에 통합하여 본 직 및 군 헌병대, 영사관에 제출하는 것으로 한다. 검사 소견상 단속 등에 관한 참고 의견이 있으면 부기하는 것으로 한다.

五. 검사 의관의 씨명, 검사 실시 일정 분담은 본직 앞으로 미리 통보해야 한다.

六. 실시의 상세한 내용에 관해서는 직접 헌병대, 영사관, 경찰과 연락 협조하는 것으로 한다.

그리고 실시에 관해 근무력, 수용력 등에 대해 의견이 있으면 신속히 말해 줄 것을 아울러 말씀드린다.

별지 제6

통보   쇼와 14년(1939) 8월 17일 광동에서

一. 군은 최근 군 위안소 외의 접객업자 단속에 관한 사항을 정하여, 남지참통정 제103호를 관계 각 부대에 통첩했다. 그중에서 직접 군인 군의에 관하는 사항은 아래와 같다.

1. 여급의 매음 행위를 금지하는 것은 물론 그 단속을 장려하여, 금을 범한 자가 있을 때는 영업 정지 등 엄중히 처분한다.

2. 군 특종 위안소 종업부 외의 지나 창부는 이를 그 구역 내에 집결시켜 군인 군속 등은 이들에 접하는 것을 엄금한다. 특히 단민선(蛋民船) 등에 출입하며, 수상 접객업부에 접하는 일은 위험이 따르기 때문에 일본인 전반에 대해 이를 엄금한다.

위는 필경 군인 군속의 화류병 예방의 실적을 향상하고 나아가서 전력의 저하를 방지하려는 의도로, 각 부대는 위의 규칙을 엄수하도록 지도하기 바란다. 또 이와 병행하여 정신교육을 철저히 함과 동시에 화류병 예방 방법의 실행을 반드시 엄수할 수 있도록 지도하여, 모두가 같이, 현재 군이 가장 치욕으로 여기는 화류병 다발을 방지할 뿐만 아니라 나아가 그 박멸을 기하고자, 이상의 취지를 구현할 수 있도록, 각 대에서 특별히 노력해주기 바란다.

(후략)

(출처: 관계자료집성 제2권, pp. 81~93)

문서-40: 위안소의 상황 [파집단(波集團)사령부](쇼14 <1939>. 4)

<해설>

일본군 속의 파집단은 상기와 같이 두 가지로 나뉜다. 제23군이 남지나파견군이 되어 파집단으로 불렸지만 1938년 9월 일본 대본영의 직속부대로 편성된 제21군이 먼저 파집단으로 불렸다. 제21군은 중국으로 파견되어 광둥을 점령한 부대다.

제21군은 통칭 파8604부대로도 불렸다. 파8604부대는, 생체실험을 감행하여 세균무기 등을 개발한 731부대(하얼빈 주둔)의 형제부대였고 홍콩으로부터 광저우로 향한 중국난민 중 약 2,000명을 수용소에 가두고 세균무기로 살해한 혐의가 있는 부대다.

이 문서는 1939년 4월의 문서이고 파집단(21군) 사령부에 의해 작성되었다. 파집단(21군)은 광저우시 중산(中山)대학 의학부에 본부를 두고 세균무기를 사용할 준비를 했다.

이하의 문서에는 식당, 카페, 요리점 등 각종 위안설비가 증가하고 군위안소가 쇠퇴하는 징조가 있다는 내용이 있으나 군 중앙이 통제하는 위안부의 인원수는 약 850명이고 각 부대가 동원한 위안부 수는 약 150명으로 기록되어 있고, 결과적으로 남지나파견군이 통제하는 군 위안부의 숫자는 약 1,000명이라는 다수였던 것으로 보고되었다.

지역은 광저우 등 광둥성과 광동성에 접하는 후난성이고 하이난섬의 중심도시 하이커우도 포함되었다. 일람표 속에 '시내'란 광저우시를 뜻하고 '광둥시'라고 기재된 것은 '광둥성'의 오기로 보인다.

----------------------\<문서\>----------------------

위안소의 상황

쇼와14년\<1939\> 4월 11월부터 4월 12월까지

전시순보(후방관계)

파집단사령부

(전략)

二. 위안소의 상황

1. 위안소는 관할 경비대장 및 헌병대의 감독하에 경비지구 내 장교 이하를 위해 개업시켰다.

2. 근래 각종 위안 설비(식당, 카페, 요리점 기타)의 증가와 더불어 군위안소는 점차 쇠미(衰微)하는 징조가 있다.

3. 현재 종업부녀의 수는 대충 1,000명 내외이고 군이 통제하는 자는 약 850명, 각 부대 향토로부터 부른 자가 약 150명으로 추정한다.

   위 외에 제1선에서 위안소 설치가 곤란한 곳에 대해서는 현지 사람들을 사용하는 사례가 약간 있다.

4. 위안소의 배당 및 위생상태의 개황은 별지와 같다.

위안소의 배당 및 위생 상황 일람표			
구분	장소	인원수	이병율(백분율)
군(軍)직부대	시내	159	28%
구노(久納)병단	광둥시 동부	223	1%
하마모토(濱本)병단	광둥시 북부	129	10%
병참부대	후난(河南)	122	4%
포산(佛山)지대	포산(佛山)	41	2%
이다(飯田)지대	하이커우(海口)	180	
합계		850	

비고,

위는 헌병이 있는 곳의 자들만 계상(計上)한 것이다. 위 이외에 싼수이주장관요(三水九江官窑), 증성석용사(增城石龍寺)에도 설치되어 있으나 극히 소수이기 때문에 상세한 것은 알 수 없다.

(출처: 관계자료집성 제2권, pp. 37-41)

문서-41: 군인 클럽 이용 규정 [나카야마(中山) 경비대(재광둥)](쇼19<1944>. 5)

<해설>

이 문서는 파집단에 소속하는 나카야마부대가 작성한 군인 클럽 이용 규정이다. 파집단은 중국 광둥성을 중심으로 군사작전을 폈다. 문서 작성 시기가 1944년 5월이니 태평양전쟁이 후반기에 들어간 시기다. 여기서는 위안소를 '제2 군인 클럽'이라고 하여 군인 외의 이용을 금지했다.

이 문서는 위안소 요금을 일본의 괴뢰 난징국민정부가 발행하는 은행권으로 지불할 것을 규정하고 있는 것이 특징이다. 이 은행권은 중앙저비은행이 발행했고 저비권(儲備券)이라고 불렸다.

저비권은 1941년 1월 6일 개업한 중앙저비은행이 발행했고 일본의 대 중국정책의 일환으로 사용되었다. 1942년 4월 이후는 중국 내에서 일본군표의 신규 발행이 정지되었고 중국의 일본군 점령 지구에서는 일본의 패전 시까지 주로 저비권을 사용했다.

규정 내용을 보면 위안부를 창기, 기녀 등으로 호칭하고 있어 위안소였던 제2 군인클럽에는 중국 여성들이 많았던 가능성이 높다. 왜냐하면 중국인 위안부를 창기, 예기, 기녀 등의 호칭으로 부른 사례가 많았기 때문이다. 문서-40을 보면 광둥성에는 1939년 시점에서 이미 위안소가 몇 군데 존재했으므로 이에 추가해서 군인전용 위안소를 제2 군인 클럽이라는 명칭으로 만든 것으로 판단된다.

쇼와19년(1944) 5월

군인 클럽 이용규정

나카야마 경비대

군인 클럽 이용 규정
제1장 총칙

제1조 본 규정은 군인 클럽의 이용에 관해 필요한 사항을 규정한다.

제2조 본 규정 중 '제1 군인 클럽'이라고 칭하는 것은 식당을 '제2 군인 클럽'

이라고 칭하는 것은 위안소로 한다.

제3조 부대 부관은 군인 클럽의 업무를 통괄 감독 지도하여 원활하고 확실한

운영을 하는 것으로 한다.

제4조 부대 부의관은 군인 클럽의 위생시설 및 위생시설의 실시상황 그리고

가족 가업부(稼業婦) 사용인의 보건, 조리, 메뉴 등의 위생에 관한 업

무를 담당한다.

제5조 부대 부속 주계관은 군인 클럽의 경리에 관한 업무를 담당한다.

제6조 제2군인 클럽의 이용 구분 및 요금표는 별지와 같다.

제2장 제1 군인 클럽

제7조 제1 군인 클럽에서 음식물은 해당 영업주가 조리하는 것 및 주보(酒保)

품에 한한다.

제8조 아래의 사람은 군인 클럽의 이용을 금한다.

1. 소정의 복장을 하지 않은 자.

2. 제7조 외의 음식물을 휴대하는 자.

3. 타인에게 폐를 끼치는 자.

제9조 제1 군인 클럽에서 연회 또는 회식을 하려고 할 때는 전일까지 부관에게 통고하고 영업주에게 교섭하는 것으로 한다.

제10조 제1 군인 클럽에서 이용자가 기물을 파손하는 경우는 정상가격을 지불하여 변상하는 것으로 한다.

제11조 제1 군인 클럽에서 부대나 그 외의 장소에 음식물을 반출하거나 급사부(給仕婦)에게 차(茶)를 내라고(出花) 요구하는 것을 허가하지 않는다. 단 연회 그 외의 이유로 그것을 하려고 하는 자는 미리 경비대장의 허가를 받는 것으로 한다.

제12조 제1 군인 클럽의 영업시간은 10:00부터 24:00 사이로 한다.

제3장 제2 군인 클럽

제13조 제2군인 클럽에서 요리하는 것을 허가하지 않는다.

제14조 요금은 현금 선불로 한다.

제15조 기녀가 차를 대접하는 것(출하)은 원칙으로 허가하지 않는다.

제16조 하기의 사람은 제2 군인 클럽의 이용을 금한다.

1. 소정 시간 외에 이용하려고 하는 자.

2. 소정의 복장을 하지 않는 자.

3. 확실히 주기를 풍기는 자.

4. 남에게 폐를 끼칠 염려가 있는 자.

5. 17조 외의 자나 그런 사람을 동반한 자.

제17조 군인 클럽의 이용은 군인 군속에 한한다. 단 제1 군인 클럽만은 장교
가 동반하는 경우는 지방인이라 해도 이용을 허가한다.

제4장 잡건

제18조 이용자는 방첩에 관해 세심히 주의해야 한다.

제19조 이용자는 영업주, 기녀, 시설 기타 군인 클럽에 관해 부당한 일을 견문
하면 부대 부관에게 통보하는 것으로 한다.

제20조 이용자로서 본 규정을 준수하지 않는 자는 즉시 이용을 금지하는 것
은 물론 이후의 외출을 금한다.

명칭 구별	제2 군인 클럽 이용 시간표		
	병사	하사관 군속	장교 준사관
이용시간	자 09:30 지 15:30	자 16:00 지 20:00	20:30 이후 영업시간내

요금 구분 계급	제2 군인 클럽 요금표						
	옥대(玉代)						
	30분	1시간		후반 밤		하룻밤	
	기녀	창기	기녀	창기	기녀	창기	기녀
장교 준(准)사관2[113] 군속	11:00		17:00		40:00	후반 밤 요금과 24시까지의 시간 화대를 더한 것.	
하사관	9:00		11:00				
병사	6:00		9:00				

---

113) 일본군의 준사관은 사관으로 가는 앞 단계 계급이고 사관 대우를 받는 경우가 많
았다.

비고　본 요금은 중앙저비은행권으로 지불(儲備券拂)하기로[114] 한다.

(출처: 방위성 방위연구소, 청구번호=支那-大東亞戰爭南支-99)

문서-42: 「하이커우(海口) 총영사관 경찰서 충산(瓊山)파견소 경찰사」 발췌(쇼와15<1940>)

<해설>

이 문서는 중국 광둥성 남쪽에 있는 하이난 섬(현, 하이난 성)의 중심지 하이커우 시에서 일본관리들이 각 검토사항을 의논한 회의기록이다. 이들 중 검토사항 5를 보면 '위안소 및 군 측 위안설비에 관한 의향'이라고 기록되어 있는 부분을 볼 수 있다. 하이난 섬에 군 위안소가 존재한 것을 말해주는 문서다. 문서-40을 보면 하이커우에는 1939년 4월 시점에서 약 180명의 위안부가 있던 것을 알 수 있다.

나눔의집에서 생활하다가 돌아가신 고 김옥주씨가 하이난 섬에 위안부로 끌려간 피해자 중 한 분이었다.

---

114) 중일전쟁 때, 대일 협력 중국정권이 발행한 불환지폐의 일종. 1941년 1월 6일 개업한 신국민정부(난징)의 중앙저비은행이 발행한 중앙저비은행권.

하이난(海南)섬(출처: YAHOO! JAPAN 地図)

----------------------<문서>----------------------

(전략)

충산(瓊山)[115] 소재 기관별 연락 협조 간담회

5월 23일 오후 1시부터 나카지마(中島) 경비부대 선무(宣撫)반[116]이 누상

(樓上)[117]에서 충산 소재 기관들의 연락 협조를 도모하기 위해 제1회 간담회

의를 개최했으며 미야오(宮尾) 소장이 출석했다.

---

115) 중국 하이난(海南)성 하이커우(海口)에 있는 도시.
116) 선무(宣撫)반: 점령지에서 점령군의 목적 및 지침 등을 알리고 민심을 안정시킬
   것을 임무로 하는 군속.
117) 누상=2층, 높은 건물.

협의 사항은 다음과 같다.

1. 충산(瓊山)시 진출 일본인의 주택 임대 수속 등에 관한 건(부대 본부 제의
   <提議>)

2. 왕족의 충산 내방 시(大官來瓊) 연락을 하는 건 (본 파견소 제의)

3. 비상정보입수 시 긴밀한 연락방법 건 (본 파견소 제의)

4. 영제(靈祭) 및 기타 군 측 제반 행사에 일본인 참가 희망 건 (부대 본부 제
   의)

5. 위안소 및 군 측 위안설비에 관한 의향 (부대 본부 제의)

6. 군인, 군속에 출입하는 제 영업소 신설에 관한 연락 희망 건 (헌병대 제의)

7. 정보 교환에 관한 건 (본 파견소 제의)

군 초대 위안회장(慰安會場) 경계단속

5월 26일 오전 10시부터 충산(瓊山) 타이두(臺拓) 농장에서 동 농장 주최
로 충산에 주둔하는 각 부대 장교를 초대하여 위안회를 개최함에 따라 미야
오 부장, 니자와(新澤) 순사, 야스모토(安本) 순사는 이들 회장(會場)의 경계
에 임하였다.

(출처: 관계자료집성 제1권, pp. 485-486)

문서-43: 재 화이인(淮陰)[118] 예창기 검징성적표 [보병제54연대](쇼18<1943>. 1. 29, 18. 4)

<해설>

이 문서는 남지나파견군에 소속된 보병대 제54연대가 중국 장쑤(江蘇)성 화이인(淮陰)시에 머물었을 때 실시한 위안소의 예창기(=위안부)들에 대한 성병검사 결과표다.

위안소의 명칭으로 봐서 세 군데 있었던 것을 알 수 있다. 이 문서에서 위안부를 예창기로 기록한 것을 보면 화이인에 있던 세 군데 위안소는 모두 민간이 만든 것으로 보이고 위안부도 대부분 중국인들이었을 가능성이 높다.

화이인에서는 현지에 민간이 설치한 위안설비를 군이 접수하여 군이 관리하는 위안소로 바꾼 것으로 추정된다.

이 위안소는 당시 일본군이 위안소라면 민간이 설치한 곳도 성병을 예방하기 위해 감독, 위생관리를 철저히 실시하고 있었던 것을 증명하는 문서이기도 하다.

---

118) 화이인(淮陰): 중국 장쑤(江蘇)성 화이인시. 현재는 화이안(淮安)시.

----------------------<문서>----------------------

쇼와18(1943). 1. 4.-18. 6. 4.

17D 보병 제54연대(월7365)자료

방위연수소전사실

	루명(樓名)	예명	연령	성적	적요
	재 화이인 예창기(在淮陰藝娼妓)검징성적표			쇼와18년 1월 29일	
1	희락(喜樂)	████████████████	32		휴업
2	동	██████████	24	합격	
3	동	██████████	24	합격	
4	부용(芙蓉)	█████████████	19	합격	
5	동	█████████████	19		
6	동	██████████	21	월경중	
7	동	██████████	19	합격	
8	동	██████████	21	합격	
9	동	████████████	19		
10	호월(湖月)	██████████	23	합격	
11	동	█████████	26	합격	
12	동	██████████	29	월경중	
13					
14					
적요	본표 중 합격이라고 되어 있어도 반드시 예방법을 실시해야 한다				
	검사관 육군군의 중위 나카가와(中川)				

재 화이인 예창기 검징성적표			쇼와18년 4월11일		
	루명	예명	연령	성적	적요
1	희락	▓▓▓▓▓▓	24		휴업
2	동	▓▓▓▓▓	24	합격	
3	부용	▓▓▓▓▓	19	합격	
4	동	▓▓▓▓▓	21	합격	
5	동	▓▓▓▓▓▓	19	합격	
6	동	▓▓▓▓▓	21		월경중
7	동	▓▓▓▓▓	19	합격	
8	호월	▓▓▓▓▓▓	23		월경중
9	동	▓▓▓▓▓	26	합격	
10	동	▓▓▓▓▓	29	불합격	
11					
12					
13					
비고	본표 중 합격이라고 되어 있어도 예방법을 반드시 실시해야 한다				
검사의관		위생담당준사관 하라 도오루(原徹)			

(후략)

(출처: 관계자료집성 제3권, pp. 209~212)

[칼럼_강제연행-7]
중국 남부로 강제 연행된 조선 여성들

1) 하이난 섬으로 강제 연행된 여성-김옥주씨(1923~2000)

김옥주씨는 1923년 대구에서 9남매의 막내딸로 태어났다. 10살 때 아버지가 돌아가시고 이후 일가는 힘든 생활을 하게 되었다. 9살 때부터 다닌 초등학교는 11살 때 중퇴했고 12살이 된 3월부터 일본인 장교의 집에서 5년간 입주 가정부로 일했다. 1940년 17살 때 그 장교로부터 인천에 가면 지금보다 몇 배나 많은 월급을 받을 수 있는 가정부 생활이 가능하니 가보지 않겠는가, 라는 얘기를 들었다. 당시 받고 있던 월급의 네 배 정도가 된다고 하니 김옥주씨는 인천에 가기로 결심했다.

기차를 타고 인천에 도착하자 거기서 배를 타야 했다. 그 배는 중국 칭다오 등 몇 곳을 경유하여, 하이난 섬의 중심 도시 하이커우로 도착했다. 항구 도착 후 즉시 그는 '에비스'라는 이름의 위안소에 연행되었다. 문서-40을 보면 1939년 4월 당시 이미 하이난 섬의 하이커우에는 이이다 지대(支隊)의 관리하에 총 180명의 위안부가 있었던 것으로 기록되어 있다. 이렇게 김옥주씨는 하이난 섬의 위안소로 연행되었는데 하이난 섬의 위안소에 대해서는 다른 증언도 있다. 예를 들면 다음과 같다.

이 얘기는 제18사단에 소속한 야마구치(山口)라는 병사가 버마의 만다레시 메이묘(Maymyo)의 공광장(公光莊)이라는 군위안소에서 만난 '마리코'라는 일본이름을 가진 조선인 위안부에게서 들은 얘기다. '마리코'는 일본의 시모노세키(下関)에서 살았는데 "대마도에 있는 육군병원에서 잡역 도우미를 모집하고 있으니까 가지 않겠나?"라는 이야기를 들었는데 그렇게 소개해 준 사람이 산파 역할을 하는 조선 여성이었기 때문에 믿고 응모했다. 마리코는 약 100명 정도의 여성들과 함께 대마도가 아니라 중국의 하이난 섬의 군 위안소로 연행되어 거기서 위안부생활을 강요당했다고 한다.[119]

이 증언에도 있듯이 하이난에는 속아서 연행되어 위안부가 될 수밖에 없었던 여성들이 많았다. 야마구치가 이런 얘기를 들은 장소는 버마(현, 미얀마) 만다레에 있는 위안소였는데 문서-69, 70 등을 보면 만다레의 위안소에 대한 언급을 볼 수 있다.

김옥주씨는 '에비스' 위안소의 주인은 일본 여성이었다고 증언했다. 그 위안소에는 위안부로 있던 여성들이 모두 조선인으로 9명에서 12명이었다고 한다. 김옥주씨는 임신하면 그때마다 낙태 수술을 받아야 했다. 여자 주인이 김옥주씨를 민간 병원으로 데려가서 유산시켰고 그 비용은 빚이 되어 이자까지 붙었다고 한다.

---

119) 山口彦三, 『ビルマ平原 落日の賦』, 1987. (요시미 요시아키〈吉見義明〉, 『종군위안부』, 1995, p. 91에서 재인용)

2) 식당 종업원이 된다고 속아 난닝으로 연행된 조선 여성들

이 증언은 중국 남부의 난닝(南寧)에서 헌병대의 조장(曹長)으로 근무한 스즈키 타쿠시로(鈴木卓四郎)가 『헌병 하사관(憲兵下士官)』(1974, pp. 91)에 쓴 내용이다.

1940년 여름 난닝 점령 직후 나는 '육군 위안소 북강향(北江鄉)'이라는 간판을 내건, 민가를 개조한 초라한 위안소를 매일 순찰했다. 10여 명의 젊은 조선인 작부를 거느린 경영자 황씨는 시골 초등학교 선생님을 생각하게 하는 청년이다. 그는 지주의 둘째 아들이며 소작인의 딸들을 데리고 도항해 왔다고 한다.

계약은 육군 직할의 다방, 식당이라는 얘기였지만 그는, 오빠라고 그를 따르는 젊은 여자들에게 매춘을 강요해야 하는 책임을 깊이 느끼는 듯했다.

위와 같이 일본 헌병 스즈키는 조선 여성들이 중국 난닝에서 육군 직할의 다방이나 식당에서 일을 한다고 속아서 와서 위안부가 되었다는 증언을 한 것이다. 이 케이스는 경영자 자체가 속은 경우라 할 수 있다. 가불금을 이미 받은 상태라서 어쩔 수 없이 매춘을 강요당하는 입장이자 경영자 황씨도 어떻게 할 방법이 없는 상황으로 보인다.

취업사기뿐만이 아니라 미리 가불금을 건네므로 속았다고 알게 되어도 강제 매춘을 거절하지 못하게 만드는 수법을 업자들이 자주 사용했다. 군은 그런 상황을 보고도 어떤 조치도 취하지 않았다. 이 글을 쓴 스즈키 헌병도 당시는 이런 불법에 대해 어떤 도움도 주지 않았다. 군이 책임을 면할 수 없는 부분은 이런 점이다.

3) 중국 남부 핑양(平陽)현의 위안소로 강제 연행된 조선 여성

『어느 날 군 소집 영장이 와서(あ
る日赤紙が来て)』(표지)

중지나파견군 소속의 병사로서 중국 중부의 핑양에 간 마나베 겐(真鍋元)이 그의 자전『어느 날 군 소집 영장이 와서(ある日赤紙が来て)』(1981) 속에서 다음과 같이 1942년경 군 전용 위안소에서 만난 조선인 위안부에 대해 썼다.

내가 정든 위안부는 직업용의 일본이름을 '미사코'라고 불렀다. 생가는 강원도의 가장 가난한 농가였는데 어느 날 갑자기 면장이 와서 "군의 명령이다. 국가에 대한 봉사로 딸을 내라"라고 했다. 무엇을 봉사라고 하는지 그 의미를 바로 알았기 때문에 부모는 두 손을 모아 목청껏 아이고 라고 되풀이해서 목소리를 냈지만 면장은 귀를 기울이지 않았다. 면장은 이 면에 8명의 할당이 왔는데 우리 면에는 딸이 5명밖에 없으니까, 한 명도 용서가 안된다고 정떨어지게 말했다. 면장의 등 뒤에선 칼을 찬 일본인 순사(경찰)가 어깨를 으쓱하고 있었다. 5명의 시골 처녀를 돌멩이처럼 트럭에 싣고 마을의 경계에 있는 흙다리를 건넜을 때가 고향과의 이별이었다. 글씨를 못 써서 가족의 안부를 편지로 물어볼 수도 없다….

위 내용은 물리적 폭력에 가까운 형태로 강제 연행되어 위안부가 되었다는 증언이다. 일제 강점기의 한국이나 대만에서는 주로 여성을 속여서 위안부로 만드는 수법을 사용했으나 위와 같이 일본인 병사였던 사람의 증언으로 조선인 여성이 물리적인 폭력으로 강제연행이 된 얘기가 기록되었다는 것 자체가 주목할 만하다.

제4장.

동남아 등지로 확산하는 위안소

제1절. 전쟁 확대로 동남아에 만들어진 위안소들

1. 배경

장제스가 이끄는 중국국민정부는 양쯔강 상류의 충칭으로 물러나 버마(현, 미얀마)에서 소위 버마루트를 통해 미국과 영국 등의 지원을 받았다. 중국공산당은 팔로군(八路軍)[120] 등이 각지에서 게릴라전을 계속하고 일본군에 저항했다.

일본군은 1938년 말 충칭 대공습을 실시했고 동시에 영미 양국의 장제스 지원루트 차단을 목적으로 남하했으며 홍콩 등 주요 도시를 점령했지만, 광대한 중국대륙에서 점과 선의 지배에 그쳤고 전쟁은 수렁에 빠졌다.

한편 1939년 몽골초원에서 일본의 관동군이 소련군과 충돌(노몬한 사건)했지만 패배했고 그 결과 일본군은 북진을 포기했다. 이후

---

120) 팔로군: 1937~1945년 일본군과 싸운 중국공산당의 주력부대 중 하나. 정식명칭은 '국민혁명군 제8로군'이다.

일본군은 남진정책을 강화하여 중국선선 타개를 꾀했다.

일본은 1940년 3월 중국의 친일정권 수반으로 왕징웨이(汪精衛)[121]를 옹립해 '난징 국민정부'를 수립하게 하여 장제스의 충칭정부에 대항하여 중국분단을 시도했다.

유럽에서는 1940년 5월 나치 독일군이 프랑스를 점령했다. 그 소식에 일본군은 영미 양국의 버마를 통한 '장제스 지원루트'를 차단할 목적으로 1940년 프랑스령 북부 인도차이나[122] 진주를 감행했다. 이어서 1941년 일본군은 남부 프랑스령 인도차이나 진주를 감행했고 사이공(현, 호찌민시)에 군대를 진주시켰다. 사이공은 미국령 필리핀, 영국령 싱가포르, 네덜란드령 인도네시아 등을 공격할 수 있는 장소였다. 이런 일본군의 움직임에 미국과 영국이 날카롭게 응징하면서 영미와 일본의 대립이 돌이킬 수 없는 상황에 이르렀다. 이런 상황이 결국 일본의 진주만공격으로 이어져서 1941년 12월 8일 태평양전쟁이 개전되었다.

일본이 침략을 확대해 가면서 동시에 위안소도 중국뿐만이 아니라 동남아 각지에 계속해서 설치해 갔다. 일본정부는 1940년경부터 전쟁확대를 이유로 일본본토에서 여성들을 해외로 보내는 것을

---

121) 왕징웨이: 본명은 왕자오밍(汪兆銘)이고 징웨이는 자. 중국의 정치가. 신해혁명과 국민혁명, 중일전쟁 시기에 걸쳐 활동을 했지만 친일정부를 조직하여 주석으로 취임했다. 그러므로 중국을 배반한 친일파로 역사에 기록되었다.
122) 인도차이나: 옛 프랑스령 식민지인 베트남, 라오스, 캄보디아 3국을 가리키는 말. 이들 세 나라는 19세기 후반 프랑스 식민지가 되었으나 제2차 세계대전 후에 독립을 되찾았다.

자제하기 시작했다. 그러므로 대만에서의 위안부 모집을 본격화시켰고 이후 조선, 대만뿐만이 아니라 동남아 현지 여성들을 위안부로 삼기 시작했다.

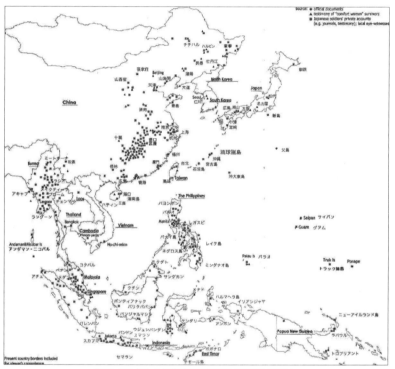

중국, 동남아, 남태평양 각지에 설치된 위안소
(http://www.wam-peace.org/, 2005년 Wam작성자료)

2. 관련 문서

문서-44: 일본인 지나 도항의 일시적 제한에 관한 외무성 발표 [외무성](쇼와15<1940>. 5. 7)

<해설>

이 문서는 1940년 5월에 작성된 외무성문서다. 중국전선이 격화됨에 따라 일본정부는 일본인들의 중국도항을 제한하기 시작했다.

그러나 위문을 목적으로 하는 경우는 육해군성의 승인을 받으면 중국으로 도항할 수 있게 했다. 위문이란 위안부를 동원하는 일이 포함된 내용이었다. 이렇게 하여 일반인이 일본본토로부터 중국을 비롯한 전쟁지역으로의 도항하는 것이 어려워지자 일본정부는 육해군성의 승인으로 여성들을 현지에 보낼 수 있게 만들어 나갔다.

원래 해외 도항에는 거주지 경찰서장의 증명서가 필요했지만, 그렇게 계속할 경우는 다른 민간인들의 중국 도항도 막을 수 없게 되므로 여성들을 군관계자로 둔갑시켜, 군의 필요로 군이 여성들을 현지로 불러들이는 형태를 취해서 여성들이 전쟁터로 갈 수 있게 하는 수법을 일본정부가 생각해 냈다.

일본인 지나 도항의 일시적 제한에 관한 외무성 발표

(쇼와15년<1940> 5월 7일 오후 5시)

종래 지나에 도항하는 자는 그 소행, 경력 등에 비추어 부적합한 점이 없는 자에 한해 거주지 관할 경찰서장이 신분증명서의 발급을 할 수 있도록 되어 있었지만, 현재 신 지나 건설의 대업에 매진하고 있는 상황에서 이에 필요한 일본인 진출을 요망하는 바이다. 그러나 이상과 관계가 적은 불요불급(不要不急)한 여행자의 경우는, 이번에 최대한 지나 도항을 삼갈 수 있도록 희망하는 상황이다. 이에 비추어, 당분간 신 지나 건설에 직접, 그리고 적극적으로 협력할 수 있는 자 외에, 일반 시찰여행자의 지나 도항은 금지하도록 하고 또한 그 외의 이유에 근거하는 자라고 할지라도 긴급하고 부득이한 자 외에는 가능한 한 도항을 제한하고, 현지의 사정에 적응하도록 조치하기로 5월 20일부터 실시하도록 오늘 각료회의[123)에서 결정되었다.

이상 각료회의 결정의 취지에 입각하여 향후 경찰서장의 지나 도항 신분증명서의 발급을 받을 수 있는 자는 대체로 다음과 같다.

(1) 위문을 목적으로 하는 경우는, 미리 육해군성의 승인을 받은 자.

(2) 가사용무, 실재의 상거래, 정주 또는 현지 상사근무를 목적으로 하는 경우에는 재 지나 관계처 관할 영사관 경찰서의 증인(證印)이 있는 문서를 가진 자에 한정하도록 되었다. 물론 가사용무를 위해서, 긴급하고 부득이한 사

---

123) 각료회의: 국무회의. '각료회의 결정'을 '각의결정'이라 함.

정이 있는 자는 특별히 거주지 관할 경찰서장에게 사정을 말하여 특별한 취급을 의뢰할 수 있도록 했다.

지금 지나에서는 새로운 국민정부[124]의 수립을 보았고, 동아시아 신질서를 건설하는 데 한 단계를 넘은 정세에 있다. [난징] 국민정부에 적극적으로 지원하는 일본으로서, 사변(事變)처리를 촉진시키기 위해서는 이번 조치는 시의 적절한 것으로, 관청 관련 공용(公用)여행자도 그러한 마음가짐을 한 것은 물론, 현지의 상황이 허락하기에 이르기까지 당분간 이 조치를 철저하게 실시함에 있어 일반국민의 협력을 기대한다.

(출처: 관계자료집성 제1권, pp. 135-136)

문서-45_1: 지나 도항 일본인 잠정 처리 취급방법 중 영사관 경찰서의 증명서 발급범위에 관한 건 [경무부 제3과](쇼와 15<1940>)

<해설>

1940년 6월 이후 중일전쟁은 더욱 격화되었다. 8월 이후 20만의 팔로군이 산시(山西)성에서 허베이(河北)성에 걸친 철도, 통신망 등 일본군의 거점을 일제 공격하고 대공세를 펼치기 시작했다. 일본군은 허를 찔렸지만 이후 보복공격으로 나서 팔로군의 항일 근거지

---

124) 새로운 국민정부 : 왕징웨이를 수반으로 하는 친일적 난징 국민정부를 뜻한다.

소탕 작전을 벌였다. 이 소탕 작전에서 일본군에 의해 독가스가 사용되었다고 전해지며 팔로군의 항일 근거지 중에는 인구가 격감된 지구가 생겼다.

1940년 9월 23일 일본군은 전술한 바와 같이 북부 인도차이나 (베트남 북부)에 진주해 하노이에 주둔했다. 이에 9월 25일 미국이 중국 국민정부에 2,500만 달러의 차관을 공여해 중국 지원을 강화했다. 일본은 이에 대항하는 목적으로 9월 27일 독일, 이탈리아와 삼국동맹조약을 체결해 영미와의 대결자세를 분명히 했다.

1940년 9월 30일 미국정부도 대일 강경자세를 취하여 전술한 바와 같이 철강 등의 대일수출을 전면 금지하는 법령을 공표했다. 이에 일본정부는 항의를 했으나 미국 국무장관 코델 헐(Cordell Hul)l은 미국 국방상의 판단이라며 일본의 항의를 일축했다.

이런 상황에서 일본 영사관은 일본인이 중국에 도항하는 것을 기본적으로 제한했다. 그러므로 본토에서 위안부 모집도 결원을 보충하는 경우에 한해서 허용한다는 내용의 외무성 영사관 문서가 다음과 같이 발송되었다. 전쟁이 격화됨에 따라 일본인의 중국도항이 제한되는 가운데에서 어쩔 수 없이 위안부 증원을 잠시 멈춘 외무성은, 현상유지 정책으로 위안부의 결원 보충만은 계속 실시한 것을 증명하는 문서다.

전쟁이 더욱 격화된 후에는 내무성이 위안부에 대한 증명서를 발급하지 않게 되었으므로 대신 육군성이 위안부를 '군관계자'라는 신분으로 만들어서 증명서를 발급하게 된다. 아래 문서는 그 전단계의 상황을 알려주는 문서다.

------------------------<문서>------------------------

지나 도항 일본인 잠정 처리 취급방법 중 영사관 경찰서의 증명서 발급범위에 관한 건

경무부 제3과

쇼와15년(1940) 5월 8일자 미삼(米三)[125] 기밀(機密) 합(合) 제511호 대신(大臣) 훈달(訓達)의 지나 도항 사유증명서 발급에 임할 때는 같은 날 미삼 기밀 합 제2119호 차관통첩 일본본토 기타 각 관청 앞으로 보낸 공문 별지 갑호의 취급 방침 및 동 을호의 허가요령에 근거하여 처리해야 한다. 그러나 실제로 취급할 때는 여러 가지 의문을 가질 뿐만이 아니라 발급관의 재량 여하에 따라서 상황에 맞게 융통성이 있으므로 각 공관의 취급이 통일되지 못할 우려가 있다. 따라서 범위를 한정하기로 한다.

　기

1. 취급 방침(이하, 방침이라 칭함) 제2호의 가사 요무(要務)는 허가요령(이하, 요령이라 칭함)에 규정된 범위이므로 근친자임을 나타내는 서류(예를 들어 호적등본 또는 왕래서신 등)를 징수하여 정말로 지나 도항을 필요로 하는 사유가 있다고 인정되는 경우에 한해 증명한다.

　(중략)

　실제로 해당 상사(商社)에 근무하는 자임이 확실하다고 인정되는 경우에

---

125) 미삼(米三): 일본 외무성 아메리카국(局) 제3과의 약칭.

한해서 증명할 것, 필요에 따라 고용주의 증서를 징수할 것.

(3) 영주(永住)를 목적으로 하는 가족을 부를 경우 호적등본 또는 내연관계를 증명할 수 있는 서류를 제출하게 하고 내연관계는 조사한 다음 증명할 것.

비고

1. 군속 또는 군 고용원은 군에서 증명서를 발급하므로 영사로서는 관여하는 바가 아니지만 본건 제한의 적용을 피할 목적으로 군 고용원의 이름을 이용한 혐의가 있을 경우에는 이를 적발할 것.

2. 특수 부녀(예기<芸妓>, 작부, 여급<女給>, 군 위안소 고용원 기타)는 원칙적으로 증명서를 발급하지 않도록 할 것. 다만, 5월 20일의 고용자를 기준으로 하여 그 후에 발생한 결원 보충을 위해 불러들일 필요가 있는 경우에 한해 폐업자 또는 퇴거자를 신고하도록 하여 폐업신고서, 퇴거신고서와 대조한 후에 특별히 증명할 수 있다.

(후략)

(출처: 관계자료집성 제1권, pp. 137-138)

문서-45_2: '지나 도항 일본인(邦人)잠정 처리의 건' 협의사항 [불명](쇼15<1940>)

<해설>

이 문서는 발신자와 수신자가 누구인지 정확하게 알 수는 없지만, 외무성이 소장하는 자료이고 다른 문서와의 비교로 1940년 당시 중국 도항자에 대한 허가를 일본정부가 어떻게 부여했는지를 알 수 있는 문서다.

우선 영사관이 없는 지역의 군이 위안부를 불러들일 경우는 군의 증명서를 가장 가까운 영사관에 제출하여서 중국도항 사유증명서나 신분증명서를 받으면 된다는 회답이 적혀 있다.

중요한 내용은 현지 영사관이 발급한 중국도항 사유증명서를 소지하는 사람은 일본 내의 거주지 경찰서가 신원조회를 실시하지 않는 경향이 있었다고 진술한 부분이다. 원래는 도항자의 거주지 관할 경찰서가 중국도항자에 대한 신원조회를 해야 하는 것이 원칙이었으나 그런 원칙이 사실상 지켜지지 않았음을 보여주는 문서다. 이 문서는 거주지 경찰서가 신원조회를 종래대로 실시하기를 촉구하고 있으나 그 후에도 실제로는 그런 원칙이 지켜지지 않았다고 판단된다.

그리고 이 문서는 현지군이 위안부에 대한 증명서를 발급하여 그것으로 중국으로 도항시키는 경향이 있었다고 기록했다. 원래는 현지 영사관 발급의 증명서가 필요하다고 하면서도 결국 현지군의 증명서로 일본 본토, 조선, 대만으로부터 중국으로 도항하려는 여성들에게 도항허가증을 부여한 것으로 판단된다.

이런 방법은 불법이자 편법이었으나 이후 정식절차가 되어 갔다.

----------------------<문서>----------------------

'지나 도항 일본인(邦人)잠정 처리의 건' 협의사항

내무성관계

(중략)

五. 문: 영사관이 없는 지역의 군이 특수위안부녀를 불러들이려고 할 경우 어떻게 하면 되는지?

　답: 해당 군의 증명서에 의해 가장 가까운 영사관의 증명서(지나 도항 사유증명서 또는 신분증명서)를 받는 것으로 한다.

六. 문: 지나 도항 사유증명서를 소지하는 자는 본방 경찰서에서 미리 신원조사를 실시하지 않아도 신분증명서를 발급해 왔으나 지나 도항자에 대한 신원조사는 종래대로 실시하도록 하시기 바란다.

(중략)

육군성관계

(중략)

三. 현지 헌병대가 군속, 군 고용인이 아닌 자(주로 특수부녀)에 대해 증명서를 발급하여 이것으로 지나로 도항시키는 경향이 있으나 이것은 소정대로 영사관 발급의 증명서로 진행시키도록 하시기 바란다.

(외무성)

(출처: 관계자료집성 제1권, pp. 139-142)

문서-46: 군 위안소 종사자에 대한 신분증명서 발급의 건 [대만(臺灣) 총독부 외사부장](쇼와 15<1940>.6. 1)

<해설>

격화된 중국 내 전투로 인해 일본정부 외무성이 중국 도항 증명서를 발급하기를 제한함에 따라 일본군은 보다 중국으로 도항시키기 쉬운 대만 여성들을 본격적으로 위안부로 동원하는 방법을 사용하기 시작했다.

문서-14를 보면 1938년 11월 남지나파견군이 광둥성으로 대만 여성 300명을 도항시켰다는 기록이 있어, 대만 여성을 위안부로 중국으로 도항시키는 일은 1938년 11월 이미 시작되었음을 알 수 있다. 그러나 1940년 6월 시점으로부터 더 많은 대만 여성들을 도항시키는 계획이 진행되었음을 알 수 있는 문서가 이 문서다.

이 문서에서는 대만총독부의 외사(外事)부장이 위안소 관계자들에게 부여하는 증명서에 대해 종래의 현지 영사관 발급의 증명서가 아니라 육해군 측의 증명서로 도항을 시킬 수 있는지 외무대신에게 문의했다. 이유는 위안부를 필요로 하는 현지군 주변에 영사관이 없고 가장 가까운 영사관이라고 해도 멀다는 이유를 들었다.

원래 외사과나 외사부는 내무성 산하 경찰서 소속이므로 이 문서는 대만총독부 경찰서가 일본본토 외무대신에게 조회한 문서다.

----------------------\<문서\>----------------------

군 위안소 종사자에 대한 신분증명서 발급의 건

전신과장, 대신, 차관, 동아(東亞)[126], 구아(歐亞)[127], 미주, 통상, 조약, 정보, 문화, 조사, 인사, 의전, 문서, 회계, 비서관 (사본 송부처)

쇼와15 15342 (略) 타이페이(臺北) 6월 1일 오후 발   아(亞), 미(米)

본성(本省) 1일 밤 착

아리타(有田)외무대신   치바(千葉)대만 외사부장

제109호

아직 개관하지 않은 영사관 관할 구역에 속하는 전선(前線)에 가서 군위안소에서 종사하는 자에게는 지나 도항 사유증명서 취득이 사실상 불가능하므로 육해군 측의 증명서에 의해 신분증명서를 발급해도 지장이 없는지 즉시 답신을 주었으면 한다. (끝)

(출처: 관계자료집성 제1권, p. 145)

---

126) 동아: 동아시아를 의미함.
127) 구아: 유럽과 아시아를 의미함.

문서-47: 지나 도항 사유증명서 등이 입수 불가능하다고 인정되는, 대안(対岸)지역으로 도항하는 자의 취급에 관한 건 [대만(臺灣) 총독부 외사부장](쇼와 15<1940>. 9. 2)

<해설>

이 문서는 대만총독부의 내무성 외사부장에게 문의한 내용에 대한 답을 외사부장이 일본의 외무성 당국자에게 보고한 내용이다.

현지군이 육해군 측의 증명서를 지참하여 가장 가까운 영사관 경찰서로부터 해당 여성들의 중국도항 사유증명서를 받도록 하겠다는 얘기다. 원래는 중국도항자는 총영사관이 발급한 중국도항 사유증명서를 제출해야 하지만 위안부의 도항이 급히 필요한 것이므로 본건에 한정하여 허가한다는 얘기다.

당시 대만은 일본영역이었기 때문에 대만으로부터 중국으로 도항할 때 일본 국내로부터 중국으로 도항하는 경우와 같은 법적 절차가 필요했다. 그러므로 대만에서 추업 여성들을 중국으로 도항시킬 경우에도 내무성 통첩(문서-12)에서 규정한 내용, 즉 거주지(이 경우는 대만)의 경찰서장이 신원조회를 한 증명서 혹은 추업 여성의 도항을 공무로 볼 경우에는 중국 현지 영사관의 증명서만 있으면 가능했다(문서-1). 이 문서는 이번 경우에 한해 추업 여성의 도항을 공무로 보고 신원조회를 생략해서 도항 절차를 진행하겠다는 얘기인 것이다. 이 방법이 예외적인 것처럼 보이지만 사실상 신원조회절차를 거의 생략해서 여성들을 불법으로 중국으로 도항시켜 온 것이 당시의 실태였다.

그러나 문서-45_2에서 볼 수 있듯이 외무성이 원래 정해진 절차를 밟을 것을 내무성이나 육군성에게 촉구했다. 그러니까 육군 측 편을 든 내무성 측이 이번만 눈감아 달라고 외무성에게 요청한 문서인 것이다. 내무성이 도항 여성들에 대한 신원조회를 정확히 할 경우에는 추업을 목적으로 도항을 포기할 여성들이 많이 나타나 업자들이 사기방법을 사용했음이 폭로될 것이므로, 현지군으로는 내무성과 합의하에 신원조회 절차를 무시해 왔다고 판단된다.

이런 식으로 위안부를 전쟁터에 보내기 위해 편법들이 동원되어 위법상태로 여성들을 위안부로 도항하게 되었다는 사실을 알 수 있다. 현지군과 내무성 경찰서 등이 꾸민 범죄가 위안부문제이다.

----------------------<문서>----------------------

쇼와15년(1940) 9월 2일   대만 총독부 외사부장 치바 신이치(千葉蓁一)

외무성 마메리카국 제3과장 아키 아쓰시(眞木篤) 귀하

외1 제1, 162호의 1

지나 도항 사유증명서 등이 입수 불가능하다고 인정되는, 대안지역으로 도항하는 자의 취급에 관한 건

본건에 관하여 가오슝(高雄)[128] 주지사로부터 별지 갑호 사본과 같이 조회

---
128) 대만 남부의 도시.

(照會)가 있었다. 이러한 도항자의 취급 상황에 관해서는 육해군 측의 증명서를 지참하여 가장 가까운 영사관 경찰서로부터 지나 도항 사유증명서를 받도록 하고자 한다.

귀 관으로부터의 지시도 있으므로 본건 도항 자에 대해서도 광둥(廣東)[129] 총영사관이 발급한 지나 도항 사유증명서를 제출하게 함을 타당하다고 인정하지만, 본건 위안소 종업원의 도항이 급히 필요한 것이므로 특히 본건에 한정하여 허가한다는 취지를 별지 을호 사본처럼 가오슝 주지사 앞으로 답신해 두었음을 양해 바라며 이 점을 말씀드린다.

(출처: 관계자료집성 제1권, pp. 147-148)

문서-48: 지나 도항 사유증명서 등이 입수 불가능하다고 인정되는, 대안(対岸)지역으로 도항하는 자의 취급에 관한 건 [가오슝(高雄) 주지사](쇼와15<1940>. 8. 23)

<해설>

광둥성(広東省) 친(欽)현에서 군위안소를 경영하는 업자가 위안부를 연행할 목적으로 대만으로 들어왔다. 이 업자는 광둥성 난닝에서 군전용 위안소를 경영하는 자다. 이 업자는 현지군이 발급한 증

---

129) 광둥성(廣東省): 중국 남부의 성이며 성도(省都)는 광저우(廣州). 남중국해 연안에 위치하여 홍콩·마카오와 인접하며, 동남아를 마주 보는 성.

명서를 첨부하여 위안부 8명을 데리고 다시 중국으로 도항하려고 하는데 현지 영사관의 증명서가 없다.

원래 추업을 목적으로 하는 부녀가 해외로 도항할 때는 내무성 통첩(문서-12)에 의거해 거주지 관할 경찰서장의 신분증명서를 발급받아야 한다. 이 경우는 대만총독부의 경찰조직에서 신원조회를 하여 신분증명서를 받아야 한다.

혹은 다른 방법으로서는 공무로 가는 경우 현지 관공서의 증명서로 도항이 가능했다(문서-1). 현지 관공서란 해외에 설치된 일본 총영사관을 뜻한다. 그러므로 현지군이 위안부를 군관계자로 취급하여 공무로 해외로 도항하는 자로 간주하는 변법이 생겼다. 추업을 시키기 위해 해외로 보내는 여성을 군의 공무를 위해 도항한다고 한 취급방법 자체가, 일본군에게 위안부문제에 대한 법적책임이 있음을 증명하고 있고 이 변법을 허용한 일본정부도 법적 책임을 면할 수 없다.

그런데 이 문서의 경우 대만 가오슝의 일본인 주시사가 대만의 외사부장에게 현지군의 증명서만으로 위안부들의 중국도항을 허락해 달라고 의뢰했다. 현지군의 증명서만을 제출하여 현지 총영사관의 증명서는 생략하겠다는 요청이었다.

업자가 여성들을 데리고 다시 중국으로 도항하는 증명서를 변칙적으로 발급하는 것을 대만의 주지사가 대만 주재 내무성 외사부장에게 의뢰한 내용이 적혀 있는 문서다. 설령 추업 여성들을 공무로 간주한다고 해도 현지 총영사관의 증명서가 필요하지만, 현지군의 증명서만으로 추업여성들의 도항을 허가해 달라는 위법을 가오슝의 일본인 주시사가 내무성 외사부장에게 의뢰한 것이다. 그러므로 위안부문제란 도항의 단계로부터 불법이자 위법이었던 것이다.

그리고 이 문서에서 '대안(對岸)지역'이란 대만의 건너편에 있는 중국의 한 지역을 말하여 광둥성이나 푸젠성(福建省)을 뜻한다.

-----------------------＜문서＞-----------------------

고경고비외(高警高秘外)[130] 제5692호

비(秘) 쇼와15년(1940) 8월 23일

가오슝 주지사 아카보리 테쓰키치(赤堀鐵吉)

외사부장　　귀하

지나 도항 사유증명서 등이 입수 불가능하다고 인정되는, 대안지역으로 도항하는 자의 취급에 관한 건

본적　▰▰▰▰▰▰▰

주소　▰▰▰▰▰▰▰

　　　▰▰▰▰▰

당년 22세

상기 명의인이 남편 ▰▰▰▰▰라고 하는 자와 함께 광둥성(廣東省) 친(欽)현에서 남지나 파견군 시오다(鹽田)부대의 하야시(林)부대 전용 군위안소를

---

130) 문서분류 기호.

경영하고 있다. 현재 군을 따라 광시성(広西省) 난닝(南寧) 부근에서 취업 중인데 이번에 작부 연행의 목적으로 6월 27일자 상기 하야시 부대장이 발급한 증명서(별첨, 제1호) 및 같은 날짜 같은 곳의 헌병 분견(分遣) 대장이 발급한 도항증명서(이상, 제2호) 및 동월 28일자 작부 모집 증명서(동 제3호)를 휴대하여 대만으로 돌아와 재 도항 등을 위해 본인 등 2명 및 연행할 작부 6명의 도항증명서를 첨부하여 신청해 왔다.

그러나 지나 도항에 관해서는 올해 5월 13일자 총외(總外) 제112호에 「지나 도항 일본인의 취급 절차에 관한 건」 등에 의해 일반인은 일률적으로 현지 영사관 경찰서가 발급하는 지나 도항 사유증명서가 필요하도록 되었다.

본 건 영업자 같은 경우에는 영사관 경찰서와는 현저하게 먼 지역에 있으므로 영사관에서 조사가 불가능한 지역이라 사료되어 짧은 시일 내에 소정의 증명서를 입수하는 것이 불가능하다고 인정된다. 그리고 가령 소정증명서를 발급받는다 해도 이상의 이유로 단지 형식적인 것으로 인정되므로 도항자의 신원, 목적 기타 등이 확실하니 지나 도항을 시켜도 지장이 없는 자다. 특별히 본 건처럼 특별한 종류의 경영에 취업하는 경우에는 소속 부대장 또는 관할 헌병대장이 발급하는 증명서에 의해 도항하도록 하는 것이 가장 실질적인 처리라고 생각되어 본건 처리에 관해 아무쪼록 답변을 부탁드리는 바이다.

이상 조회함.

아울러 앞으로 광둥 영사관에서는 금년 5월 20일 이후 관하 재류자가 대만으로 돌아갈 때는 일본 본토인에 대해서는 신분증명서를 대신한다[131]는 의

---

131) 일본 본토인의 경우, 대만으로 돌아갈 때 증명서가 필요 없다는 뜻.

향인 것 같지만 이에 대해 어떤 연락도 없고 이상은 상기 총무장관 통첩의 취지 및 취급방침에 어긋나는 것으로 인정되어 취급에 대해 이점을 함께 배려해 주셨으면 한다.

제1호

증명서

사진

█████████

당년 22세

상기의 자는 당 부대 부속 위안소 경영자로서 이번 위안부 연행을 위해 대만으로 귀환시키는 자다.

따라서 위안부는 당 부대 위안을 위해 부디 필요한 것이므로 이 자의 도항에 관해서는 아무쪼록 편의를 제공하는 방향으로 배려해 주었으면 한다.

이상 증명함

쇼와 15년(1940) 6월 27일

남지나파견 시오다 병단(兵團) 하야시 부대장 하야시 요시히데(林義秀) 인

제2호

도항증명원

본적

현주소

직업/씨명 위안소업

당년 22세

1. 도항처: 대만(台湾), 가오슝(高雄)

2. 목 적: 위안부 초치를 위해

3. 기 간: 쇼와15년(1940) 6월 27일부터 쇼와15년 9월 26일까지

4. 출발지: 친현(欽縣) 출발월일 : 쇼와15년 6월 30일

5. 기 타

이상과 같이 도항하고자 하므로 증명을 요청하는 바입니다.

쇼와15년(1940) 6월 27일

상기 원서제출인 ▮▮▮▮▮▮▮

친저우(欽州) 헌병 분견(分遣) 대장 아다치 시게카즈(足立茂一) 귀하

금헌경(欽憲警)[132] 제466호

이상 증명함

쇼와15년(1940) 6월 27일

친저우 헌병 분견(分遣) 대장 아다치 시게가즈 인

제3호

모집증명원

본적

주소

　직업　예자(藝者)

---

132) 문서분류 기호.

씨명

본적

주소

　직업　작부

　씨명

(중략)

위 사람들을 군위안소 작부 가업(稼業)을 위해 부르고자 합니다. 따라서 이 점을 증명해 주시기를 신청합니다.

쇼와15년(1940) 6월 28일

이상 제출인 본적

　　　　　현주소

　　　　　직업　　　　　연래(蓮來)위안소

　　　　　씨명

　　　　　　　　　　당년 22세

친저우 헌병 대장 아다치 시게가즈 귀하

　　　　금헌경(欽憲警) 제468호

　　　　이상 증명함

쇼와 15년 6월 28일

친저우 헌병 분대장 아다치 시게가즈 인

(출처: 관계자료집성 제1권, pp. 149-159)

문서-49: 지나 도항 사유증명서 등이 입수 불가능하다고 인정되는, 대안(対岸)으로 도항하는 자의 취급에 관한 건-답변 [대만(臺灣) 총독부 외사부장](쇼와15<1940>. 9. 2)

<해설>

이 문서는 대만 총독부 외사부장이 가오슝 주지사에게 보낸 답변인데 위안소 종업원(위안부)의 중국대륙으로의 도항을 허가한다는 문서다. 특히 증명서류가 여러 가지 미비하더라도 현지군 부대장이 발급한 증명서가 있으면 통과시키기로 했음을 알려 준 내용이다.

현지에서 위안부가 필요하다는 이유로 도항자가 정식으로 제출해야 할 서류를 생략하여, 특히 위안부가 될 여성을 공무를 수행하는 자로 취급하는 방법을 썼지만, 그래도 현지군의 증명서만이 아니라 현지 관공서인 총영사관의 증명서가 필요했다. 매춘을 강요받는 위안부가 공무라는 억지 논리에 위법절차에 의한 동원이라는 면에서 위안부문제에 있어 일본군과 일본정부는 법적 책임을 면할 수 없는 범죄를 저지른 것이다.

쇼와15년(1940) 9월 2일

대만 총독부 외사부장 치바 신이치(千葉蓁一)

가오슝(高雄) 주지사 귀하

외1 제1,162호

지나 도항 사유증명서 등이 입수 불가능하다고 인정되는, 대안지역으로 도항하는 자의 취급에 관한 건

본건에 관해 올해 8월 23일자 고경고비외(高警高秘外) 제5692호로 조회하신 취지를 승낙한다. 이러한 종류의 도항자에 대한 취급 상황에 관해서는 올해 6월 8일자 외1 제662호의 3에서 언급해 두었지만, 본건 위안소 종업원의 도항은 긴급할 뿐만이 아니라 귀하가 말씀하신 내용이 지당하다고 생각되므로, 특히 본 건에 한해 지나도항 사유증명서를 받아내지 않고 하야시 부대장이 발급한 증명서로 신청하게 하여 신원 목적 등 조사를 한 후, 확실하다면 소정의 증명서를 발급함에 지장 없으므로 이점을 답변한다.

향후 광둥(廣東) 총영사관이 발급하는 신분증명서를 소지하고 다시 도항하고자 하는 일본 본토인에 대해서는 재차 신분증명서를 입수하지 않아도 도항하게 하여 본도(本島)인(대만인)에 대해 동 영사관이 발급하는 재류증명서는 금번의 지나 도항 사유증명서와 동일한 효력을 가지는 것으로 간주하여 처리해 주셨으면 하고 말씀드린다.

(출처: 관계자료집성 제1권, pp. 161-162)

제2절. 남방 파견군과 위안부문제

1. 배경

일본은 1941년 11월 5일 일왕 앞에서 실시한 어전회의에서 대 영
미, 대 네덜란드 전쟁감행을 결정했다. 그리고 다음 날인 11월 6일
남방작전군의 전투서열이 결정되었다. 즉 대본영은 남방군, 제14
군, 제15군, 제16군, 제25군 등을 남방작전에 투입할 것을 결정했
고 지나파견군의 일부도 남방작전에 투입되었다.

싱가포르 공략을 중시한 육군은 버마(현, 미얀마)의 남부, 태국의
남부와 말레이시아 등이 속하는 말레이반도에 작전의 중점을 두었
고 미국 주력 함대 요격을 중시한 해군은 필리핀과 인도네시아 작
전의 중점을 두었다.

일본군의 남방작전 목표는 네덜란드령 동인도(현, 인도네시아)의
석유자원 확보에 있었다.

널리 알려진 1941년 12월 8일의 일본군에 의한 미국 하와이 진

주만 공격은 이런 일본군의 남방작전의 일환으로 감행되었다. 그리고 12월 8일로 개전일을 결정한 것은 일본군이 영국 지배령 말라야(Malaya, 현 말레이시아 서부)가 있는 말레이 반도 상륙 작전이 가능한 기상 조건의 최종 기한이 12월 8일이었기 때문이다. 말레이 반도에서 영국을, 필리핀에서 미국을 몰아내고 영미의 동남아 각지에서의 영향력을 상실하게 만들기 위한 작전이 일본의 태평양전쟁 개전이었다.

남방작전에 사용할 일본의 육군 병력은 11개사단 총 36만여명에 이르렀다. 원래 일본육군은 소련과 전쟁을 한다는 북방정책을 표방했으나 그것이 쉽지 않자 남방작전으로 방침을 변경했다. 해군은 이로써 우선 진주만 공격과 동남아의 섬들에 대한 작전에 총력을 기울였다. 일본군 위안소는 이런 일본군의 남방정책과 태평양전쟁 개시로 일본병사들이 진주한 동남아와 태평양의 섬들에 확대 설치되어 갔다.

말레이 반도(Malay Peninsula) 주변 지도

(출처: http://www.quickgs.com/malay-peninsula-on-world-map-related-countries/)

2. 관련 문서

1) 위안부 남방도항 문제

문서-50_1: 도항 수속에 관한 건 [파집단 참모장](쇼 17<1942>. 11. 12.)

<해설>

　중국 광둥을 기본적인 작전범위에 두었던 파집단의 일부는 남방 작전에도 투입되었다. 1942년 후반 동남아 방면에 대한 남방작전의 시작으로 전쟁이 격화된 가운데 일본인들의 남방도항이 제한되었다.

　이 문서는 그런 가운데서도 위안부가 필요하니 위안부 동원을 어떻게 하면 되는지를 상부에 문의한 현지군의 문의가 포함되어 있다. 일반 일본인의 도항을 제한해도 위안부 등 위안시설의 요원은 제한 없이 보낼 것을 요구하는 현지군 문서다.

------------------------------------<문서>------------------------------------

도항 수속에 관한 건

발신지　광둥

비 전보(電報) 역(譯) 11월 12일 13시 20분발 14시 52분 착

차관 앞　　발신자　파집단 참모장

파집참전(波集參電) 제510호

　　방인(邦人, 일본국적자)의 남방도항 통제에 관해 군은 3월 30일부로 육아
밀(陸亞密) 제993호에 관계된 '잠정조치요령'에 근거하여 엄히 실시 중에 있
으나 하기 항목과 같이 의문점이 있으므로 회람해서 보시길 바란다.

　　하기

1. 군 주보(酒保)[133] 요원 및 위안부에 대한 정식 도항 절차를 어떻게 할 것인
   가.

2. 제3국인의 남방도항은 1월 22일부 육아밀 제186호(을)항에 근거하여 새
   로운 도항은 당분간 인정하지 않는 방침을 이해하지만 제3국인(특히 중화
   민국인 및 적성(敵性)이 없는 인도인)이 어쩔 수 없는 사유가 있을 경우의
   도항은 정식 절차를 어떻게 할 것인가.

　　(특히 남방 점령지 및 인도차이나, 태국으로 구별해서 이해하기 바란다.

　　육군성(총군<總軍>은 참고)

　　　　　　　　(출처: 방위성 방위연구소, 문서명: 昭和17年「陸亜密大日記 第55号 2/3」[134])

---

133) 주보(酒保): 군부대의 간이매점.
134) 아시아역사자료센터, 레퍼런스 코드=C01000831600, 청구번호: 陸軍省-陸亜密

문서-50_2: 도항 수속에 관한 건 [육군차관](쇼17<1942>. 11. 18.)

<해설>

이 문서는 상기 파집단의 문의에 대한 육군성의 답신이다. 파집단은 주보요원이나 위안부에 대한 도항절차를 조회했는데 육군성은 '쇼와17년(1942) 4월 23일 육아밀 제1283호 1의 「ト」에 의해 처리'할 것을 답신했다. 여기서 말한 '육아밀 제1283호 1'이란 '육군군속 동 요원 기타 육군관계자에 대한 도항 등에 관한 절차(陸軍軍属同要員其ノ他陸軍関係者ニ対スル渡航等ニ関スル手続)(=문서-51)를 말한다.

그리고 '육아밀 제1283호 1의 「ト」에 의하면 군의 매점(주보) 요원이나 위안부는 '기타의 자'에 해당되어 이런 사람들에게는 '육군성 남방정책부'가 관장하여 증명서를 발행하기로 했다.(문서-51 참조)

이렇게 육군성이 내무성이나 현지 총영사관을 대신하여 위안부에 대해 해외도항증명서를 발급했다는 사실은, 일본정부가 위안부를 일반 민간인이 아니라 군관계 민간인(군관계자) 취급을 했다는 뜻이다. 일반 민간인에 대한 도항허가에는 원래 거주지의 경찰서장이 발급하는 증명서, 혹은 공무의 경우 해외 현지 총영사관이 발급하는 증명서가 필요했다. 그런데 그런 정식절차를 변경해서 위안부의

大日記-S17-144-256.

경우 내무성이나 현지 총영사관이 아닌 육군성이 도항증명서를 내주도록 규정을 변경한 것이다. 관행으로 변법적으로 이루어지고 있었던 것이 1942년쯤 정식절차가 되었다.

그러므로 내무성 경찰서장이 실시해야 할 신원조회는 이제 법적으로도 필요가 없어졌고, 위안부 동원을 위한 사기수법이 무수히 동원되기 쉬운 체제가 마련된 셈이었다.

또한 전술한 바와 같이 이것은 위안부가 군의 필요로 도항하는 군관계자였음을 증명한다. 즉 육군성은 위안부를 '군속'으로 규정하지 않았고 '군관계자'라는 신분으로 취급했다. 군속으로 인정하면 위안부에 대해 군이 끝까지 책임을 져야하는 부담이 있었으므로 군의 필요로 도항시키지만, 마지막은 책임을 지지 않아도 되는 신분으로 만든 것이다. 그러나 이런 일련의 문서로 위안부가 군의 필요에 의해 동원된 사실을 부인할 수 없으므로, 서류상으로는 위안부들에 대한 책임을 피하려고 한 것이, 오히려 일본정부와 일본군의 무책임성을 증명하고 있어 이것 자체가 범죄라 하지 않을 수 없다.

원래 작부 등 위안부 신분증을 발급하는 부처는 내무성 산하 경찰서였고 도항증명서를 발급하는 기관은 외무성이었다. 그러나 전쟁이 격화됨에 따라 내무성과 외무성이 일반 국민에 대한 증명서 발급을 사실상 거부함에 따라, 대신 육군성이 업자들이 제출한 서류를 심사하여 여성들에 대한 도항증명서를 발급하기 시작한 것이다. 이런 수법으로 위안부는 군의 필요에 따라 충원이 요청되면 일본이나 조선, 대만 등에서 수요지역으로 계속 공급되었다.

육군성 차관이 이 전문 속에서 위안부는 이미 남방지역에서 포화상태라고 하면서 위안부의 추가도항을 유념할 것을 권장했으나 도항을 금지하지는 않았다. 현지군의 요청이 있으면 위안부 도항에 대해 제동을 거는 것이 불가능했다.

------------------------<문서>-----------------------

아밀 제1112호

도항수속에 관한 건

파집단

(육아밀전)

차관으로부터 파집단 참모장, 남방군 총참모장 앞으로 보내는 전보(電報) 안

(암호)

파집참전(波集參電)[135] 제510호 대답

一. 군 주보 요원 및 위안부에 대한 도항절차는 쇼와17년(1942) 4월 22일 육아밀 제1283호 1의 「卜^도」에 의해 처리해야 한다.

또 위안부는 이미 남방지역에서는 포화상태라는 것에 유념할 것.

二. 어쩔 수 없는 사유로 제3국인으로 점령지에 도항하는 자는 개인별로 조사 협의하고 육군성에 연락하기 바란다.

또 인도차이나 및 태국에 도항하는 자에 대해서 그리고 군에서 이용하려

---

135) 파집참전(波集參電): 파집단 참모장의 전보.

는 자에 대해서는 전항에 준하여 처리하고 기타 일반 도항자는 외교 절차에 의거한다.

통보 처　　파집단(오카<岡>는 참조할 것)

육아밀 398　　쇼와17년(1942) 11월 28일

(출처: 방위성 방위연구소, 문서명: 昭和17年「陸亜密大日記 第55号 2/3」[136])

문서-51: 육군관계자 남방점령지(홍콩 포함) 진출 절차에 관한 건(쇼17<1942). 4. 23.)

<해설>

이 문서가 상기 문서-50_2 '도항 수속에 관한 건'의 근거가 된 문서다. 이 문서는 일본, 만주, 중국으로부터 일본의 남방점령지(동남아 등)로 가려는 육군군속, 군속요원 기타 육군관계자에 대한 도항 절차를 정한 문서다.

전쟁 격화를 이유로 일반 민간인에 대한 도항증명서 발급을 되도록 제한한 일본 외무성은 위안소 관계자에 대한 증명서 발급을 동시에 거부했다. 일반 민간인에 대한 증명서발급을 제한하면서 추업을 목적으로 하는 사람들에게만 증명서를 발급한다면 일본정부

---

136) 아시아역사자료센터, 레퍼런스 코드=C01000831600, 청구번호: 陸軍省-陸亜密大日記-S17-144-256.

가 대내외적으로 비난을 면치 못하게 되기 때문이었다. 그런 난처한 상황을 피하기 위한 수단이 바로 일본 외무성 측의 위안소 관계자들에 대한 증명서 발급 거부였다고 판단된다.

그러나 현지군의 위안부 증원의 요청이 계속 들어왔으므로 일본 정부는 현지군의 요청을 토대로 육군성이 위안소 관계자들에 대해 군관계자라는 신분을 부여해 전선에 보내는 변법을 사용하기 시작했다. 그런 변법에 대한 법적 근거로 이용된 문서가 다음 문서다.

----------------------\<문서\>----------------------

육군관계자 남방점령지(홍콩 포함) 진출 절차에 관한 건

부관으로부터 육군일반에 대한 통첩안(을)

표제의 건, 별책과 같이 결정되었으므로 통첩한다.
육아밀(陸亜密)1283호   쇼와17년(1942) 4월 23일

별책

육군 관계자 남방점령지(홍콩 포함) 진출 절차

일본, 만주, 지나로부터 남방점령지에 진출해야 할 육군군속, 동 요원 기타 육군관계자에 대한 도항 등에 관한 절차는 당분간 하기에 의한다.

하기

一. 일본, 만주, 지나(중국)로부터 남방점령지에 진출해야 할 육군군속, 동 요원 기타 육군관계 일본인은 하기 구분에 의해 전형(銓衡)[137] 및 신분증명서 교부를 실시하여 신분증명서를 발행하지 못하면 진출하지 못하도록 한다.

	요원구분	전형(銓衡)요원	신분증명서 발행요령
イ	동원 (전시편성) 부대편제정원의 충족, 보충 혹은 교대를 위한 촉탁고용인 및 이상의 요원	부재, 보충 또는 차출업무를 담당하는 군사령관이나 사단장이 정하는 바에 의함.	좌기 사령관이나 사단장이 발행함.
ロ	위 외의 고용인 및 그 요원	상기와 같음. 단, 26세 미만인 자 20명 이상 또는 26세 이상인 자 50명 이상을 동시에 진출시킬 경우는 육군대신의 인가를 받는다.	상기와 같음. 단, 수요부대의 요청에 따라 상기 외의 조선군 사령관 및 대만군 사령관, 관동군 사령관 또는 지나 파견군 총사령관도 발행할 수 있음.
ハ	명과(命課)[138], 배속, 출장 파견 근무 명령에 의한 육군문관, 촉탁 및 이상의 요원	관계 부대의 상신(협의)에 따른 인사국장(소관장관)이 전형한다.	사단장 또는 이와 동등 이상의 지위 있는 장관, 육군대신 직할의 관할학교의 장 또는 육군성(인사국 및 남방정무부 관장)이 발행함. 육군성 외에서 발행할 때는 육군대신 배속 명령, 발령전보, 발령통첩, 이동(異動)통첩의 발행번호 혹은 관계기사 발췌 또는 임명장을 첨부하기로 함.

---

137) 전형(銓衡): 적임자를 선정하는 것.
138) 명과(命課): 소속처의 과를 명한다는 뜻.

二	부외 각처에서 배속돼야 할 자		육군성(인사국 및 남방정무부 관장)이 발행함.
ホ	피징용자		징용(징용변경)고지서로 신분증명서를 대신할 수 있음.
ヘ	육군의 지시에 의해 산업, 재무, 교통 등의 처리 등을 위해 진출하는 관리 및 민간인	육군성에서 전형한다.	육군성(남방정무부 관장)이 발행함.
ト	기타의 자		
비고	一. 작전상 필요한 경우에는 병참총감에서 전형하고 신분증명서를 발행할 수도 있음. 二. 동일 목적을 위해 다수를 진출시킬 경우에는 신분증명서는 인원을 명기하여 인솔자에게만 교부할 수 있음. (후략)		

二. 문관, 촉탁 및 이상의 요원[동원(임시 편성) 부대 편제 정원의 충족, 보충 또는 교체를 위해 부재업무 담당의 군사령관, 사단장이 파견해야 할 촉탁, 고용인 및 이상의 요원을 제외함] 및 일반 관속의 보충파견이 필요한 남방 각군은 일본, 만주, 중국 각 부대 또는 부외 기관에 직접 청구하지 말고 소요내용(희망조건 및 희망인명 등이 있을 때는 이것을 부기함)을 남방총사령관 또는 홍콩점령지 총독으로부터 육군대신에 신청하기로 한다.

三. 불인(佛印) 및 태국으로부터 군의 필요에 따라 남방점령지에 주둔한 부대에 편입하려고 하는 자는 남방군 총사령관이 이것을 결정할 수 있다. 단, 육군 문관과 육군고등문관 대우자는 군대 구분에 따를 것으로 하고 부외 각 처 소속의 관리 이하는 미리 육군대신의 재가를 거쳐야 한다. 전항의 경우 피징용자는 육군징용규칙 기타 관계법규가 제시한 바에 의거한다.

四. 육군군속요원으로 파견된 자(피징용자를 제외함)가 부대에 도착하면 부대장은 신속히 촉탁 또는 고용하여 선서[139]하게 할 것으로 한다.

五. 전 각호에 따라 남방점령지로 진출한 육군군속(육운 문관 및 육군 고등문관 대우자 및 부외 각처로부터 배속된 자 및 피징용자를 제외함)의 소속 전환은 부대 상호 간의 협의에 의한 것으로 하고 그들의 해고, 해고용은 부대의 사정에 따르거나 또는 본인의 신청에 따라 진정으로 어쩔 수 없는 경우 외에는 진출 후 단기간 내에 실시하지 말 것을 원칙으로 한다. 단, 사상 행동 등 점령지 내에 두는 것이 적당하지 못한 자는 속히 내지로 송환하기로 한다.

六. 제1호 해당자 중의 군속요원의 여비, 출발수당, 복장수당 등은 현지 도착 후 채용부대에서 지급하기로 한다. **(판독 불가), 재무, 교통 등의 처리 등을 위해 진출하는 부외 관리 및 민간인에게는 육군으로부터 여비 등을 지급하지 않는다.

(후략)

(출처: 방위성 빙위연구소, 문서명: 陸軍関係者南方占領地(含香港)進出手続に関する件[140])

---

139) 군속의 선서: 군속은 입대에 임해 군속독법(軍屬讀法)을 읽고 상관의 말씀을 듣고 선서하는 관습이 있었다.

140) 아시아역사자료센터(레퍼런스 코드=C01000300000, 문서명=昭和17年「陸亜密大

일본이 가입한 국제조약으로도 위안부는 불법이다

일본정부는 1910년 5월 프랑스 파리에서 독일 등 12개국 간에서 체결된 '추업(醜業)을 시키기 위한 부녀 매매금지에 관한 국제조약'에 1925년 12월 가입했다. 일본정부는 처음 연령제한을 만 18세로 한다는 유보조건을 설치했으나 1927년 이 유보조건을 철폐했다. 그러므로 국제조약에 규정되는 대로 만 21세 미만의 미성년자에게는 본인이 동의한다고 하더라도 매춘을 시키면 안 된다는 국제법을 일본정부는 지켜야 하는 입장이었다.

그러나 일본정부와 일본군은 이런 국제조약을 완전히 무시하여 만 21세 미만의 여성들에게 본인의 의사에 반해 매춘을 강요한 사례가 무수히 발견되므로 국제조약 위반의 죄를 면할 길이 없다.

그리고 만 21세 이상의 여성에 대해서도 추업을 목적으로 사기, 폭행, 협박, 권력남용 등의 수단으로 인신매매하는 행위는 당연히 처벌의 대상이었다. 일본군은 연령과 국적을 불문하여 위안부로 만들려는 여성들에 취업사기 수법이나 실제적인 강제연행을 자행했으므로 국제조약을 심하게 위반한 것이 분명하다. 다음은 일본이

日記 第18号 2/3 (방위성 방위연구소)」.

가입한 '부녀매매금지 국제조약'의 주요조항이다.

---------------------------<문서>---------------------------

조약 제18조

추업을 시키기 위한 부녀매매금지에 관한 국제조약

(전략)

제1조

누구든지 간에 타인의 정욕을 만족시키기 위해 추업을 목적으로 미성년자 부녀를 권유하여 유인한 자 또는 괴거(拐去=유괴하여 데려가는 행위)한 자는 본인에게 승낙을 받았다고 하더라도 또는 위 범죄의 구성요소인 각 행위를 외국으로 건너가서 수행했다고 하더라도 처벌을 받아야 한다.

제2조

누구든지 간에 타인의 정욕을 만족시키기 위해 추업을 목적으로 사기에 의해 또는 폭행, 협박, 권력남용 기타 일제의 강제수단으로 성인 부녀를 권유하여 유인한 자 또는 괴거(拐去)한 자는 위 범죄의 구성요소인 각 행위를 외국으로 건너가서 수행했다고 하더라도 처벌을 받아야 한다.

(후략)

(출처: 국립공문서관[141])

---

141) 국립공문서관, 레퍼런스 코드=A01200567900, 문서명「婦女及児童ノ売買禁止ニ関スル国際条約並醜業ヲ行ハシムル為ノ婦女売買禁止ニ関スル国際条約ニ関シ帝国ノ附シタル留保ヲ撤廃ス」

제5장.

동남아 각지로의 위안부 강제연행

제1절. 일본군의 말레이, 싱가포르, 인도네시아, 베트남 침공과 위안부문제

1. 배경

일본군의 말레이 반도 작전은 태평양 전쟁 초반의 영국령 말라야(Malaya) 및 싱가포르 침공 작전이었고 이 작전은 진주만 공격보다 1시간 20분 일찍 시작되었다. 즉 일본군은 말레이 반도 상륙과 진주만 공격을 거의 동시에 기습적으로 감행하는 것으로 태평양 전쟁에 돌입한 것이다. 일본은 진주만 기습 직전에 미국 측에 선전포고할 계획이었으나 착오로 기습 이후에 선전포고를 했다. 그러나 일본군의 말레이 반도 상륙은 처음부터 영국 측에 선전포고할 계획 자체가 없었다. 이렇게 일본군의 두 가지 기습공격으로 태평양 전쟁이 개전되었다.

1941년 12월 8일 말레이 반도 북단에 기습 상륙한 일본군은 영국군과 교전하면서 1942년 1월 31일 반도 남단의 조호르바류(Johor bahru)에 침공해 말레이 반도를 점령했다.

일본군은 남방작전에 있어 군정을 실시하는 지역과 현지정권과의 협력을 통해 그 지역을 지배하는 두 가지 전략을 썼다. 일본군이 말레이 반도에서는 일본인 지방장관을 두고 군정을 시행했다.

말레이 반도가 일본군에 의해 점령당한 후 싱가포르의 영국 극동군은 일본군의 공격을 받기 시작했다. 이 공격은 1942년 2월 7일 시작되었고 영국 극동군 사령관이 항복한 2월 15일 끝났다.

이렇게 싱가포르를 점령하여 말레이반도 작전이 종료되자 일본군은 군정부를 싱가포르에 두고 '쇼난(昭南)군정부'라고 불렀다. 군정 하의 행정 조직으로서 "쇼난 특별시"가 설치되었고 초대 시장에는 일본인 내무성 관료가 임명됐다. 그 후 일본정부가 많은 관민을 싱가포르로 보냈고 가혹한 군정을 실시했다.

당시 프랑스령이었던 베트남은 영미가 장제스의 충칭(重慶)정부를 지원하는 루트 중 하나였다. 프랑스는 인도차이나(베트남, 라오스, 캄보디아)를 통치해 왔다. 그러나 1940년 5월 유럽에서 프랑스가 독일에 패배했으므로 일본군은 1940년 6월 베트남에 진주했고 1945년 3월 쿠데타로 프랑스를 몰아냈다. 그 후 일본군은 1945년 8월 무조건 항복할 때까지 5개월간 베트남을 단독 지배했다.

2. 관련 문서

문서-52: 군정 규정집 제3호 [말레이(馬來)군정 감부](쇼 18<1943>. 11. 11.)

<해설>

말레이 반도를 점령한 일본의 제25군은 말레이 반도의 각 주에 군정 지부를 설치했고, 지부장에 대령, 중령급의 현역 에비역 일본 군인들을 임명했다. 말레이 반도 군정감부는 1943년 창설되었다.

일본군은 말레이 반도를 점령하자 각지에 위안소를 설치하기 시작했는데 이 문서는 말레이 군정하에서의 군정 규정집 중 위안소에 관한 부분이다. 이 문서는 위안시설을 오락시설, 음식시설, 특수위안시설로 구별하여 규정했는데 특수위안시설이란 위안소를 뜻했다. 그리고 이 문서의 '말레이 감달 제29호' 제13조를 보면 '영업자 및 가업부가 폐업하려고 할 때는 관할 지방장관에게 원서를 제출하여 허가를 받아야 한다' 라고 규정되어 있는 것을 알 수 있다. 이 규정은 가업부 즉 위안부가 자유롭게 폐업을 하지 못하도록 포함했다.

----------------------------<문서>--------------------------

군정 규정집　소화18년(1943) 11월 11일

제3호　　　　말레이 군정 감부

말레이 감달(馬來監達) 제28호

위안시설 및 여관영업 단속 규정 제정의 건 전달

부내 일반

위안시설 및 여관 영업 단속 규정을 다음과 같이 정한다.

쇼와18년(1943) 11월 11일

말레이 군정감

위안시설 및 여관 영업 단속 규정

제1장　　　총칙

제1조　본 규정은 군인 군속 및 일반 방인(邦人, 일본국적자)을 대상으로 하는 위안시설 및 여관의 정비 및 영업 단속에 관한 사항을 규정한다.

제2조　본 규정의 운용에 임해서는 항상 군과 긴밀한 연락을 취하여 그 협조에 노력해야 한다.

제3주　위안시설 및 여관은 군인 군속 및 일반 방인의 사기를 앙양하고 일본인다운 품격을 유지하는 것을 주안으로 한다.

제4조　위안시설은 처리상 아래와 같이 구분한다.

　　　1. 오락시설(영화, 연극, 연기, 독서, 음악, 운동)

　　　2. 음식시설(찻집, 식당, 요릿집)

　　　3. 특수위안시설(위안소).

제5조 위안시설은 특히 하사관 이하의 교육 정서를 조성하는 건실한 오락 시설의 정비를 첫번째 목표로 하고 음식시설 및 특수위안시설은 필요 최소한도로 제한한다. 또 주란(酒亂)을 일으키기 쉬운(예를 들자면 일본식 카페와 같은) 시설은 피하는 것으로 한다.

제6조 음식시설 및 특수위안시설(위안소)은 그 영업장소 등을 고려하여 현지인에 대한 문화 시책에 악영향을 끼치지 않도록 노력해야 한다.

제7조 위안시설의 영업자는 방인에 한정하는 것을 원칙으로 하고, 종업원은 가능한 한 현지인을 활용하고, 방인의 사용은 필요 최소한도로 억제하는 것으로 한다.

제8조 위안시설 영업을 다음과 같이 구분한다.

1. 군 전용

일반인의 출입 이용을 허가하지 않는다.

2. 군 이용

일반인의 출입 이용을 허가해도 군인 군속에 대해 특히 편리를 제공할 것.

3. 기타 영업

위 이외의 것.

제9조 군 전용 및 군 이용의 인정은 군에서 행한다.

제10조 본 규정에 군이라고 하는 것은 제2사단장 또는 제2사단장이 지시하는 독립 수비대를 말한다.

제11조 해군의 소관에 속하는 위안시설 및 여관은 군정 기관에서 관여하지 않는 것으로 한다.

제2장　영업 처리

제12조　하기 사항은 지방 장관이 처리해야 한다.

　　　1. 영업의 허가, 금지, 정지.

　　　2. 영업의 양조 및 영업소 이전의 허가.

　　　3. 가업부[142]의 취업 및 취업소 변경의 허가.

　　　4. 영업자 및 가업부의 폐업 허가.

제13조　지방 장관이 군 전용 및 군 이용의 인정 및 취소의 요구가 있다고 인
　　　　정될 때는 그 사유 서류를 구비하여 군정감에 보고해야 한다.

(중략)

제21조　지방장관은 위안시설 및 여관의 영업자 그리고 종업원에 대해 매월 1
　　　　회 건강진단을 실시해야 한다.

(중략)

제26조　지방 장관은 위안시설 및 여관 영업자의 명단 및 가업부 명단(양식
　　　　자유)을 구비하고 이동할 때마다 정리해야 한다.

　　　　전항 외의 가업부에 대한 증표(양식 자유)를 교부하여 취업 중에는
　　　　이를 휴대하게 하는 것으로 한다.

말레이 감달 제29호

　　　위안시설 및 여관 영업 준수 규칙 제정의 건 전달

---

142) 가업부(稼業婦)=위안부의 별칭.

부내 일반

위안시설 및 여관 영업 준수 규칙을 아래와 같이 정한다.

쇼와 18년 11월 11일

말레이 군정감

위안시설 및 여관 영업 준수 규칙

제1조 위안시설 및 여관 영업자는 군 및 군정감부가 별도 지시하는 사항 외의 원칙을 준수해야 한다.

제2조 위안시설 영업자는 영업의 구분에 따라 가게문 보기 쉬운 곳에 부표 제1호의 표식을 걸어야 한다. 단 군 관계가 아닌 곳은 이 제한에 속하지 않는다.

제3조 종업원을 고용하거나 해고할 때는 그때마다 부표 제2호 양식에 의거 관할 지방장관에게 제출해야 한다. 단 원격의 지역에 있을 때는 관할 경찰서를 경유할 수 있다.

제4조 영업자는 부표 제3호 및 제4호 양식의 종업원 명단을 구비하고 이동할 때마다 정리해 두어야 한다.

제5조 영업자는 각 영업 종별마다 조합을 조직하고 관할 지방장관의 인가를 받아야 한다.

제6조 영업자가 가업부를 고용했을 때는 별책의 예기, 작부, 고용계약규칙에 근거하여 고용계약을 정하고 관할 지방장관의 인가를 받아야 한다.

제7조 영업자는 다음 사항을 준수해야 한다.

1. 외부에서 보이는 장소에서 부녀자가 객과 놀거나 혹은 이상한 복

장 또는 보기 민망한 자태를 취하지 말도록 할 것.

2. 부녀자에게 유흥을 권유하지 말 것.

3. 부녀자가 객을 따라 외출하지 못하도록 할 것.

4. 사교댄스를 춤추게 하지 말 것.

5. 여관에서는 일반 여성을 객실에 출입시키지 말 것.

6. 「레코드」 및 악기류는 17시 이후 23시까지 사용해도 지장이 없으나 퇴폐적인 가사 음악류의 연주 및 확성기의 비치를 하지 말 것.

7. 영업소는 항상 청결하게 하여 위생상 유감이 없도록 할 것.

8. 종업원의 보건 위생상 필요한 설비를 하고 또 잡비를 절약하게 하여 견실한 생활을 할 수 있도록 항상 지도 감독할 것.

9. 영업시간은 12시부터 24시까지로 한다.

10. 객실(특수위안소를 제외한다) 및 장식등의 전부 그리고 옥외 조명 등의 대부분은 24시에 멸등할 것.

11. 어떤 명분으로도 객에게 소정 외의 요금을 요구하지 말 것.

제8조 영업자는 소정의 판매가격 요금, 봉사료 기타 이에 준하는 것을 각 객실에 게시해 두어야 한다.

제9조 영업자 및 종업원은 지방장관이 지시한 내용에 의해 건강진단을 받아야 한다. 가업부는 전항 외에 검징을 받아야 한다.

제10조 영업자 및 종업원은 군의 위생 순찰로부터 지시 주의를 받았을 때는 이에 따라야 한다.

제11조 가업부는 취업인가를 받지 않으면 취업할 수 없다.

검징의 결과 병독에 감염되었다고 인정된 자는 전치(全治)의 인정이 있을 때까지 영업해서는 안 된다.

제12조 영업자 및 종업원은 군정감의 허가를 받지 않으면 전업 전적(轉籍)을 할 수 없다. 전항의 허가 신청은 관할 지방장관을 경유해야 한다.

제13조 영업자 및 가업부가 폐업하려고 할 때는 관할 지방장관에게 원서를 제출하여 허가를 받아야 한다.

제14조 경영자는 영업 개시에 임하여 적산(敵産)[143]에 대해서는 적산 관리인으로서 소요되는 정리를 해야 한다.

전항의 적산은 비적산물건과 구분해서 정리하는 것으로 한다.

제15조 병참여관에서 일반인을 숙박시킬 때는 규정요금 외에 다음 금액을 징수해야 한다.

　1　장관(將官) 대우　　　5엔

　1　좌관(佐官)[144] 대우　　4엔

　1　위관(尉官) 대우　　　3엔

전항의 징수액은 군정감에게 납부해야 한다.

제16조 영업자(병참여관으로서 일부의 위탁 경영에 속하는 자는 제외한다)는 현금출납부(양식 자유)을 구비하고, 또 필요에 따라 보조부를 구비하고 일일 수지(收支)를 명확히 해야 한다.

제17조 영업자(특수위안시설 영업은 제외)는 다음 각호의 결산서를 관할지부 경무부를 경유해서 군정감에 제출해야 한다.

---

143) 적국의 재산.
144) 좌관은 일본에서는 소좌(少佐), 중좌(中佐), 대좌(大佐)를 뜻한다. 한국의 소령, 중령, 대령에 해당됨.

1. 매월 부표 제5호의 수지결산서.

2. 6개월마다 부표 제6호의 자산 부채내역표

제18조 특수위안시설(위안소) 영업자는 매월 부표 제7호의 수지계산서를 익

　　　월까지 관할 지부 경무부를 경유해서 군정감에 제출해야 한다.

　　　　　부칙

본 규칙은 쇼와 18년 12월 1일부터 시행한다.

부표 제1호

1 군전용

```
軍
傳
用
```

2 군이용

```
軍
利
用
```

크기 세루 80mm 가로 30mm 정도를 넘지 말 것.

부표 제2호

종업원 고용(해고)계	
본적	
주소	
씨명	
성별	
연령	
종족별	
업종의 종별	
고입연월일	
해고연월일	

쇼와　　년　　월　　일

영업소

영업자

주(시) 장관 전

부표 제3호

　　　　종업원 명부(그 1)

쇼와　년　월　일 기
종업원명부
옥호
영업자

부표 제4호

　　　　종업원 명부(그 2)

종업종별	씨명	연령	성별	종족별	본적 주소	고입(해고) 년월일
						고입(雇入)해고

(출처: 방위성 방위연구소, 『군정규정집 제1호～8호까지 제2호결, 말레이군정감부(監部)』[145])

---

145) 아시아역사자료센터: 레퍼런스 코드=C14060640400, 청구번호=南西−軍政−27.

문서-53: 독립자동차 제42대대 제1중대 행동 상보(詳報) (쇼17<1942>. 8. 24.)

<해설>

독립자동차 제42대대 제1중대는 1942년 당시 말레이 반도 남단에 있는 싱가포르에 주둔한 것이 다른 문서로 확인된다.[146] 일본군은 1942년 2월 싱가포르 점령 후에 즉시 위안소를 설치했다.

이 문서는 싱가포르에 있는 위안소의 위안부를 사적으로 차에 탑승시키지 말 것, 위안소 등에서 물건을 고의로 파손하지 말 것, 장교 위안소에 대한 관리가 미흡해서 이틀간 영업을 중지시키는 것 등이 기록되어 있다.

----------------------<문서>----------------------

자 쇼와17년(1942) 8월 1일

지 쇼와17년　　8월 31일　　　　　　조제(調製)부수 9부 중 제7호

행동상보　　제10호

　　독립자동차 제42대대 제1중대

(중략)

十一. 17:00 아래의 군회보 수령했음.

　　군회보 8월 24일

　　一. 요새 군인 군속으로 군용차 또는 인력거 등으로 지방의 부녀자를

---

146) 독립자동차 제42대대 제1중대 진중일기(쇼와17〈1941〉. 7. 6), 제3권 p. 141.

동승시키는 자가 있다. 특히 위안부 등을 동승시키는 자를 산견(散見)하는 것은 매우 유감이니 앞으로는 엄히 계신(戒愼)[147]하기 바란다.

二. 음식점 위안소 등에서 맥주병이나 컵을 고의로 파손하는 자가 있으므로 누차 주의하고 엄히 훈계하기 바란다. 또 앞으로 고의로 파손하는 자는 업자에게 변상하는 것으로 한다.

三. 장교 위안소 진사(眞砂)는 종업부에 대한 감독이 철저하지 않아서 오는 25일(화) 및 26일(수) 양일은 영업을 정지시키므로, 그날의 이용을 금지한다.

(출처: 관계자료집성 제3권, pp. 159~163)

문서-54: 일본파견 남방군 최고사령관 앞 연합국 지령서 제1호 [불령(佛領) 인도차이나연합국 군사령부](1945. 9. 7.)

<해설>

이 문서는 1945년 8월 15일 일본이 무조건 항복한 후 인도차이나 연합군 사령관이 베트남에 있는 위안소가 일본군의 지휘 하에 경영되는 것으로 판단해 모두 퇴거명령을 내린 문서다.

일본군은 1940년 6월 22일 프랑스가 독일에 항복하자 9월 프랑스

---

147) 계신(戒愼)하다: 훈계하여 신중하게 행동시킨다는 뜻.

령 인도차이나로 진주했다. 이후 베트남은 프랑스와 일본에 의한 이중 지배 하에 놓였다. 그 후 1945년 3월 프랑스군과 싸운 일본군이 승리하여 일본의 무조건 항복 시까지 약 5개월 일본이 베트남을 통치했다. 그러므로 베트남의 위안소는 1940년 9월 이후 설치된 것들이다.

------------------------〈문서〉------------------------

일본파견 남방군 최고사령관 앞 연합국 지령서 제1호

1945년 8월 27일 랑군(蘭貢: 현, 양곤의 옛 명칭)에서 서명한 일본 파견 남방총군 사령관의 대리로 날인한 지방의 결정에 근거하여 프랑스령 인도차이나 점령 연합국 육군사령관이 발한 명령

(중략)

유녀옥 및 위안대

27. 모든 일본 유녀옥 및 위안대는 일본군과 함께 철퇴시켜야 한다.

28. 일본 의무당국은 ███████ 대령과 상담하여 성병환자로 알려진 여성은 국적 여하를 불문하고 사이공(西貢)[148] 내의 일정 병원에 수용하고, 귀관은 병원의 적정 경비와 수용자의 적정 치료를 해야 한다.

1945년 9월 7일

연합국 육군 최고사령관의 이름으로

프랑스령 인도차이나 연합국군 사령관

육군 소장 ████████ (서명)

(출처: 관계자료집성 제4권, pp. 339~340)

---

148) 사이공, 西貢, Saigon, 베트남 호찌민시의 옛 이름.

말레이, 싱가포르, 인도네시아 위안소로
강제 연행된 조선 여성들

1) 말레이 반도의 위안소로 강제 연행된 조선 여성들

『종군위안부 110번-전화 저쪽에서 역사의 목소리가(従軍慰安婦110番 - 電話の向こうから歴史の声が)』(표지)

다음 증언은 말레이 반도의 위안소에 관한 얘기다. 육군 조종사였던 일본인 병사가 『종군위안부 110번-전화 저쪽에서 역사의 목소리가(従軍慰安婦110番 -電話の向こうから歴史の声が)』(1992) 속에서 말레이 반도의 위안소에서 체험한 얘기를 말했다.

말레이의 경우 비행장이 변두리에 있어서 도시에 있는 위안소까지는 4~8km 정도 있었습니다. 비행장에서 위안소로 갈 때는 트럭에 많이 타고 갔습니다. 중대마다 200명 정도가 외출했습니다. (중략) '도미코'라는 기명(妓名)의 조선인 위안부가 있었는데 그녀는 "우리는 군속으로 모집되었고 나라를 위해서라고 생각해서 지원했는데 배신당했고…. 이제 고향에는 돌아갈 수 없다"라고 말했습니다. 이 위안소의 경영자는 연배의 일본인이었습니다.

이 내용을 볼 때 말레이 반도로 연행된 조선 여성은 군속으로 군에서 일을 한다는 말을 듣고 왔는데 배신당해 강제로 위안부가 되었다는 얘기를 한 것으로 보인다.

각종 문서를 보면 실제로 위안부를 군속으로 한 사례는 없고 '군 관계자'라는 자격을 준 것으로 확인된다. 많은 조선 여성들이 당시 서류 관계에 밝지 않았다고 판단되니 이런 식으로 쉽게 속는 경우가 많았다. 군 관계자로 모집한다는 것은 군의 책임하에 고용하는 사람을 뜻하기 때문에 여성들에게 군 관계자로서 도항증명서를 발급한 일본군이나 일본정부는 법적 책임을 면할 수 없다.

2) 싱가포르의 위안소로 강제 연행된 조선 여성들

나눔의집에서 생활하신 피해자 중에서는 김화선씨(1926~2012)가 1942년 16살 때 싱가포르 위안소로 연행되어 위안부 피해를 당했다.

이하는 하야시 히로시(林博史) 교수의 '말레이 반도에서의 일본군 위안소에 대해(マレー半島における日本軍慰安所について)'[149](1993)라는 논문 속의 구절에 나타나는 싱가포르의 위안소로 연행된 조선 여성들의 얘기다.

---

149) http://www.geocities.jp/hhhirofumi/paper09.htm

싱가포르 시가의 남쪽 대안(對岸)에 위치한 부라칸마티 섬(현, 센토사 <Sentosa> 섬)에 주둔하던 육군 항공대의 연료 보급 창고에서 통역으로 근무했던 나가세 다카시(永瀬隆)씨의 증언에 따르면 1942년 11월에 접어들면서 조선인 위안부 12~13명이 보내져 왔고 위안소가 개설되었다.

현재 [센토사 섬의] 전쟁 박물관이 있는 곳에 보급창(補給廠) 본부가 설치되어 있었고 그 남쪽에 인접한 건물이 위안소로 쓰였다. 그는 조선인 위안부들에게 일본어를 가르치도록 부대장으로부터 명령을 받았기 때문에 그 교육을 담당했다.

그런데 그녀들과 이야기를 하던 중 "통역씨, 얘기 좀 들어주세요. 우리는 싱가포르의 레스토랑의 여급이 된다는 얘기를 듣고 100엔의 준비금을 받아서 왔지만 와서 보니 강제로 위안부가 될 수밖에 없었어요"라고 울면서 호소했다고 한다. 그는 그 후 12월 말 원래의 자기 부대인 남방군의 통역반으로 복귀했고 이후 버마 철도에 관여하게 되었다.

이 증언으로 알 수 있는 것은 12~13명의 조선 여성들이 모두 싱가포르의 레스토랑 여급이 된다고 속아서 와서 강제로 위안부가 되었다. 이 증언을 들은 나가세라는 통역이 그 후에 어떤 조치를 취한 흔적은 없다. 부대장이 나가세씨에게 조선 여성들에게 일본어를 가르치라는 명령을 할 정도였으니 이 위안소는 틀림없이 군이 관리한 곳이다.

일본군은 당시 여성들을 속여서 연행해 오는 것을 태연하게 생각하고 있었던 것으로 판단된다.

3) 인도네시아 수마트라 팔렘방 위안소로 강제 연행된 조선 여성들

이것은 말레이 반도 서쪽에 위치한 인도네시아의 수마트라(Su-matera) 섬의 중심지 팔렘방(Palembang)의 한 위안소의 얘기다.

헌병 군조로서 위안소와 관련이 된 쓰치가네 도미노스케(土金冨之助)가 『싱가포르로의 길〈하〉- 어느 근위병의 기록(シンガポールへの道〈下〉- ある近衛兵の記録)』(1977) 속에서 자신의 수마트라 섬에서의 체험을 다음과 같이 서술했다.

순회로 [위안소에] 출입하다가 나는 K코와 Y코라는 이름의 조선 여성(이 건물은 다 조선 출신)들과 자주 이야기를 하게 됐다. (중략) K코는 나이도 아직 18 혹은 19라고 말했다. (중략)

내가 혼자 가던 어느 날 그녀는 "우리는 좋아서 이런 장사에 들어온 게 아닙니다."라고 술회하는 것처럼 한숨을 쉬면서 말했다. "우리는 조선에서 종군 간호사, 여자 정신대, 여자 근로봉사대라는 명목으로 모집되었습니다. 그래서 설마 위안부 따위를 강요당한다고는 아무도 몰랐어요. 외지로 수송되고 나서 처음으로 위안부라는 말을 들었어요."

그들이 처음으로 이런 장사를 해야 한다는 것을 알았을 때 얼마나 놀랐고 탄식했을까라고 생각하면 안쓰럽기 짝이 없다. (중략) 그녀의 뺨에는 작은 물방울이 반짝였다. (중략)

장병들은 이런 사정을 알고 있을까, 아니 알 필요는 없었다. 어설프게 알고서는 즐겁게 놀 수 없게 될 것이다. 돈벌이를 위해 온 것이다, 정도로 밖에 이해하지 않고 있는 사람들이 많을 것이다.

이 증언을 보면 인도네시아 수마트라로 연행된 조선 여성들은 종군 간호사, 여자 정신대, 여자 근로봉사대라고 속임을 당해 온 것으로 알 수 있다. 여기서 말하는 여자 정신대는 위안부가 아니다. 한국에서는 정신대라면 위안부라고 오해하는 경향이 있으나 정신대란 공장에서 나라를 위해 저임금으로 일하는 여성들을 말했다.

그리고 내무성 통첩을 보면 여성들이 항구에 도착하면 그들을 즉각 위안소로 보내는 것이 헌병대의 역할이었다. 그런데 그런 헌병대의 군조였고 위안소를 관리한 사람이 조선여성들이 속아서 연행되었다는 사실을 몰랐다는 데 놀라움을 금하지 않을 수 없다.

위안부 강제연행에 대해 지극히 비밀리에 진행되었음을 알 수 있는 대목이다.

그리고 이 헌병도 그녀들을 구출하려고 한 흔적이 없다. 조선 여성들은 여러 가지 방법으로 구제요청을 했으나 당시 일본병사들은 얘기만 들어주고 실제 행동으로 위안부들을 구출해 준 사람들이 거의 없었다. 구출을 받았다는 사례는 극히 소수에 불과하고 위안부 제도라는 극악의 제도를 근본적으로 개선하려는 움직임은 일본군이나 일본정부에 어디에도 없었다. 이것 또한 일본군과 일본정부의 큰 범죄라고 하지 않을 수 없다.

4) 수마트라 쿠타라자의 위안소로 강제 연행된 조선 여성들

다음은 수마트라 섬 최북단에 있는 쿠타라자(Kutaraja), 현재는 반다아체(Banda Aceh)로 불리는 도시에 있던 위안소에 다닌 일본병사의 증언이다.

1943년부터 수마트라 북부 쿠타라자(현, 반다아체)에 있던 스도 모토사브로(須藤友三郎)는 「인도네시아에서 본 침략전쟁의 실태(インドネシアで見た侵略戦争の実態)」라는 글을 『이런 나날이 있었다－전쟁의 기록(こんな日々があった－戦争の記録)』(1995)이라는 책 속에 남겼는데 다음과 같이 조선인 위안부에 관한 증언이 기록되었다.

수마트라 섬의 최북단에 쿠타라자라는 도시가 있습니다. 우리는 처음 이곳에 상륙하여 주둔했습니다. 이 마을에는 당시 일본군 '위안소'가 있었고 조선 여성들이 20명 정도, 접객을 강요당해 있었습니다. 모두 20살 안팎으로 생각되는 농촌 출신 여자들이었습니다.

위안소 건물은 합판으로 급조한 것이었고, 주위에는 철책을 쳐서 여성들이 도주 못 하게 간수가 있는 것들이었습니다. (중략)

위안부들에 따르면 당시 조선의 농촌은 가난했다고 합니다. 그 약점을 이용해서 일인당 20엔 정도의 가불금을 주면서 "일본 본토의 공장 노동자가 됐으면 한다"라고 하여 부모를 속여 징용했다는 얘기였다. 그런데 배를 타면 일본 본토는커녕 남쪽에 연행되었고 게다가 갑자기 일본군 장교에 강제적으로 매춘을 강요당했다고 눈물을 흘리면서 "억울하다"고 울었습니다.

얼마 후 이번에는 농촌의 야자 숲 안에 또 위안소가 생겼습니다. 여긴 인도네시아의 젊은 여성들이 10명 정도 수용되었습니다. 이 여자들의 이야기에 따르면 자바 섬의 농촌에서 조선 여성들과 같은 수법으로 연행되었다고 분개하고 있었습니다.

위 증언으로 업자들이 조선 여성들을 일본 본토의 공장 노동자가 된다는 말로 속였다. 이 증언으로 자바 섬의 여성들도 속아서 위안부로 동원된 사실을 알 수 있다. 군이 이런 상황을 몰랐다고 할 수 없는 정도로 강제연행이나 사기로 여성들을 데려온 사례가 많았다는 사실을 알 수 있다. 위안부 강제연행과 인신매매 묵인 등이 일본군의 최대 인권유린 범죄라 하지 않을 수 없다. 군 관계자들이 업자들의 횡포를 알면서 허용했다는 점에서 군은 범죄사실을 면할 길이 없다.

제2절. 일본군의 필리핀 침공과 위안부문제

1. 배경

일본군의 중국 침략을 막으려는 미국에 일격을 가하기 위해 일본군 제14군의 주력은 1941년 12월 22일 필리핀 루손 섬에 상륙했고 다음 해 1942년 1월 2일 수도 마닐라를 점령했다. 제14군 사령관 혼마 마사하루(本間雅晴) 중장은 마닐라호텔 앞에 장교 800명을 모아 1시간 동안 "불태우지 말 것. 강간하지 말 것. 약탈하지 말 것"을 역설했고 위반자는 엄벌에 처하도록 하겠다고 훈시(訓示)했다. 그러나 제14군의 장교들이 마닐라 함락 후 마닐라 대학의 여학생들을 강간했다고 보고된 바 있다.

미국 극동 육군 사령관으로 필리핀에 주둔해 있던 더글러스 맥아더(Douglas MacArthur)는 루손 섬 서부에 있는 바탄 반도(Bataan Peninsula)에서 농성작전을 전개해 일본군에게 저항했다. 맥아더 장군은 바탄 반도 앞바다에 있는 코레히도르(Corregidor) 섬에 사령부를 두고 일본과의 전쟁을 이어갔다.

그러므로 침공 후 45일에 걸쳐 필리핀 주요부를 점령하려는 일본군의 계산이 크게 어긋났고 코레히도르 섬의 미군부대가 5월 6일 항복할 때까지 150일을 요한 결과가 되었다.

일본군이 코레히도르 섬을 점령했을 때 맥아더 사령관의 모습은 이미 없었다. 당시 루스벨트 미대통령은 맥아더에 대해 호주에 가도록 지시했으며 3월 12일 맥아더는 어뢰정으로 코레히도르 섬을 탈출하여 민다나오 섬에 도달해 B-17 전투기로 호주를 향해 출발했다. 맥아더의 "아이 샤르 리턴(I shall return〈나는 꼭 돌아온다.〉)"이라는 연설은 3월 20일 호주 아들레이드(Adelaide)에서 행한 연설이다. 맥아더는 그곳에서 남서 태평양 지역의 연합군 최고 사령관에 취임하면서 일본군과의 재전에 대비했다.

2. 관련 문서

문서-55: 위안소에 관한 규정 [독립수비보병 제35대대](쇼 17〈1942〉. 6. 6., 11.)

<해설>

이 문서를 작성한 독립수비보병 제35대대는 원래 남지나파견군에 소속되어 있었지만 1941년 11월의 남방작전 결정 후 필리핀의 루손 섬으로 투입된 부대다.

일본군 중에서도 '독립'이라는 명칭을 가지는 군부대는 그 군부대 안에서 독자적으로 인사, 보급, 장비조달 등이 가능한 군조직이다. '독립'이라는 단어가 없는 군부대는 사단경유로 인사나 보급 등을 처리해야 했다. 독립부대는 전문적으로 하나의 업무를 맡는 부대들이었고 효율성을 높이기 위해 편성된 부대들이었다.

그리고 군의 명칭에 들어간 '수비'라는 단어는 공격보다 수비에 역점을 둔 군부대를 뜻한다. 일본의 독립수비대는 만주에서 처음으로 만주철도를 지키는 목적으로 편성되었다. 그리고 동남아 전선에서는 주력부대를 후방지원하는 것이 수비대였고 보병들로 구성된 독립된 수비대가 '독립수비보병대'였다. 그중에서도 규모가 큰 '독립수비보병대'는 중국 남부로부터 필리핀, 말레이반도, 버마(현, 미얀마), 보르네오 등지를 이동했다.

이 문서는 독립수비보병 제35대대가 일본군의 남방작전 개시 이후 필리핀의 루손 섬 북동부에 위치한 도시 카가얀(Cagayan)에 머물렀을 때 위안소 규정을 기록한 문서이고 위안소 이용시간, 요금 등이 적혀 있다. 이런 문서는 일본군이 남방작전에서 주둔한 동남아 각지에 직접 위안소를 만들었고 경영했음을 보여주고 있다.

----------------------------<문서>----------------------------

별지

위안소에 관한 규정 6월 6일

장소 부와안

一. 위안소 개설에 관하여 하기와 같이 규정한다.

  1. 개시시간

    병사   자 13:00

                  지 17:00

    하사관   자 17:00

                  지 20:00

    장교   20:00 이후

  2. 요금

    병사   1,500

    하사관   2,000

    장교   3,000

  3. 일할(日割)

    야마구치(山口) 부대   월, 화, 목, 토.

    이치하라(市原) 부대   일, 수.

    공휴일   금요일.

  4. 외출은 근무에 지장이 없는 병사들이 소부대마다 외출하는 것으로 한다.

  5. 하사관의 외출은 소속 중대와 함께 외출하는 것으로 한다.

二. 위생시설에 관해서는 다나카(田中) 견습사관이 담당한다.

三. 기타 세부에 관해서는 각 부대장이 규정할 수 있다.

(중략)

회보 　　　　6월 11일

一. 위안소 설치에 관해서 다음과 같이 정한다.

　1. 시간　　병사　　13:00-18.00

　　　　　　하사관　　18:00-20:00

　　　　　　장교　　　20:00 이후

　2. 요금

시간	장교 및 동 대우자	하사관 및 동 대우자	병사
30분	3.00	1.50	1.00
1시간	4.00	2.50	2.00
전반 및 후반 밤	6.00		
1박	8.00		

　3. 장소　헌병대로부터 카가얀 강에 따라 남쪽으로 4블럭 째에 위치한 위

　　　　안소

二. 「부코」 동방산도 5Km의 도로 파괴로 6월 12일부터 약 5일간 다치바나

　　(立花) 도로작업대가 교량을 개수했다. 따라서 15일(1일간)은 일반에게

　　「카가얀」-「마라이바라이」 [150]간의 통행을 금지한다.

(후략)

(출처: 관계자료집성 제3권, pp. 123~127)

---

150) 필리핀 남부 민다나오도 중부의 부카도논(Bukidnon)주에 있는 도시.

문서-56: 콘돔 지급의 연락 [카토바로간 분대 앞](쇼 17<1942>. 11. 21., 12. 12.)

<해설>

일본군은 루손 섬 공략과 동시에 1941년 12월 20일 필리핀 남부 민다나오 섬 다바오시(Davao City)에 상륙하면서 처음은 현지 교민 보호에 나섰다. 다바오시는 20세기 초부터 일본인 이민이 많았고 한때는 2만 명 이상의 일본인들이 사는 동남아 최대의 일본인 거주 지였다.

민다나오 섬에 대한 본격적인 작전은 1942년 3월에 개시되었고 제18사단 소속의 가와구치(川口)부대와 제5사단 소속의 가와무라(河村)부대가 먼저 루손 섬 남부의 비사야(Visayas) 제도, 이어서 민다나오 섬을 공략했다. 1942년 3월 2일 일본군은 민다나오 섬의 서쪽 끝에 있는 삼보앙가(City of Zamboanga)에 상륙하면서 4월에 미군을 항복시켰다.

그 후 6월 9일까지 고립된 지역의 소부대를 제외하고 미군과 필리핀군의 전 부대가 항복했다.

이 문서는 필리핀의 루손 섬과 민다나오 섬 사이에 있는 비사야 제도에 속하는 사마루(Samar) 섬의 도시 카토발로간(Catbalogan)에 주둔한 일본군 부대가 군인들에게 위안소로 다니기 위한 콘돔을 분배해 준다는 알림을 게재한 문서다. 그만큼 일본 군인들이 위안소를 자주 이용했다는 얘기이고 일본군이 성병예방에 많이 신경을 썼다는 증거가 되는 문서다.

필리핀 지도(출처: http://www.maps-of-the-world.net/maps-of-asia/maps-of-
philippines/)

---------------------<문서>---------------------

연락

　　　　　쇼와17년(1942) 11월 21일　　　　　본부 서무

　　카도발로간 분대 서무 귀하

　　이전에 본부로부터 배포한 「콘돔」을 모 분대에서는 하사관 이하에 자유롭
게 분배한 사례가 있으나 이는 분(견) 대장 이하 전원에 대한 것으로 배포한

것이므로 알아주기 바란다.

단 고용인(필리핀인<比島人> 포함) 중 아내가 있는 자 및 20세 미만인 자에게는 배포하지 말 것. 또 이 사용에 관해서 충분히 교육해야 함을 유념하기 바란다.

연락

12월 12일　　　　　　　본부 서무

서무계　귀하

별송「콘돔」을 하기에 따라 분배하기 바람

　　　하기

一. 장교 이하 2개씩 분배한다.

단 가족과 동거하는 통역 기타 고용인 및 미성년자에게는 분배하지 말 것.

二. 만일 인원수에 부족할 경우에는 융통성 있게 분배하기 바란다.

三. 사용에 관한 교육을 철저히 한 후에 분배하길 바란다.

(출처: 관계자료집성 제3권, pp. 199~200)

문서-57: 검징 성적의 건 통보 [일로일로 환자요양소](쇼 17<1942>. 5. 12~12. 27.)

<해설>

이 문서는 필리핀 비사야 제도 파나이(Panay)섬에 있는 일로일로 (Iloilo)라는 도시에 설치된 위안소 위안부들에 대한 성병검사 기록들이다. 1942년 5월 12일부터 같은 해 12월 27일까지의 기록인데 5월 26일부터의 기록에는 위안부들의 연령이 기재되었다. 이것을 보면 가장 어린 여자는 15세였던 것을 알 수 있다. 그것뿐만이 아니라 상당히 많은 여성들이 21세 미만이었던 것을 알 수 있다.

일본이 내무성 통첩으로 규정한 내용, 즉 추업을 하는 여성은 21세 이상이라는 약속을 식민지 여성들이나 점령지 여성들에게는 전혀 지키지 않았음이 확인되는 문서다.

그리고 당시 일본도 한국과 똑같이 나이를 만(滿)이 아니라 '세는 나이'로 기록했기 때문에 15세는 만14세를 뜻했다. 한국의 위안부 피해자들 중에서도 이옥선씨 등이 14살 때(만 13세) 중국 옌지(延吉)로 끌려갔다고 증언한 바 있다. 일본군이 강제적으로 매우 어린 여성들을 위안부로 만들었다는 것을 다시 한 번 확인할 수 있다. 여기에는 성병검시기록 중 대표적인 것을 선택해서 번역하여 게재했다.

쇼와17년(1942) 5월 12일 일로일로 환자 요양소 검징성적

산서(山庶)제10호		
검징성적의 건 통보		
쇼와17년(1942) 5월 12일　　　일로일로[151]　환자 요양소　　　야마구치		
일로일로 헌병분대 귀하		
제1위안소 오늘의 검징성적, 하기와 같이 통보한다.		
하기		
피검사자 성명	검사성적	병명
████████████	가	
████████████	가	
████████████	가	
████████████	가	
████████████	가	
████████████	가	
████████████	불가	질부 미란(糜爛)[152]

쇼와17년(1942) 5월 19일 일로일로 환자 요양소 검징성적

산서 제12호
검징성적의 건 통첩
쇼와17년(1942) 5월 19일 일로일로 환자 요양소　　　야마구치
헌병대 귀하
표제의 건 제1위안소 검징성적을 별지와 같이 통첩한다.

별지

육군

---

151) 일로일로: 필리핀 중부 비사야 제도 파나이섬 남안에 있는 도시.

152) 미란: 병으로 점막과 피부 표면이 염증을 일으켜 생긴 상처가 깊이 패인 것처럼
　　된 상태.

씨명	가부(可否)	병명	비고
▨▨▨▨	가		
▨▨▨▨	가		
▨▨▨▨	가		
▨▨▨▨	가		
▨▨▨▨	가		
▨▨▨▨	불가	질부 미란	
▨▨▨▨	가		
▨▨▨▨	가		
▨▨▨▨	불가		월경
▨▨▨▨	가		
▨▨▨▨	가		
▨▨▨▨	가		

쇼와17년(1942) 5월 26일 일로일로 환자 요양소 검징성적

산서16호							
검징성적 건 통첩							
쇼와17년(1942) 5월 26일				일로일로 환자 요양소			
헌병부대 귀하							
표제에 관한 건을 하기와 같이 통첩한다.							
하기							
씨명	연령	가부	병 명	씨명	연령	가부	병 명
▨▨▨	18	가		▨▨▨	18	가	
▨▨▨	16	불기	외음부 미란	▨▨▨	19	가	
▨▨▨	31	가		▨▨▨	16	가	
▨▨▨	18	가	피부병 있음	▨▨▨		불가	경부 염증
▨▨▨	20	불가	질부 미란	▨▨▨		가	
▨▨▨	18	가		▨▨▨			월경
▨▨▨	17			▨▨▨			동

쇼와17년(1942) 5월 29일 일로일로 환자 요양소 검징성적

산서18호				
검징성적 건 보고				
쇼와17년(1942) 5월 29일		일로일로 환자 요양소		야마구치
헌병부대 귀하				
표제에 관한 건을 하기와 같이 통첩한다.				
하기				
씨명	연령	병명	양부(良否)	적요
▓▓▓▓▓▓▓	22세	없음	가	
▓▓▓▓▓▓▓	15	〃	가	
▓▓▓▓▓▓▓	32	〃	〃	
▓▓▓▓▓▓▓	26	〃	〃	
▓▓▓▓▓▓▓	23	〃	〃	
▓▓▓▓▓▓▓	20	〃	〃	
▓▓▓▓▓▓▓	24	〃	〃	
▓▓▓▓▓▓▓	27	〃	〃	
▓▓▓▓▓▓▓	19	〃	〃	
▓▓▓▓▓▓▓	23	〃	〃	
▓▓▓▓▓▓▓	24	〃	〃	
▓▓▓▓▓▓▓	20	〃	〃	
▓▓▓▓▓▓▓	19	〃	〃	
▓▓▓▓▓▓▓	20	〃	〃	
▓▓▓▓▓▓▓	27	〃	〃	월경
▓▓▓▓▓▓▓	22	질부미란	불가	
▓▓▓▓▓▓▓	18	없음	가	
▓▓▓▓▓▓▓	21	〃	〃	
▓▓▓▓▓▓▓	25	〃		월경

쇼와17년(1942) 6월 9일 일로일로 병참지부 의무실 검징성적

검징성적의 건							
쇼와17년(1942) 6월 9일			일로일로 병참지부 의무실				
표제에 관한 건은 하기와 같다							
하기							
씨명	연	가부	병명	씨명	연	가부	병명
■■■■■	31세	가		■■■■■	17세	가	
■■■■■	18세	가		■■■■■	25세	부	질부미란
■■■■■	20세	가		■■■■■	21세	가	
■■■■■	17세	월경		■■■■■	18세	가	
■■■■■	19세	〃		■■■■■	18세	월경	
■■■■■	16세	〃		■■■■■			
■■■■■	16세	가		■■■■■			
■■■■■	17세	가	자궁질부 경도의 미란				

검징성적의 건							
쇼와17년(1942) 6월 9일			일로일로 병참지부 의무실				
표제에 관한 건을 하기와 같이 부침							
하기							
씨명	연	가부	병명	씨명	연	가부	병명
■■■■■	20세	가		■■■■■	21세	가	
■■■■■	19세	가		■■■■■	20세	가	
■■■■■	26세	가		■■■■■	23세	가	
■■■■■	23세	월경		■■■■■	19세	부	습진
■■■■■	20세	가		■■■■■	26세	가	
■■■■■	20세	가		■■■■■	31세	가	
■■■■■	22세	가		■■■■■	26세	부	질부미란
■■■■■	22세	가		■■■■■	30세	월경	
■■■■■	25세	가		■■■■■	24세	부	임질(淋疾)

씨명	연	가부	병 명	
███████	15세	가		

쇼와17년(1942) 9월 29일 일로일로 병참지부 의무실 검징성적

검징성적에 관한 건							
쇼와17년(1942) 9월 29일							
일로일로 병참지부 의무실							
표제에 관한 건을 하기와 같이 통보한다.							
하기							
씨명	연	가부	병명	씨명	연	가부	병명
██████	18	부	자궁경 관염	██████	19	가	
██████	31	가		██████	16	부	자궁경관염
██████	16	가		██████	25	가	
██████	17	부	임질 (淋疾)	██████	29	가	
██████	16	가		██████	19	부	임질(淋疾)
██████	18	가		██████	25	부	임질
██████	18	가		██████	21	부	자궁질부미란
██████	16	가					(이상 제1위안소)
씨명	연	가부	병명	씨명	연	가부	병명
██████	25	가		██████	19	월경	
██████	26	가		██████	22	부	외음부 습진
██████	31	휴양중		██████	24	가	
██████	23	동		██████	26	월경	
██████	23	가		██████	26	가	
██████	21	가		██████	22	가	
							(이상 제2위안소)

쇼와17년(1942)10월 5일 일로일로 병참지부 의무실 검징성적

검징성적에 관한 건							
쇼와17년(1942)10월 5일							
일로일로 병참지부 의무실							
표제에 관한 건을 하기와 같이 통보한다.							
하기							
씨명	연	가부	병명	씨명	연	가부	병명
████████	18	가		████████	25	부	자궁질부미란
████████	31	가		████████	29	가	
████████	16	가		████████	25	부	임질
████████	16	가		████████	21	부	자궁질부미란
████████	18	가					(이상제1위안소)
████████	18	가					
████████	17	부	자궁질 부미란				
████████	16	부	자궁경 관염증				
씨명	연	가부	병명	씨명	연	가부	병명
████████	25	가		████████	22	가	
████████	26	가		████████	24	가	
████████	31	휴양중		████████	26	월경	
████████	23	동		████████	26	가	
████████	23	가		████████	29	가	
████████	21	가		████████	22	가	
████████	19						(이상 제2위안소)

쇼와17년(1942) 11월 10일 일로일로 경비대 의무실 검징성적

통보   11월 10일 일로일로 경비대 의무실

1. 검징성적을 하기와 같이 통보한다.

하기

제1위안소			제2위안소		
씨명	연령	성적	씨명	연령	성적
H	18	가	ㅋ	29	가
M	16	가	ㅿ	31	가
U	26	가	ㅋ	25	가
D	20	가	ㅈ	23	가

M	17	가	カ	22	가
V	29	가	ト	24	월경
Z	30	가	ヘ	20	동
A	31	월경	ネ	20	동
E	18	동	ナ	20	가
H	19	동	リ	19	부　임질
R	25	동			
G	21	부　미란			
T	18	부　임질			
D	19	동　동			
J	16	동　동			
X	25	동　동			

쇼와17년(1942) 11월 10일 일로일로 경비대 검징성적

통보   11월 27일 일로일로 경비대

1. 검징성적을 하기와 같이 통보한다.

기

제1위안소			제2위안소		
씨명	연령	성적	씨명	연령	성적
H	18	가	ラ	29	가
M	16	가	カ	22	가
V	16	월경	ト	24	가
D	20	가	ヘ	20	가

Z	30	가	ヨ	25	월경
A	31	가	ヌ	23	가
h	19	가	リ	19	가
r	25	가	ム	31	불가
D	19	가			
e	18	내막염			
g	21	자궁 미란			
T	18	질미란			
J	16	불가			
x	25	동			

(출처: 관계자료집성 제3권, pp. 45~103.)

문서-58: 위안소 규정 송부의 건 [군정감부 비사야 지부 일로일로 출장소](쇼17<1942>. 11. 22.)

<해설>

이 문서는 상기에서 본 필리핀 일로일로에 있던 제1, 제2 위안소 규정이다. 이 위안소는 군인, 군속 전용 위안소였고 군정감부가 감독했다. 위안부들은 외출이 금지되어 있었고 아침의 산책도 정해진 구역 내에서만 허용되었다. 여기서 위안부들은 성노예라는 용어가 딱 맞는 생활을 하고 있었다.

위안부에 대한 폭행, 협박을 금지한다는 내용이 적혀 있는 것은 그런 사건들이 자주 발생했음을 반증한다. 이 문서에 적힌 아세아 회관이란 제2위안소를 뜻한다.

-----------------------<문서>-----------------------

호외

위안소(아세아회관, 제1위안소) 규정 송부의 건

쇼와17년(1942)11월 22일   군정감부 비사야 지부 일로일로 출장소

일로일로 헌병분대 귀하

표제의 건 별지와 같이 송부한다.

이상.

위안소 규정   제1위안소, 아세아회관

一. 본 규정은 비도(比島)[153] 군정감부 비사야 지부 일로일로 출장소 관할 지구 내에 있는 위안소 실시에 관한 사항을 규정한다.

二. 위안소의 감독 지도는 군정감부가 관장한다.

三. 경비대 의관은 위생에 관한 감독 지도를 담당하는 것으로 한다. 접객부의 검징은 매주 화요일 15시부터 실시한다.

四. 본 위안소를 이용할 수 있는 자는 제복 착용의 군인 군속에 한한다.

五. 위안소 경영자는 하기 사항을 엄수해야 한다.

  1. 가옥 침구의 청결 및 일광 소독

  2. 세척 소독 시설의 완비

  3. 「콘돔」을 사용하지 않는 자의 유흥 거절

  4. 질환이 있는 위안부의 접객 금지

  5. 위안부 외출을 엄중 단속

  6. 매일 입욕 실시

  7. 규정 이외의 유흥 거절

  8. 영업자는 매일 영업 상태를 군정부에 보고할 것

六. 위안소를 이용하려는 자는 하기 사항을 엄수해야 한다.

  1. 방첩의 절대 엄수

  2. 위안부 및 누주에 대한 폭행 협박 행위 금지

  3. 요금은 군표로 선불하기로 한다

---

153) 비도(比島): 필리핀을 뜻함.

4. 「콘돔」을 사용하고 또 세척을 확실히 실행하여 성병 예방에 만전을 기할 것

5. 비도(比島) 군정감부 비사야 지부 일로일로 출장소장의 허가 없이 위안부를 불러내는 일을 엄히 금한다

七. 위안부의 산책은 매일 오전 8시부터 오전 10시까지로 하고, 그 외에는 비도 군정감부 비사야 지부 일로일로 출장소장의 허가를 받아야 한다. 그리고 산책 구역은 별표1에 의한다.

八. 위안소 사용은 외출 허가증(또는 그것을 대신하는 증명서)을 휴대하는 자에 한한다.

九. 영업시간 및 요금은 별표2에 의한다.

별표1 산책구역

제1위안소

일로일로 호텔, 교회, 공원, 군정감부, 아세아회관 등 공원을 중심으로 하는 구역 범위 내로 한다.

별표2

영업시간 및 요금표					
구분	영업시간	유흥시간	요금		비고
			제1위안소	아세아회관	
병사	자 9:00 지 16:00	30분	1.00	1.50	
하사관 군속	자 16:00 지 19:00	30분	1.50	2.50	

| 견습사관 장교 | 자 19:00 지 24:00 | 1시간 | 3.00 | 6.00 | |

(출처: 방위성 방위연구소, 『일로일로 파견헌병대잡서첩 쇼와17년』[154])

문서-59: 군인 클럽 규정 [마스바테[155] 섬 경비대장](쇼 17<1942>. 8. 16.)

<해설>

이 문서는 필리핀 루손 섬 남쪽에 위치한 마스바테(Masbate) 섬에 있던 군인 클럽(위안소) 규정이다. 여기에 있던 위안부들은 현지 필리핀 여성들이 대부분이었던 것으로 추정된다. 왜냐하면 군인들이 요금을 필리핀 통화로 지불하는 것이 의무화되어 있었고 '방첩에 주의할 것'을 문서 안에 규정했기 때문이다.

해당 부대에서는 자칫하면 적에 정보가 누설될 가능성을 우려한 것으로 보인다. 그리고 만취해서 위안부를 폭행하지 말 것을 규정했으나, 그런 규정을 정한 것은 일본군인에 의한 위안부 폭행 사건이 많았기 때문으로 보인다.

---

154) 아시아역사자료센터: 레퍼런스 코드=C13071909600, 청구번호=比島−防衛 −9999.
155) 필리핀 중부 비콜 지방에 속하는 섬, Masbate Island. 클럽이란 위안소를 의미한다.

그리고 위안소로 갈 때도 검을 차고 가야 한다고 규정한 점은, 혹시나 모르는 적의 공격에 대비한다는 차원이었는지 몰라도 위안부에게는 검을 휴대하여 위안소로 들어오는 일본군인들의 모습은 상당히 위협적이었을 것이다.

-------------------------<문서>-------------------------

군인 클럽 규정   금일부터

一. 군인 클럽: 군인(군속 포함)이 위안을 구하는 곳으로 한다.

二. 사용 배당 요일은 아래와 같다.

일요일	대대본부 행리(行李)
월요일	제11중대
화요일	기관총 중대
수요일	위생대
목요일	공병대 치중(輜重)대[156] 무선
금요일	체육대 통신 탄약반
토요일	오전 검사

三. 사용시간을 다음과 같이 정한다.

병사	10:00-16:30
하사관	17:00-19:30

四. 위안료는 아래와 같다.

---

156) 치중(輜重): 의복 등의 짐을 뜻하여 군대에서는 후방지원을 뜻했다.

하사관, 병사 　 1 페소(比)[157] 50센타보(仙)[158]

　장교 　　　　　 2페소 50센타보

단, 실시는 1회로 하고 그 시간은 40분 이내로 한다.

五. 클럽에서 지켜야 하는 건은 아래와 같다.

　1. 위안을 원하는 자는 반드시 접수처에서 번호표를 받고, 순서를 지킨다.

　　요금은 위안부에게 건넬 것

　2. 규정을 엄수하고 공덕을 중시하여 타인에게 폐가 되지 않도록 한다

　　「콘돔」 및 예방약(1셋트 5센타보)은 위안부에게서 수령한다

　3. 예방법은 반드시 실행하여 화류병에 걸리지 말 것

　4. 불필요한 언동을 삼가고 방첩에 주의할 것

　5. 위안소에서는 음주를 금한다

　6. 만취하여 폭행 등의 행위가 있어서는 안 된다

　7. 매주 토요일 낮시간은 건강진단으로 휴업하는 것으로 한다

六. 기타

　1. 클럽에 가는 하사관, 병사는 중대장(독립소대장 「공병대는 치중소대장」)이 발행하는 외출증을 휴행하는 것으로 한다. 2명 이상 동행하고, 도중에 시내를 걸어 다니지 말 것

　2. 복장은 약장으로 하고, 검을 차고 각반을 신는다

(출처: 방위성 방위연구소, 청구번호=比島-防衛-677)

---

157) 비(比): 필리핀 통화 페소를 뜻한다.
158) 센(仙): 페소의 1/100, 센타보를 뜻함.

문서-60: 독립수비보병 제35대대 진중일지(쇼18<1943>. 2. 14.)

<해설>

이 문서는 남지나파견군 소속 '독립수비보병 제35대대'가 감독하는 제3 위안소에 관한 규정이다. 이 부대는 남방작전 개시 후에 필리핀으로 작전무대를 옮겼다.

문서를 보면 제1, 제2 위안소를 필리핀 위안소로 구별하고 있으므로 제3 위안소는 일본인(내지인, 조선인, 대만인)을 위안부로 삼은 위안소였던 것으로 추정된다.

---------------------<문서>---------------------

자 쇼와18년 2월 1일

지 쇼와18년 2월 28일

진중일지(제4호)

독립 수비 보병 제35대대

(중략)

二. 내일 14일부터 별지 요도(要圖)의 곳에 하사관 및 병사용으로 제3 위안소를 개업하게 한다.

三. 내일 14일 이후 위안소 요금을 하기와 같이 정한다.

하기

하사관　2엔

병사　　1엔50전　　　(30분)

필리핀(比島人) 위안소의 요금에 관해서는 종전대로 한다.

(출처: 관계자료집성 제3권 pp. 231~236)

문서-61_1: 군 위안 및 오락설비 상황에 관한 건 조회 [바기오[159] 헌병분대장](쇼18<1943>. 8. 2)

<해설>

이 문서는 필리핀 북부 루손 섬에 있는 도시 바기오(Baguio)에 주둔 중인 일본 헌병대가 필리핀 중부의 비사야 제도에 있는 세부(Cebu) 섬의 헌병 분대장에게 보낸 문서다.

바기오는 20세기 초 일본인 이민들이 어려움을 극복하면서 도로를 건설했기 때문에 태평양전쟁 개시 전까지는 이 지역에서의 일본인들에 대한 감정이 매우 좋은 도시였다.

이 문서에서 바기오 헌병대장이 세부에서 위안소와 오락장이 몇 군데 있고 어떤 식으로 운영되어 있는지 그 요금이나 시간 등을 문의했다.

그런데 바기오 헌병대장은 위안부 중에는 일본인과 필리핀인이

---

159) 바기오: Baguio. 필리핀 북부 루손 섬에 있는 도시.

몇 명씩 있는지 조회했다. 표에서 '일인'으로 기재된 것은 일본인이라는 뜻이고 당시는 조선인과 대만인도 포함되었다. '비인'이란 필리핀인을 뜻한다.

----------------------<문서>----------------------

바기오 헌경(憲警) 제86호

군위안 및 오락설비 상황에 관한 건 조회

소화18년(1943) 8월 2일　　　바기오(Baguio) 헌병분대장

세부(Cebu) 헌병 분대장 귀하

표제의 건 여기 병단의 의뢰가 있어, 그 참고 자료로 하고 싶어서, 귀 배속관하에서 정리하여 하기와 같이 될 수 있는 한 상세히 조사하고 싶어 조회한다.

하기

위안소					
마을명	위안소수	위안부 수	시간	요금	참고
000시	0개소	일인　　0명 비인　　0명 기타　　0명	병사　00분　00비 하사관00분　0비(比) 장교　00분　0비 숙박　　　0비		
오락장					
마을명	종별		요금		참고

000시	당구	0군데		
	볼링	0군데		
	사격	0군데		
	지정식당	0군데		

참고 사항에는 특히 위안소 오락장의 특징을 기록해 주었으면 한다.

발송   세부, 다바오, 탈락, 각 분대[160]   (료)

(출처: 관계자료집성 제3권, pp. 243~244)

문서-61_2: 군 위안 및 오락 설비 상황 조사의 건「통첩」 [세부 헌병분대장](쇼18<1943>. 8. 10.)

<해설>

이 문서는 위 문서-61_1로 바기오 헌병대장이 조회한 내용에 대해 세부 헌병부대장이 같은 조회를 타클로반 헌병대장에게 보낸 내용이다. 이런 문서로 보아 바기오와 세부보다는 타클로반의 오락시설과 위안소가 나은 시설이었을 것으로 추정되고, 바기오와 세부에서는 타클로반의 시설을 참고로 하여 자신들의 시설을 새롭게 할 의향이었던 것으로 보인다.

---

160) 세부(Cebu City): 필리핀 세부주 중심지.
　　다바오(Davao): 필리핀 남부 민다나오도 다바오 지방.
　　탈락(Tarlac): 필리핀 북부 루손 섬에 있는 주이고 중부 루손지방.

――――――――――――――――――――〈문서〉――――――――――――――――――

세부 의(醫) 제76호

군 위안 및 오락시설 상황 조사의 건 통보

쇼와18년(1943) 8월 10일 세부 헌병분대장 쓰루야마 케사타로(鶴山袈裟
太郎)

타클로반 [161] 헌병분대장 앞

별지 사본과 같이 바기오 분대에서 조회가 있었기 때문에, 귀 관내의 상황
을 속히 조사하여 바기오 분대장에게 직접 회신하도록 통첩한다.

이어서 이를 답할 때 본 부대에서도 참고로 하기 위해 동 사본을 송부하길
바람. (료)

(출처: 관계자료집성 제3권, p. 245)

문서-61_3: 군위안소 및 오락 상황조사의 건(회답)[타클로반 헌병분대장](쇼18<1943>. 8. 14.)

<해설>

이 문서는 위 문서-61_2로 세부 헌병분대장이 문의한 오락시설
이나 위안소, 위안부 숫자 등에 대해 타클로반 헌병분대장이 답신

---

161) 타클로반(Tacloban): 필리핀 중부 레이테 섬 북동부 해안에 있는 항만도시.

한 문서다. 문서를 보면 타클로반의 위안소는 위안부들이 모두 필리핀 여성들이고 9명이 있었던 것을 알 수 있다.

경영자는 필리핀 여성과 일본인 2명이었고 필리핀 여성에게 통역을 시켰다고 하니, 일본군의 의향을 필리핀 위안부들에게 전달하는 역할을 일본어가 가능한 필리핀 여성에게 맡긴 것으로 알 수 있다. 그리고 위안부 여성들을 타 지역에 가끔 출장시킨다고도 기록되어 있다.

----------------------<문서>----------------------

타클로반 헌경(憲警) 제18호

군위안소 및 오락 상황 조사의 건 회답

쇼와18년(1943) 8월 14일 타클로반 헌병분대장 히가시다이라 타케시(東平健)

8월 2일 바기오 헌경(憲警) 제86호 조회에 근거하는 표제 건을 별지와 같이 회답한다.

료(了)

발송처

　바기오 분대장

　사본　세부 분대장

별지

	위안소			참고사항
타클로반	위안소수	위안부수	요금 시간	一. 경영자는 필리핀인 (여)을 감독 겸 통역으로 재류 일본인 1명을 배치시켰다.
	1	9명(필리핀인)	병사 1시간 1비 50센타보	
			군속 1시간 2비	二. 타클로반 외의 각 경비지구에는 부정기로 출장시킨다.
			하사관 1시간 2비	
			장교 1시간 3비	
			숙박 5비	

(후략)

(출처: 관계자료집성 제3권, pp. 324~325)

제3절. 일본군의 보르네오, 뉴기니 방면 침공과 위안부문제

1. 배경

일본군은 진주만을 공격하여 12월 16일 말레이 반도 서부 아로르스타(Alor Setar)시를 점령했고 같은 날 보르네오 섬 북부에 상륙했다. 일본군의 보르네오 섬 상륙 목적은 석유 등의 자원확보에 있었다. 현재도 보르네오 섬에 있는 브루나이(Brunei)는 세계 유수의 석유 생산국인데, 당시 미국이 일본에 대한 석유 수출 금지라는 경제 제재를 발표했기 때문에 일본은 보르네오 섬을 포함한 인도네시아 석유 자원을 손에 넣는 것을 큰 전략 목표로 삼았다. 보르네오 섬은 북서부가 영국령이었고 남부에서 동부가 네덜란드령이었다.

일본군은 보르네오 섬 각지에서 영국군, 네덜란드군, 호주군과 싸우며 승리해, 1942년 1월 말에는 보르네오 섬 전체를 점령했다. 그렇게 점령한 보르네오 섬을 일본의 육군과 해군이 북과 남으로 분할 통치했다.

한편 일본군의 뉴기니공략은 일본 해군의 주장에 의해 전개되었다. 일본 해군은 미국과 전쟁을 한다면 미국을 비롯한 연합군은 호주 본토에서 반격에 나설 것이므로 이에 대비하기 위해 일본군은 괌, 라바울을 공략하고 나아가 뉴기니의 중심도시 포트모르즈비(Port Moresby, 현재 파푸아뉴기니의 수도)를 공략한 다음 호주 본토에 상륙해야 한다고 주장했다. 바로 일본군의 뉴기니 공략은 호주 본토 제압에 최종 목표를 두었다.

2. 관련 문서

문서-62_1: 남방파견 도항자에 관한 건 [대만군 사령관] (쇼17<1942>. 3. 12)

<해설>

이 문서는 말레이 반도 동남쪽에 있는 보루네오(Borneo)섬 주둔 일본군에게 위안부 50명을 보내달라는 남방총군의 요청을 일본의 대만군 사령관이 일본 육군성 대신에게 보낸 전보문이다.

이 문서는 보르네오 섬을 점령한 후 일본군이 위안소를 설치할 결정을 내려 대만에 요청한 문서이고, 위안부를 위안 토인이라는 차별표현으로 호칭한 것으로 미루어 위안부들이 모두 대만인이었음을 알 수 있다. 일제 강점기 일본에서 대만의 토착민을 대만 토인으로 차별적 호칭으로 불렀기 때문이다.

이 문서를 작성한 대만군 사령관은 일본인으로서 대만군을 관장했는데, 당시의 조선군과 똑같이 대만군은 일본군 산하에 있는 군대였으며 사령부를 타이베이에 두었다.

이 문서에 나오는 남방총군이란 1941년 11월 5일 일왕이 참가한 어전(御前)회의에서 편성이 결정된 남방작전에 임하는 군부대를 뜻한다. 태평양전쟁 때 많은 부대를 통괄한다는 의미로 '총군'이라고 불리는 일본의 육군조직은 동남아 방면을 통괄하는 남방군, 중국전선의 지나파견군, 그리고 만주지역의 육군부대를 통괄하는 관동군 등 3가지가 있었다.

보르네오섬(Borneo) 주변 지도

(출처: http://www.countryreports.org/country/Indonesia/map.htm)

남방파견 도항자에 관한 건

전보역(電報譯) 3월 2일 19시 30분 발 22시 40분 착

[육군성] 대신 앞   발신자 대만군 사령관

태전(台電)[162] 재602호

　육밀전(陸密電)[163] 제63호에 관해 「보루네오」행 위안토인 50명을 가능한 한 파견하는 것을 남방총군이 요구했으므로 육밀전 제623호에 근거해서 헌병이 조사 선정한 하기 경영자 3명의 도항 인가가 있기를 바라며 신청함.

　　　　　　하기

에히메(愛媛)현 오치군(越智)군 나미카타무라(波方村) 1236,

(중략) 조선 전라남도 제주도 수림면 협재리 10 (후략)

　　　　　　(출처: 방위성 방위연구소, 청구번호=陸軍省-陸亞密大日記-S17-58-70)

---

162) 태전 : 대만의 전보라는 뜻의 암호.
163) 육군 비밀 전보라는 뜻의 문서번호.

문서-62_2: [육군성] 부관으로부터 대만군 참모장 앞으로

<해설>

이 문서는 문서-62_1의 대만군 사령관의 문의에 대한 1942년 3월 12일 일본 육군성의 답변이다. 대만인 위안부 50명과 경영자 3명을 보르네오 섬으로 보내도 된다는 짧은 답변이다. 이 경우도 위안소 경영자와 위안부에 대한 도항허가를 내무성이 아니라 육군성이 승인했다. 바로 경영자와 위안부들을 군의 공무를 수행하는 자로 보고 위안부들의 신원조회는 생략하여 그들을 군 관계자라는 자격으로 도항시키는 방법이다. 전술한 바와 같이 이 방법으로 모집이 자행되었을 가능성이 높기에 취업사기 등을 적발할 수 없게 되었다. 물론 그 이전에도 내무성 산하의 경찰서는 부녀 도항에 대한 신원조회라는 의무사항을 거의 생략하는 것이 습관화가 되어 있었다.

이런 방법으로 위안부 자체가 군에 소속한다는 것을 보여주는 문서들이 문서-62_1, 2 이고 그렇다고 군이 최종책임을 지는 것이 아니라 위안부들에 대해 군은 최종적으로 무책임한 존재였다. 말하자면 노예계약으로 연행되어 마지막은 어떤 보장도 받지 못하고 버려질 가능성이 있는 존재가 위안부 여성들이었다. 여기에 위안부문제란 일본군과 일본정부의 구조적 범죄라는 사실을 알 수 있다.

-----------------------<문서>-----------------------

[육군성] 부관으로부터 대만군 참모장 앞으로

반전안(返電案)(암호)

육아밀전(陸亞密電)

3월 12일부 대전(臺電=대만군의 전보) 제602호의 건

명에 의해 인가되었다.

육아밀전 188   쇼와17년(1942) 3월 16일

(출처: 관계자료집성 제2권, pp. 206~207)

문서-63: 남방 파견 도항자에 관한 건 [대만군 참모장](쇼 17<1942>. 6. 13.)

<해설>

이 문서는 앞의 두 문서로 본 보르네오 섬에 보낸 특수위안부 50명에 더해 20명을 다시 보내달라는 요청이 현지에서 왔다는 대만군 참모장의 전보문이고 이것이 육군성 부관 앞으로 송부되었다.

문서를 보면 위안부의 인원이 부족하고 가업을 견디지 못한 여성들이 발생했다고 적혀 있다. 보르네오 섬에는 1945년 5월 시점에서 일본군이 대략 17,000명, 군속이 4,700명이 주둔해 있었다. 그러므로 약 21,700명을 50명의 위안부가 상대한 것인데 단순계산으로 위안부 한 명당 일본병사 약 430명을 상대한 셈이다. 그러므로 위안부들을 심하게 혹사하는 상태였다. 20명을 증원해도 위안부 한 명당 일본군인 약 310명으로 상황이 별로 나아지지 않았다.

위안소는 보통 주 6일 근무제였는데 병사들이 일주일에 한 번 위안소를 이용했다고 가정하면, 위안부 한 명당 하루에 약 50명 정도를 상대해야 했다는 계산이 나온다. 많은 병사들이 한꺼번에 몰릴 경우에는 하루에 수백 명을 상대해야 하는 상황이었다. 이런 면에서 일본군 위안부의 실상은 바로 성노예였다.

----------------------<문서>----------------------

아밀(亞密)[164] 2259

　　전보(電報) 역(譯) (1942년) 6월 13일 오후 1시 5분발

부관 앞　발신자　대만군 참모장

남방 파견 도항자에 관한 건

태전(台電)[165] 제935호

---

164) 문서번호.
165) 태전(台電): 대만으로부터의 전보.

올해 3월 태전(台電) 제602호로 신청한 육아밀전(陸亞密電)[166] 제188호에 의한 인가에 따른 「보루네오」로 파견하는 특종위안부 50명에 관해 현지에 도착한 후의 실황은 인원이 부족하고 가업(稼業)을 견디지 못하는 자 등이 발생하였으므로 더 20명을 증가할 필요가 있다며, 하기 인솔 오카(岡) 부대 발급의 초청 인가증을 휴대하고 대만으로 귀환(歸台)한 사실이 있는데 이것은 어쩔 수 없는 일로 인정된다. 그러므로 위안부 20명의 증파를 이해하기 바란다.

또 장래 이런 종류의 소수의 보충 교대 증원 등의 필요가 생길 경우에는 위와 같이 적절히 처리하고 싶으니 미리 양해를 바란다.

(후략)

(출처: 방위성 방위연구소, 청구번호=陸軍省-陸亞密大日記-S17-58-170)

---

166) 육아밀전(陸亞密電): 육군의 비밀전보라는 뜻의 문서번호.

문서-64: 야전고사포 제45대대 제1중대 진중일지(쇼 17<1942>. 4. 3, 5. 14.)

<해설>

야전 고사포 대대는 1937년 이후 중지나파견군에 소속해 있던 고사포 부대다. 야전고사포 제45대대는 남방작전의 전개로 1942년에는 현재의 파푸아뉴기니(Papua New Guinea), 당시의 뉴기니에 속하는 부겐빌 섬(Bougainville Island)에 주둔했다.

이 문서는 당시 부겐빌 섬에 위안소를 개설했을 때의 관련 문서다. 여기서는 위안부 40명을 공창으로 삼았는데 '언어 등 통하지 않기 때문에 폭행하지 말 것'이라는 기술이 있다. 언어가 통하지 않는다는 표현으로 보아 주로 현지인들을 위안부로 동원한 가능성이

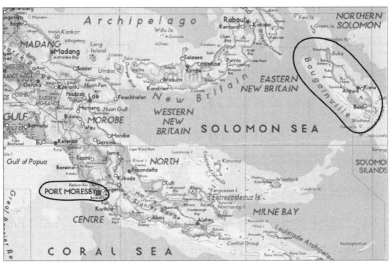

현재의 파푸아뉴기니 수도 포트모르즈비(PORT MORESBY)와 부겐빌 섬(Bougainville)
(출처: https://www.ezilon.com/maps/oceania/papua-new-guinea-physical-maps.html)

있었음을 시사하는 대목이다.

그리고 창기, 예기를 공창이라고 기록한 문서가 약간 있다. 일본군이 중국에서 원래 창기나 예기였던 중국인 여성들을 일본군 관리하에 공창으로 삼은 바 있다(문서-34, 39 참조). 그러나 일본군은 일본병사들이 중국인 공창과 접촉하는 것을 기본적으로 금지시켰다. 기밀 누설의 우려 때문이었다. 원래 중국에서는 1938년 상하이 당국이 공창제를 폐지한 이래 일본 당국은 공창제를 대신하여 작부제도를 도입했다(문서-18 참조). 일본군 위안부는 이 작부제도를 모체로 하여 성적 목적을 위해서만 불법으로 동원된 여성들이다.

문서-3을 보면 상하이행을 승낙하는 작부고용계약증에 작부를 창기와 동일하다고 적은 구절이 있고, 일본 본토에서는 창기는 공창의 뜻으로 사용되는 경우가 많았다. 당시는 이미 상하이에서 공창제가 폐지되었기 때문에 문서-3에 기재된 창기란 연회장 등에서 손님에게 노래를 불러주고 춤을 보여주는 창기로 판단되므로 공창이라는 뜻으로 해석할 수 없다. 그리고 이런 계약서류는 업자가 대필하여 사기를 칠 수 있었기 때문에 큰 의미를 갖지 못한다.

이 문서에서 위안부 40명을 위안 공창이라고 칭하고 있으므로 뉴기니에서 공창제가 도입되었는가 해서 의아하게 생각되지만, 여기서 말하는 공창이란 군의 관리하에 놓인 성적 위안 여성들을 뜻한다. 그러나 공창은 매춘을 스스로 승낙한 여성이므로 사기나 강제로 매춘을 강요당한 일본군 위안부 제도를 원래 공창이라고 할 수 없다.

쇼와 17년

야전고사포 제45대대 제1중대 진중일지

방위 연수소 전사(戰史)부

(전략)

(2) 내일부터 위안장이 개설되므로 하기와 같이 명심하기 바란다.

하기

1 장소: 남병영 보병 제47연대 동쪽

2 가격: 장교 1시간 2엔

　　　　하사관 동 1엔50전

　　　　병사　　　1엔

대가는 절대 엄수하시기 바란다.

3 위안 공창 현재 총계 40명을 하기의 포편(布片)으로 위생 상태를 구분
한다.

하얀색(白) – 허가한 자이지만 위생기구 사용할 것.

분홍색(桃) – 요주의

빨간색(赤) – 불허가, 유독환자.

4 방법

입구 좌측 사무소에서 대금을 지불하고 표를 받아 집합소에서 여자에게
표를 건넨다.

5 주의: 입구 외에서 들어가 멋대로 놀지 말 것. 언어 등 통하지 않기 때문

에 폭행하지 말 것.

6 위안장 사용 시간

병사 9시부터 16시까지. 하사관 16시부터 21시까지

(후략)

(출처: 관계자료집성 제2권. pp. 385~390)

문서-65: 독립자동차 제39대대 제4중대 진중일기(쇼 17<1942>. 5. 29, 30)

<해설>

독립자동차 제39대대는 1942년 11월 편성된 제8방면군 지휘 하 제18군 소속으로 솔로몬·뉴기니 작전에 참가했다. 이 부대는 주로 병력, 군수품, 탄약 등을 싣고 전선으로 나갔고 돌아올 때는 부상병을 싣고 돌아왔다.

이 문서는 독립자동차 제39대대 제4중대 병사들의 성병 예방을 위한 지침이고 위안소에는 되도록 가지 말아야 한다고 기록한 점이 주목된다.

그리고 성병예방책이 매우 구체적으로 기재되어 있는 것이 이 문서의 특징이다. 특히 위안부를 접했을 경우에는 3시간 이내에 부

대로 돌아와 의무실에 가서 신고를 해야 하고 당직 군의의 진료를
받아야 한다는 규정이 있어 매우 이례적이다. 이런 규정을 지킨다
는 것은 병사들에게 매우 치욕적인 일이었을 것으로 생각되므로 이
규정으로 병사들이 위안소로 많이 가지 않도록 만든 효과가 있었다
고 추정된다.

그만큼 당시 성병이 만연되어 있었으므로 위안소 이용을 삼가라
는 주의가 내려진 것으로 판단된다.

---------------------〈문서〉---------------------
쇼와17(1942). 3.~17. 7.

독립자동차 제39대대 제4중대 진중일기

방위 연수소 전사부

(전략)

　5월 30일 제6항 별지

　　화류병 예방 규정

제1조　위안부를 접하는 것은 부득이한 경우에 한한다.

제2조　위안부를 접할 경우에는 반드시 「콘돔」 및 성비고(星秘膏)를 사용하
　　　는 동시에 교접 후에는 즉시 음부 소독을 실시해야 한다.

제3조　위안부를 접했을 경우에는 3시간 이내에 귀영하여 의무실에 가서,
　　　신고부에 필요한 신고를 하는 것 동시에 당직 군의의 진료를 받아야
　　　한다.

제4조　음부의 검사는 매주 반드시 1회 실시한다.

제5조 교접 후 3시간 이내에 신고하지 않아 병에 걸린 자는 처분할 뿐만이 아니라 소속 시장 촌장에게 그 내용을 통보하는 것으로 한다.

(출처: 관계자료집성 제3권, pp. 117~122)

문서-66: 독립자동차 제39대대 제4중대 진중일지(쇼 17<1942>. 8. 18, 24.)

<해설>

이 문서는 앞의 문서에 이어 독립자동차 제39대대 제4중대 병사들에 관한 문서다. 이 문서에서는 새로운 위안소를 군위안소 위치에 개설한다는 내용이 적혀 있다. 앞의 문서에서는 위안부에 접하는 것을 '부득이한 경우만'으로 언급했지만 약 3개월 후에 나온 이 문서에서는 군위안소를 더 개설한다고 통보했다.

이 문서에는 위안부로 조선인을 7명 연행해 왔고 군위안부로 삼았음을 알리고 위안시설에 대해 병사들의 의견을 물었다. 일본국적의 위안부를 데려와서 새롭게 군위안소로 개설하여 철저히 성병을 관리하겠다는 의도로 보인다.

쇼와17(1942). 2. 1.~17. 8. 31

독립자동차 제39대대 제4중대 진중일지

방위연수소 전사실

(중략)

경비회보

一. 아래와 같이 위안소를 군위안소 위치에서 8월 16일부터 개업한다

하기

위안부(조선인) 7명

(중략)

군회보   8월 24일

一. 위안시설에 관해 하기 사항의 의견을 내일 25일 회보시까지 제출해 주길

바란다.

하기

1. 위안소를 군인용 군속용으로 구분하는 것의 가부.

2. 현재 위안소 위치의 적부.

3. 위안소 혹은 위안부의 증감.

4. 위안소의 설비에 대하여

5. 요금에 대하여.

6. 기타 개선 및 희망사항

위의 사항은 될 수 있는 대로 이유를 부기해 주었으면 한다.

치(治) 제4630부대 회보　8월 24일

(후략)

(출처: 관계자료집성 제3권, pp. 153~157)

문서-67: 오하라 세이다이 육군 중위의 선서진술서(1946. 1. 13. 문서작성)

<해설>

이 문서는 태평양 전쟁 후인 1946년 네덜란드에서 이루어진 전범재판의 기록이다. 1944년 9월 일본병사 '오하라 세이다이'가 호주에 속하는 모아섬에서 현지 주민들을 약 40명 살해하여 그들의 딸들을 강제로 위안부로 만든 내용이 오하라의 증언으로 기록되었다.

이 문서는 감언이나 사기수법으로 속여서 연행하는 것이 아니라 물리적인 폭력행사로 점령지 여성들을 성노예로 만든 사례를 기록했다. 일본군의 위안부 동원의 수업으로 조선인이나 대만인, 동남아 현지 여성들에게도 감언, 취업사기, 가불금으로 자유를 구속하는 방법, 점령지의 현지 유력자들을 통한 강제연행 등이 많이 사용되었으나 점령지에서는 포로나 이에 준한 여성들을 물리적 폭력으로 성노예로 삼은 사례가 있었다.

이 문서는 점령지의 일본군에 의해 물리적 폭력이 동원된 위안부 강제연행에 해당된다. 아울러 이 문서는 일본군에 의한 원주민들에 대한 무도한 살인행위가 기재된 문서이기도 하다.

----------------------<문서>----------------------

증명서

네덜란드군 정보부 전쟁범죄부장 R.N.I.A 육군 중위 하명 "처르스 욘게네르"는 정당히 선서를 한 후 첨부한 보고서, 아래 문서-원문 전체-가 진정하고 완전하며 정확하므로 틀림이 없음을 증언한다.

오하라 세이다이 육군 중위 선서진술서

상기 사람은 '로에안그' 및 '세르마타' 섬에서의 집단살인 및 강간에 관련된 자다.

이 문서는 네덜란드군 정보부의 공식기록의 일부다.

네덜란드 군 정보부 (인)　　　C.H. 욘게네르 (서명)

1946년/ 쇼와21년/ 6월 7일 '바타비아'에서 네덜란드령 동인도 최고검찰국 소속 상급장교 R.N.I.A 육군 중위 'K.A. 더 위아드' 앞에서 서명하여 선서를 하였다.

'K.A. 더 위아드' (서명)

육군중위 '오하라 세이다이'의 진술서

문: 당신의 씨명, 연령은?

답: 씨명은 '오하라 세이다이' 연령은 27세.

문: 당신의 소속부대는?

답: '다나카'부대 '하야시'대.

문: 당신의 주소는?

답: 구마모토현[167] 가모토군 이와노촌 2191.

문: 당신의 군대근무 개요를 말하세요.

답: 1940년/ 쇼와15년/ 12월 대만 보병 제2연대

　　1941년/ 쇼와16년/ 10월 구루메(久留米) 사관학교

　　1942년/ 쇼와17년/ 1월 ****

　　1942년/ 쇼와17년/ 12월 '티모르'[168]

　　1944년/ 쇼와19년/ 6월 '모아'섬[169]

문: 1944년 9월 '모아'섬의 지휘관은 누구였나요?

답: 나였습니다.

문: 9월 중에 '모아'섬에서 토인이 살해된 적이 있습니까? 몇 명정도 살해되었습니까?

답: '세르마타'섬 및 '로에안'섬에서 약 40명의 토인이 포로가 되어 그리고 살

---

167) 일본 규슈에 있는 현.
168) 티모르: 티모르는 섬이고 말레이 제도 남부 소순다 열도에 속한다. 현재는 동티모르와 서티모르로 나뉘어 있다. 서티모르는 인도네시아에 속한다.
169) 모아섬 : 파푸아뉴기니와 호주북동부 사이에 있는 작은 섬.

해되었습니다.

문: 왜 살해되었습니까?

답: 토인들이 '세르마타'섬 및 '로에안'섬의 헌병대를 공격했기 때문입니다.

문: 누가 살해를 명령했습니까?

답: '다나카'장군은 토인들을 사령부에 보내라고 명령했습니다. 그러나 토인
들이 '모아'를 출발하기 전에 그 명령이 변경되었고 내가 '모아'에서 그들
을 죽이고 토인의 지도자 3, 4명을 '다나카'부대에 보내라는 명령을 받았
습니다.

문: 당신이 스스로 그 토인들을 죽였습니까?

답: 아닙니다. 나는 죽이는 것을 감독했습니다.

문: 누가 당신을 도왔습니까?

답: '우도' 조장(曹長), '도요시게' 군조(軍曹), '마쓰자키' 군조 및 21명의 기
타 병졸(兵卒)들입니다.

문: 그들은 지금 어디에 있습니까?

답: '우도'조장 및 '마쓰자키'군조는 대만 제2 보병연대와 함께 '로보쿠'에 있
습니다. '도요시게'군조는 1945년/ 쇼와20년/ 7월 중 '라우테무'로 향했
지만 화물선이 도착했을 때는 안에 아무도 없었습니다. 그는 익사한 것으
로 추정됩니다.

문: 어떤 식으로 토인들은 살해되었습니까?

답: 그들을 3명씩 줄을 서게 해서 정렬하도록 했습니다. 그리고 나서 전술한
21명의 병사들이 총검으로 그들을 찔러 한꺼번에 3명씩을 죽였습니다.

문: 어떤 증인은 당신이 부녀들을 강간하고 그 여성들을 병영(兵營)에 연행하

여 일본인들의 노리개로 했다고 했는데 그것은 맞습니까?

답: 나는 병사들을 위해 창가(娼家)를 한채 설치해서 나 자신도 그것을 이용했습니다.

문: 부녀들은 그 창가로 들어가는 것을 승낙했습니까?

답: 혹자는 승낙했고 혹자는 승낙하지 않았습니다.

문: 몇 명의 여자가 창가에 있었습니까?

답: 6명입니다.

문: 그 여자들 중 몇 명이 창가로 들어가도록 강요당했습니까?

답: 5명입니다.

문: 왜 그 부녀들은 창가로 들어가도록 강요당했습니까?

답: 그들은 헌병대를 공격한 자들의 딸들이었습니다.

문: 그러면 그 부녀들은 부친들이 한 행동의 벌로 창가에 들어가도록 강요당한 것입니까?

답: 그렇습니다.

문: 어느 정도의 기간 그 여자들은 창가에 들어가 있었습니까?

답: 8개월입니다.

문: 몇 명 정도가 그 창가를 이용했습니까?

답: 25명입니다.

문: 토인을 구타한 적이 있습니까?

답: 있습니다. 나는 우리들을 협력해 준 토민병사들을 구타했습니다.

문: 왜 그랬습니까?

답: '다마르'섬 출신의 토인이고 일본병들을 죽인 한 명이 '모아'로 도망갔습

니다. 그는 일본인을 위한 '스파이'였던 한 토인의 집에 숨었습니다. 거기서 다시 그는 도주했는데 나는 그가 어디로 갔는지 몰랐습니다. 그의 도주 후에 그가 전술한 '스파이'의 집에 숨어 있었다는 것을 알게 되었습니다. 그래서 나는 그 '스파이'가 나에게 알리지 않았다는 이유로 주먹으로 그의 머리나 어깨 주변을 구타했습니다.

문: 그 토인은 심하게 다쳤습니까?

답: 아닙니다.

증인 '오하라 세이다이'(서명)

'G.A. 렌니' 육군대위

1946년/ 쇼와21년/ 1월 13일

이상의 응답은 일본어로 '오하라'에게 읽어주었고 '오하라'는 이상이 그가 행한 보고의 진실이면서 정확한 기록임을 진술했다.

(출처: 국립공문서관 소장 자료[170])

---

170) 청구번호: 平11法務03381100, 소장장소=本館-4B-022-00.

[칼럼_강제연행-10]
뉴기니 방면으로 강제 연행된 조선 여성들

1) 라바울로 강제 연행된 박옥련씨

박옥련씨는 23세가 된 1941년 음력 12월(양력11월)경부터 약 두 달 정도의 배편으로 뉴기니(현, 파푸아뉴기니)의 라바울(Rabaul)로 연행되었다고 증언했다. 라바울은 뉴기니의 뉴브리튼(New Britain) 섬에 있는 도시다. 태평양 전쟁이 시작되자 일본군은 트럭제도(Truk Islands=Chuuk Atoll)의 해군기지를 방어할 필요성으로 라바울을 공략해 전진거점으로 삼았다. 1942년 1월 23일 호주군과 격전 끝에 일본군이 라바울을 점령했고 2월 초에 라바울 기지가 모습을 갖췄다.

박옥련씨의 증언으로 볼 때 일본군의 라바울기지가 모습을 갖췄을 무렵 그녀는 라바울로 도착했다. 일본군은 기지를 만들어서 일본군인들이 기지에서 생활을 시작하면 금방 위안소를 이용할 수 있도록 업자들에게 준비를 시킨 것으로 판단된다.

박옥련씨는 당시 결혼한 후였고 어린 아들도 있었다. 그러나 남편에게 폭행당하고 남편은 서울에 있는 어느 소개소에 그녀를 팔아 버렸다. 박옥련씨는 군인을 위한 위문단을 모집한다는 소문을 듣고, 남편이 받아간 돈을 빨리 갚고 강제로 헤어지게 된 아들과 함께 살고 싶은 마음으로 위문단에 지원했다.

위문단에서 하는 일은 야전병원에서 상처 입은 군인들을 간호하고 군인들의 옷을 세탁해 주는 일이라고 하여 약 3년 정도 열심히 일하면 빚도 갚을 수 있다고 했다. 모집 인원은 25명이었고 박옥련씨는 금순이라는 여성과 함께 지원했다.

서울을 떠날 때 함께 가는 25명은 박씨, 김씨, 조씨의 인솔로, 또 하야시(林)라는 남자의 인솔로 25명이 더 있었고 모두 50명의 여자들이 먼저 부산으로 갔고 부산에 도착하자마자 배를 타고 시모노세키로 향했다.

여자들은 시모노세키에 도착한 후 군함으로 갈아타야 했다. 문서-3에서 보았듯이 시모노세키로부터는 영사관과 군이 준비한 군함을 타고 남쪽을 향하게 되었다. 그 군함은 매우 크고 안에는 식당과 극장, 병원, 목욕탕도 있었다고 한다. 그렇게 해서 군함으로 1개월 반 만에 도착한 곳이 남태평양의 격전지 뉴기니 뉴브리튼 섬의 중심지 라바울이었다.

이렇게 해서 박옥련씨는 '시즈코'라는 일본 이름으로 하루에 20~30명 정도의 군인을 상대해야 하는 '위안부' 생활을 강요당했다.

박옥련씨가 자신의 방에서 나가지 않고 문을 잠가 버리면 위안소 주인이 달려와 "그렇게 하면 어떻게 빚을 갚을 수 있겠는가"라고 위협했다. 도망치려고 해도 사방이 바다로 둘러싸여 있으니 도망칠 수도 없었다.

박옥련씨는 야전병원 군의관이 일주일에 1번 검징하러 왔다고 하는데 그런 검징 방법은 각종 문서들에 적혀 있는 대로였다. 성병에 걸리면 606호 주사를 맞아 1주일 정도 치료를 받았는데 이때만은 '휴가'라는 목찰을 문에 걸었다. 이런 증언도 각종 문서들에 있는 위안소 규정 그대로다.

그런데 1944년 2월경부터 라바울의 일본군 항공대는 병력이 부족해진 트럭제도로 이동해, 이후 연합군에 의해 라바울은 자주 공습을 당하게 되었다. 점점 전쟁 무대는 필리핀이나 오키나와 방면으로 이동했지만, 연합군의 정기적인 공습으로 처음 라바울로 갔던 50명의 위안부 피해자들은 결국 박옥련씨를 비롯해 4명만이 살아 남았다.

2) 뉴기니 코코포(Kokopo) 위안소를 목격한 일본의 유명 만화가의 증언

일본에는 미즈키 시게루(水木しげる: 1922~2015)라는 유명한 만화가가 있었다. 그는 요괴, 유령 만화로 일본에서의 제1인자였다. 그런데 그는 전쟁을 소재로 한 만화도 그렸다. 그는 그런 만화는 픽션이 아니라 논픽션 만화라고 했다.

미즈키는 1943년 라바울에서 30km 정도 남쪽으로 떨어진 곳에 있는 도시 코코포에 보충병으로 가야 했다. 그는 폭격으로 왼팔을 잃었지만 패전 후 살아서 돌아와 오른손 하나로 만화를 그리는 만화가가 되었다.

일본으로 돌아온 미즈키는 자신의 전쟁체험을 토대로 한 자전적 전쟁만화를 다수 발표했다. 그중 그는 가장 애착을 느낀 작품으로 『전원 옥쇄하라!(総員玉砕せよ！)』(1995)를 꼽는다. 미즈키는 만화 중 90%는 전쟁터에서 자신이 스스로 보고 들은 내용이라고 말한다. 이 만화는 다음과 같은 장면으로 시작된다.

> 뉴브리튼 섬의 코코포 위안소에서 일본군 병사들이 긴 줄을 서 있다.
> 병사 A: "한사람 당 30초로 해야 돼!"
> 위안부: "여러분, 이제 5시니까 끝났어요."
> 병사 B: "그렇게 말하지 마. 나라를 위한 일이잖아!"
> 병사 C: "좀 더 영업을 연장해."
> 위안부: "이제 너무 힘들어서 안 돼요."
> 병사 D: "아가씨, 부탁이야. 나머지는 70명 정도니까 좀 더 분발해줘!"

일반병사들에 대한 영업 종료 시간 오후 5시가 되었지만 상대해야 할 남자들은 아직 70명이나 남아 있었다. 이런 위안부에 대한 심한 혹사시키는 행위는 문서-63, 64 등의 보르네오 섬의 사례에서도 알 수 있다. 일본군은 위안부에 대해 심한 장시간 노동으로 혹사에 의한 성적 착취를 자행한 것이다

미즈키는 다른 만화책 『카란코론 표박기 게게게 선생 많이 말한다(カランコロン漂泊記ゲゲゲの先生大いに語る)』 중에서 「종군위안부(従軍慰安婦)」라는 제목으로 8페이지에 걸쳐 코코포에서의 자신의 경험

을 더욱 상세히 그렸다.

상등병: "니도 다녀와!

이하, 미즈키의 독백.

미즈키: 그래서 위안소 앞으로 갔는데 병사들이 너무 많이 줄 서 있었다.

일본 본토인 위안부 판잣집 앞에는 100명 정도.

오키나와 위안부 앞에는 90명 정도,

조선인 위안부 앞에는 80명 정도였다.

이렇게 많은 사람들을 3명으로 처리해야 하다니.

나는 그 긴 행렬을 보고 도대체 언제 할 수 있을까 생각했다.

한 사람당 30분이라고 해도 도저히 오늘 중에 할 수 있다고 생각되지 않았다.

가볍게 일주일 정도는 걸릴 것 같다.

그러나 병사들은 언제 죽을지 모른다고 해서 쉽게 떨어지지 않는다.

아무리 끈질기게 기다려도 헛된 짓이다. 나는 줄을 떠나려고 했다.

그런 다음 조선인 위안부의 집을 바라보았다.

바로 그때 조선인 위안부는 화장실로 가기 위해 판잣집에서 나왔다.

<조선인 위안부가 화장실에서 용변을 보는 장면을 보고 미즈키는 놀라서 눈을 크게 떴다. 그리고 머리를 싸쥐고 한숨을 쉬었다. 이하, 미즈키의 독백(주: 미즈키가 무엇을 봤는지 상세한 묘사는 없다.)>

미즈키: 아무리 생각해도 이 세상의 일이라고는 생각할 수 없었다.

이제부터 80명 정도의 병사들을 상대해야 한다.

병사들은 정력이 센 놈이 많으니 힘들겠다.

여기가 바로 지옥이다….

장면이 바뀌어서 현대. 서재의 의자에 앉아 눈을 감고 이제 노인이 된
미즈키는 생각에 잠긴다.

"병사들도 지옥에 갔지만 위안부들은 그 이상으로 지옥이 아니었을
까…. 가끔 위안부에 대한 배상의 이야기가 신문에 나오는데, 그것은 체험
이 없는 사람에게는 이해할 수 없겠지만 거기는 지옥이었다. 그러니 위안
부에게는 배상해야 한다고 항상 생각한다.

미즈키 시게루 저 만화 「종군위안부(從軍慰安婦)」에서.

미즈키 시게루는 반전운동 등을 적극적으로 벌이는 것 같은 작가가 아니었다. 그러나 그는 자신의 만화나 에세이 속에 스스로의 체험을 솔직하게 담을 수 있는 진정한 증언자였다.

3) 트럭 제도로 강제 연행된 조선 여성들

『바다를 건너는 100년의 기억(海を越える100年の記憶)』(표지)

1942년 제4 해군시설부 군속으로 트럭제도의 나쓰 섬(夏島. 현, 토노아스 섬〈Tonoas Island〉, 혹은 듀블론 섬〈Dublon Island〉)에서 근무한 마쓰바라 마사루(松原勝)는 『바다를 건너는 100년의 기억(海を越える100年の記憶)』(2011, 이수경 저)이라는 책 속에 「군에 의한 위안소 관리는 분명한 사실(軍による『慰安所』管理は紛れもない事実)」이라는 인터뷰 기사로 다음과 같이 말했다.

문: 그 나쓰 섬에 위안소가 있었군요.

마쓰바라: 난고쿠료(南國寮)와 난세료(南星寮)라는 두 군데가 있었어요. 두 군데 다 비슷한 규모였고요. (나쓰 섬의 지도를 가리키며) 이 천천교라는 다리를 건너서 해안 쪽으로 나가 좌회전하면 사경(四經), 사시(四施)라는 지명이 보이지요. 그 전방에 3채 정도로 된 난고쿠료가 있었습니다.

마쓰바라: 기명으로 '미도리'라는 사람이 있었는데 당시 22살이라고 했어요. 그녀는 속아서 이런 곳에 연행되었다고 했어요. 내가 거기에 가서 숙박하면, 숙박객이 없는 여자들이 3~4명이 모여서 여러 가지 이야기를 해줬어요.

나는 어디 어디 출신이지만, 부모나 형제와 강제로 헤어지게 되어서 속아서 왔다는 얘기도 있었어요. 아이들이나 남편과도 이별을 강요당해서 왔다고 울면서 호소하는 여자도 있었어요. 고급 장교의 메이드가 되지 않겠느냐, 라든지 해군병원의 잡역을 한다든지, 30엔 정도 월급이 나오고 밥이나 숙소는 무료니까 1년 정도 일하러 오지 않겠느냐, 라고 속였다고 그래요.

그렇지만 여기에 연행된 후에 비로소 어떤 일을 하는지 알게 되어서 마음이 터질 것 같았다고 그래요. 정말 있어서는 안 되는 얘기였고 하루에 10명 이상 상대를 하지 않으면 안 된다고도 했어요. 내가 제4 해군 시설부 직원이라고 알고 있었고, 나도 젊었기 때문에 그들은 마음을 털어놓고 여러 가지를 얘기해 주었어요.

마쓰바라: 트럭 섬의 위안부는 대부분이 조선 여성들이었어요. 나의 숙모님이 조선 사람과 결혼했고 학생시절의 조선인 지인도 있고, 내가 조선인에겐 특별한 감정을 갖고 있었다는 것도 있고 해서 여성들이 털어놓고 얘기해줬다고 생각합니다.

증언을 보면 여성들이 여러 가지 감언으로 속아서 위안소로 연행된 것을 알 수 있다. 그러나 이런 증언을 한 군속도 전쟁 중인 당시는 어떤 도움도 조선 여성들에게 주지 못했다. 속아서 연행되었다면 사기죄, 부녀 약취죄가 성립되어 형법 제226조 위반이 명백하지만, 당시 위안부들을 도와줄 수 있는 사람이 거의 없었다는 것이 현실이었다. 일본군과 일본정부에 의한 집단적 사기, 약취 등의 죄가 성립되는 것이 위안부 연행이었다.

제4절. 일본군의 버마(미얀마) 침공과 위안부 문제

1. 배경

일본군은 말레이 반도 남쪽과 싱가포르를 점령한 다음 말레이 반도 북쪽에 일부가 있는 버마(현, 미얀마) 침공을 개시했다. 중국에 대한 영미의 지원이 버마 루트라고 하여 버마를 통해 이루어지고 있었기 때문에 이 루트를 차단하는 것이 일본군의 목적이었다.

일본군의 버마 침공은 1942년 2월에 시작되었고 5월에는 일본군이 버마 전역을 장악했다. 당시 버마는 영국의 식민지였기 때문에 독립을 바라는 버마인 의용군과 함께 일본군은 매우 빠른 속도로 승전하면서 수도 랑군(현, 양곤)에 도달했다.

1943년 버마는 일본 군정하에서 주권을 제한당한 형태로 독립했다. 그 후 1945년 3월 버마 국민군이 일본과 그 지도하에 있던 버마정부에 저항하여 쿠데타를 일으켜 일본군에 승리했다. 그러나 영국은 독립을 허용하지 않았고 버마는 다시 영국령이 되었으나

1948년 영국연방을 이탈하여 버마연방으로 독립했다. 2010년부터 정식 영문 표기로 국명을 Republic of the Union of Myanmar(미얀마 공화국)으로 했다.

2. 관련 문서

문서-68: 주둔지 위안소 규정 [만다레[171] 주둔지 사령부](쇼 18<1943>. 5. 26.)

<해설>

이 문서는 버마(현, 미얀마) 만다레에 있던 위안소의 사용규정이다. 이 규정을 보면 군인 군속뿐만 아니라 일반 일본인에 한해 위안소를 사용할 수 있도록 했다. 그러나 위안소들은 기본적으로 군인, 군속용이었고 누주(樓主)는 매달 위안소의 매상고를 군에 보고해야 했고, 간단한 신축이나 수리는 군이 맡았기 때문에 위안소 자체는 군이 관리, 경영하는 군 위안소였다.

---

171) 만다레(Mandalay)는 미얀마에서 수도 양곤 다음의 도시로, 국토 중앙부에 위치한다.

주둔지 위안소에 관한 규정

제1장 총칙

제1조 본 규정은 주둔지 위안소에 관해 필요한 사항을 규정한다.

제2조 위안소는 일본군인 군속에 사용하는 것을 원칙으로 하지만, 군인 군속의 사용에 지장을 주지 않는 한도에서 하기 각항을 엄수한 후에, 당분간 만다레에 거주하는 일본인은 24:30 이후에 한해서, 특별히 위안소 출입을 허가한다. 따라서 24:30 이전에는 출입을 엄금한다.

　　하기

1. 군인 군속의 유흥을 방해하지 말 것.

2. 규칙을 위반하거나 풍기를 흩뜨리는 것과 같은 행위를 하지 말 것.

3. 출입 허가 시각 이전의 예약을 엄금한다.

4. 요금은 모두 장교의 액수로 한다.

5. 앞의 각 항을 위반하는 자에 대해서는 허가증을 회수하고 이후 출입을 금지한다. 그 외에 행위의 여하에 따라서는 그 상사는 물론 일본인 전체를 금지시킬 일이 있을 수 있다.

　　단 오지 등에서 온 사람으로 위의 시간 이후에 출입할 수 없는 특별한 사정이 있는 자에 한해, 일본인 회장은 자신의 책임으로 그때마다 예정시간, 자격, 씨명 등을 기입한 증명서를 본인에게 교부하여, 이를 누주(樓主)에게 명시하는 것으로 개업시간 내에 적당히 출입할 수 있다.

제3조 본 규정에서 장교란 준사관 견습사관 및 고등문관, 동 대우촉탁에,

또 하사관이란 판임(判任) 문관, 동 대우 촉탁, 동 고용원에, 병사란 대우를 정하지 않은 촉탁, 동 고용원 및 용인(傭人)에 적용한다.

제4조　위안소에서 군기 풍기 및 비위(非違, 비행) 행위 단속은 순찰 장교 또는 주둔지 사령부 오락계 장교, 하사관이 행하는 것을 원칙으로 한다.

제5조　위안소의 사용일은 하사관, 병사는 각 부대의 외출일로 한다.

제6조　위안소에 출입할 수 있는 하사관, 병사는 외출증을 가진 자에 한하고 부대가 규정하는 부대표식 및 계급장을 갖는 것으로 하고, 위안소 내에 게시한 주의사항을 엄수하도록 한다.

제7조　위안소에서 영업자 또는 위안부로부터 부당한 취급을 당하거나 혹은 금전 등의 강요를 받았을 경우는 즉시 그 내용을 소속 대장을 통해 주둔지 사령부에 보고하기로 한다. 어떤 경우라 해도 구타 폭행 등의 행위가 있어서는 안 된다.

제8조　위안소 내에서 규정을 이행하지 않는 자는 즉시 사용을 금지할 뿐만 아니라 주둔지 회보를 통해 일반에게 고지하고 필요하면 해당 부대의 [위안소] 사용을 일시 정지할 수 있다.

제2장 경영

제9조　위안소의 요금은 군이 정한 군표(軍票)에 의하기로 하고 다른 물품으로 하면 안 된다.

제10조 위안소의 사용시간 및 요금은 별지 제1에 의하지만 상황에 따라 변경할 수 있다.

제11조 위안소 경영자는 각 위안부실의 입구나 보기 쉬운 곳에 목찰(木札)로
　　　　위안부의 예명 및 합격, 불합격을 게시하기로 한다.

제12조 설비비 및 환자의 치료비는 모두 경영자의 부담으로 하지만 신축이
　　　　나 수선(營繕)에 관한 간단한 설비는 군이 실시하기로 한다.

제13조 경영자는 월의 매상고를 익월 5일까지 별지 제2의 양식에 의거하여
　　　　주둔지 사령부에 제출하기로 한다.

제14조 화물창 등으로부터 교부 받아야 하는 조미류나 기타 필수품은 소요 1
　　　　개월 전에 주둔지 사령부에 청구하기로 한다.

　　　　제3장 위생

제15조 위안소에 반드시 소독소를 경영자가 설치하는 것으로 한다.

제16조 소독소의 소독 설비는 관수기(灌水器)에 과만 박액(剝液)을 채워두
　　　　는 것으로 한다.

제17조 콘돔(성비고)을 사용하지 않는 자는 유흥시키지 말 것으로 한다.

제18조 유흥자 및 그 상대는 매회 소독소에서 확실히 소독을 하는 것으로
　　　　한다.

제19조 위안부의 건강에 대해서는 경영자는 특히 주의하여 영업 개시 전에
　　　　위안부에게 군이 실시하는 일반 신체검사 및 국부검사를 받게 하는
　　　　것으로 한다.

제20조 매주 1회 위안부의 신체검사를 실시하여 그 정도에 따라 하기와 같이
　　　　구분하여 그 증표를 위안부에게 소지하게 하는 것으로 한다.

　　　　　　　하기

합격　영업을 허가 받은 자

불합격 휴업해야 하는 자

제21조　경영자 및 위안부는 군인 군속으로부터 매주 받는 검사 성적의 제시를 요구받을 때는 이를 거부할 수 없다.

제4장 잡칙 기타

제22조 관리부대는 별지 제3의 위안소 주의사항을 영업소에 게시해야 한다.

제23조 위안부가 외출할 때는 경영자의 증인(証印)이 있는 외출증을 휴대해야 한다.

별지 제1

구분	시간	유흥시간	유흥요금
병사	자 10:00 지 17:00	30분	1엔 50
하사관	자 17:00 지 21:00	40분	2엔 00
장교	자 21:00 지 24:00	50분	3엔 00
	자 24:00 지 익 8:00	숙박	8엔 00
비고　상사 관계 사용자는 규정 제2조를 엄수하는 것으로 한다.			

별지 제2

자 월 일			위안소명	
지 월 일	**위안소 매상고 보고**		영업자 씨명	
구분	유흥인원	매상고	적요	
장교				
하사관				
병사				
계				
비고	현존하는 위안부 명을 본란에 기입하기로 한다.			

별지 제3

위안소에서 군인 군속 기타 사용자가 지켜야 하는 주의사항

一. 대일본제국 군인 군속 및 일본인임을 자각하고 그 위신을 실추시키는 행위를 하지 말 것.

二. 특히 방첩에 주의할 것.

三. 위안소에서 사용하는 통화(通貨)는 「루피」 또는 「미국 달러」 군표여야 한다.

四. 요금은 규정 요금표에 따라 현금으로 미리 지불한 후에 유흥할 것.

五. 과도한 음주자는 유흥하지 말 것.

六. 종업원(위안부 포함)에 대해 거친 행동을 하지 말 것.

七. 콘돔(성비고)을 반드시 사용하고 확실히 세척하여 성병 예방을 완전하게 할 것.

八. 규정된 시간을 엄수할 것.

　　쇼와　년　월　일　만다레 주둔지 사령부

(출처: 관계자료집성 제4권, pp. 281~293)

문서-69: '만다레' 주둔지 근무 규정 [제5야전 수송 사령부] (쇼20<1945>. 1. 2.)

<해설>

이 문서는 버마(현, 미얀마)에서 버마 국민군이 쿠데타를 일으키기 두 달 전에 일본군에 의해 작성된 문서이고 군 위안소 다섯 군데가 기재되어 있다.

이 문서에는 위안소의 목록과 그 위치를 나타낸 약도가 게재되었다. 군 지정 위안소 5개 가운데 하나는 '내지인' 위안부의 '장교 위안소'로 지정되어 있다. 바로 내지인(일본 보토인)을 장교용 위안부로 삼은 것이다. 기타 '광둥인'(중국인 위안부)의 위안소가 하나, '반도인'(조선인) 위안부의 위안소가 세 군데 기록되어 있고 여기까지가 군 지정위안소, 바로 군이 관리하는 위안소였다. 나머지 버마인 위안소는 준 군지정이었다.

이렇게 군 위안소 다섯 군데 중 세 군데가 조선인 위안소였으니 조선에서 연행된 여성들이 많았던 것으로 나타나 있다.

군사극비

마주서 제54호   주둔지 사령관 쇼와20년(1945). 1. 2.

'만다레' 주둔지 근무 규정

(전략)

군 지정 군 준지정 식당 위안소

(식당 생략)

군 지정 위안소	루명(樓名)[172]	국적별	정휴일	적요
동	우메노야(梅乃家)	내지인	8, 22일	장교 위안소
동	만래가(萬來家)	광둥인	11, 26	
동	동아클럽	반도인	3, 28	
동	아사히(朝日)클럽	동	5, 20	
동	기쿠엔(菊園)	동	9. 24	
군 준지정 위안소	낙천지(樂天地)	버마인	5, 30	
동	버마 관(館)	동	13, 28	
동	희락장(喜樂莊)	동	1, 16	
동	신면관(新緬館)	동	8, 23	버마병보[173] 전용

(출처: 관계자료집성 제4권, pp. 321~333)

---

172) 루명: 위안소 이름.

173) 병보(兵補): 현지인으로 구성된 일본병사의 보충병.

문서-70: '미국 전시 정보국 심리 작전반'의 일본인 포로 심문보고 제49호(1944. 10. 1.)

<해설>

이 문서는 1944년 8월 10일쯤 연합군이 실시한 버마(현, 미얀마)의 수도 랑군(현, 양곤) 소탕작전 때 구속된 조선인 위안부 20명에 대한 '미국 전시 정보국 심리 작전반'의 심문 결과 보고서다. 1942년 버마에 도착한 800명 정도의 조선여성들이 모두 위안부가 되어야 한다는 것을 전혀 모르고 버마에 왔다. 그들은 병원에서 병사들을 위한 간호 같은 일을 한다는 정도의 얘기를 듣고 속아서 연행된 여성들이었음이 미국이 조사한 보고서에 적혀 있다. 여성들은 가불금을 받았기 때문에 속아서 연행되었다고 해도 폐업할 수 있는 상황이 아니었고 이미 구속된 상태였다고 보고서가 지적했다.

이 문서에는 붙잡힌 여성들이 다른 위안소와 비교하면 좋은 대우를 받고 있었다는 내용이 적혀 있어 그런 부분들이 일본의 역사 수정주의자의 논리에 이용되기도 하다. 그러나 다른 위안소와 비교해서 좋은 대우를 받았다는 증언 등은 상대적인 얘기일 뿐이고, 원래 버마의 위안부들이 취업사기 등으로 속아서 연행되어 매춘을 강요당했다는 사실이 분명히 확인되었으므로, 유괴범이 유괴 후에 유괴한 노예들에게 좋은 대우를 해줬다고 해도 그 유괴범을 용서할 수 없듯이 일본군의 근본적인 범죄를 부정하기 어렵다. 그리고 민간업자 2명이 함께 잡혀 심문을 받았기 때문에 그들이 위안부에 대한 좋은 대우를 과장해서 진술했을 가능성이 높다.

조선인 위안부로 끌려간 문옥주씨는 18세 때 "군의 식당에서 일하면 돈을 벌 수 있다"는 말에 속아 버마에 연행되었는데, 그의 증언과 부산항을 1942년 7월 출발해 랑군에 도착하는 경로 등에서, 그가 이 문서 "일본인 포로 심문 보고 제49호"에 기록된 조선인 위안부 703명 중의 한 명일 가능성이 높다.

----------------------\<문서\>----------------------

1944년 10월 1일

미국 육군 인도 · 버마 전역(全域)군 소속

미국 전시정보국 심리작전 팀

APO689

비

일본인 포로 심문 보고 제49호

심문장소: 레드 포로 수용소

심문기간: 1944년 8월 20일~9월 10일

보고 연월일: 1944년 10월 1일

보고자: T/3 알렉스 요리치

포로: 조선인 위안부 20명

포획연월일:　　　　1944년 8월 10일

수용소 도착 연월일: 1944년 8월 15일

서언

이 보고서는 1944년 8월 10일경 버마의 밋치나(Myitkyina) 함락 후의 소탕 작전에서 붙잡힌 20명의 조선인 "위안부"와 2명의 일본 민간인에 대한 심문에서 얻은 정보에 입각해 있다.

이 보고서는 이들 조선인 "위안부"를 징집하기 위해서 일본군이 이용한 방법, 위안부 생활 및 노동 조건, 일본군 병사에 대한 위안부의 관계와 반응, 군사 정세에 대한 위안부의 이해 정도를 표시했다.

"위안부"는 장병들을 위해 일본군에 소속된 매춘부, 즉 "종군매춘부"에 불과하다. "위안부"라는 용어는 일본군 특유의 표현이다. 이 보고 외에도 일본 군에 있어 전투할 필요가 있는 곳에는 어디서나 "위안부"가 존재했음을 알리는 보고가 있다. 그러나 이 보고서는 일본군으로 징집되고 버마 주둔 일본군에 소속된 조선인 "위안부"에 관해서만 서술한다. 일본은 1942년 이런 여성들 약 703명을 해상 수송했다고 전해진다.

징집

1942년 5월 초 일본의 중개업자들이 일본군에 의해서 새롭게 정복된 동남아 여러 지역에서의 "위안 역무"에 올릴 조선여성을 징집하기 위해 조선에 도착했다. 이 "역무"의 성격은 명시되지 않았지만, 그것은 병원에 있는 부상병을 만나 붕대를 감아 주고, 그리고 일반적으로 말하면 장병을 기쁘게 하기 위한 일이라고 여겨졌다. 이들 중개업자가 이용하는 유혹의 말은, 거액의 돈과 가족의 부채를 상환할 기회, 그리고 편안한 일과 신천지―싱가포르―에서의 새로운 생활이라는 장래성이었다. 이런 거짓 설명을 믿고 많은 여성들이 해외 근무에 응모했고 2~300엔의 가불금을 받았다.

이들 여성 중에는 "지상에서 가장 오래된 직업"에 오래전부터 관여했던 사람도 약간 있었지만 대부분은 매춘에 대해서 무지, 무식이었다. 그녀들이 맺은 계약은 가족의 빚을 갚기 위해 가불된 금액에 따라서 6개월에서 1년 동안 그녀들을 '군의 규칙'과 "위안소의 포주"를 위한 역무에 속박했다.

이들 여성 약 800명이 이렇게 징집되어, 1942년 8월 20일경 "위안소의 포주"에 이끌려서 랑군에 상륙했다. 그녀들은 8명 내지 22명의 집단으로 왔다. 그녀들은 여기에서 버마의 여러 지방에, 통상은 일본군 주둔지 근처에 있는 상당한 규모의 도시에 배속되었다. 결국 이들 집단 중의 네 개가 밋치나 부근에 도달했다. 그 집단은 쿄에이, 킨수이, 박신로, 모모야였다.

(후략)

(출처: 관계자료집성 제5권, pp. 201~209)

버마(미얀마)의 위안소로 강제 연행된 조선여성들

1) 버마 랑군으로 끌려간 이용녀씨(1926~2013)

이용녀씨는 1926년 경기도 여주에서 태어났다. 그녀는 버마(현, 미얀마)의 랑군(현, 양곤)에서 위안부 생활을 강요당했다.

이용녀씨의 증언에 따르면 그녀는 1942년 만 16세 때 버마로 연행되었다고 한다. 이 시기는 일본군의 버마 침공과 점령 시기와 일치한다. 일본군은 영미가 중국 국민정부를 지원하는 버마 루트를 차단하기 위해 1942년 2월 버마를 침공했고 5월 버마 전역을 장악했다.

문서-68, 69는 버마 만다레 위안소에 관한 문서인데 만다레는 버마에서 랑군(양곤)에 이어 제2의 도시이고 랑군으로부터 북쪽으로 약 700km 정도 떨어져 있다. 이용녀씨는 버마의 수도로 연행된 셈이다.

이용녀씨는 집이 매우 가난해서 8살 때부터 일을 하기 시작해 11살 때 가족 전체가 서울로 상경했는데 14살 때 아버지가 그녀를 술집으로 팔았다고 한다. 그 2년 후인 1942년 술집의 여주인이 "돈을 많이 벌 수 있는 곳이 있는데 가지 않겠느냐"라는 제의를 했고 "혼자 가는 것이 아니라 같이 가는 사람들이 있으니 안심하라"는 말

도 있어 승낙해 랑군까지 조선인 남녀 몇 명에 의해 인솔되어 건너
갔다.

부산까지는 열차로 갔고 거기서 배를 타고 대만, 싱가포르를
거쳐 버마 랑군까지 연행되었다. 당초 일본으로 간다고 들었지만
도착한 곳은 일본이 아니었다. 랑군으로부터는 열차를 타고 어
느 마을까지 가서 거기서 위안부 생활을 강요당했다. 해방 후 이
용녀씨는 랑군의 수용소 생활을 거쳐 1946년 3월 부산으로 귀국
했다.

2) 요미우리 신문 종군기자의 증언-강제 연행된 조선인 여성, 소녀들

1942년 5월경 버마 랑군으로 요미우리신문의 종군기자로 부임
한 오마타 유키오(小俣行男)가 1967년 출판한 자신의 체험담『전쟁터
와 기자-일화사변, 태평양전쟁 종군기(戦場と記者-日華事変,太平洋戦
争従軍記)』에서 다음과 같이 랑군의 위안소에서 일하는 조선인 위안
부들이 강제연행된 사실을 증언했다.

(아침에 도착한 화물선으로 조선 여자들이 40~50명 상륙했다고 듣고
그녀들의 숙소로 향했다)
나의 상대는 23, 4세 정도의 여자였다. 그녀는 일본어가 능숙했고 공립
학교에서 교사였다고 말했다.
"학교 선생님이 왜 이런 곳에 왔나요?"라고 묻자 그녀는 정말 억울하다
고 말했다.

"우리는 속았습니다. 도쿄에 있는 군수 공장에 간다는 모집이 있었습니다. 저는 도쿄에 가보고 싶어서 지원했어요. 그래서 인천 앞바다에 머물던 배를 탔는데 도쿄에는 가지 않았고 남쪽으로 남쪽으로 향해서 도착한 곳이 싱가포르였어요. 거기서 여자들이 절반가량이 내렸고, 우리는 버마까지 연행되었습니다. 걸어서 돌아갈 수도 없고 도망갈 수도 없습니다. 우리는 단념했습니다. 그렇지만 불쌍한 것은 아무것도 모르는 어린아이들입니다. 16, 17세의 아이들이 8명 있습니다. 이런 장사는 싫다고 울어요. 그 아이들만이라도 구제받는 방법이 없습니까?"

나는 생각한 끝에 헌병대에 달려가서 호소한다는 방법을 알려주었는데, 헌병이 과연 도와줄지 확신은 없었다. 결국 8명의 소녀들은 헌병대에 도움을 청했다. 헌병대는 처치에 곤란했지만 소녀들은 장교클럽에서 일하게 되었다고 한다. 그러나 장교클럽이 결코 안전한 곳이 아닌 것은 전쟁터의 상식이다. 그 후 소녀들은 어떻게 되었을까?

위의 증언은 도쿄에 있는 군수공장에서 일을 한다고 속여서 조선여자들 4~50명을 싱가포르와 버마의 위안소에 강제연행한 사례다. 종군기자였던 저자가 위안소로 갔더니 속임을 당해 연행된 조선 여성들과 소녀들의 존재에 깜짝 놀랐던 것으로 묘사되었다.

기자는 헌병대에 호소하는 방법을 알려주었지만, 헌병대 자체가 항구로부터 위안소까지 여성들을 이송하는 역할을 담당하는 일본의 위안부 동원 시스템의 일부였으므로 어차피 가망이 없는 일이었다. 결국 그 소녀들은 장교클럽에서 일하게 되었다고 하지만 장교들 전용 위안부가 되기를 강요당하지 않았을까 생각된다.

결어

일본군은 만주사변이나 중일전쟁을 일으키면서 위안소를 전쟁터에 만들기 시작했다. 특히 중일전쟁으로 많은 일본군인들을 중국대륙으로 보낸 이후는 일본군이 위안소를 중국 각지에 많이 설치하기 시작했다.

그 목적은 일본병사들이 현지 여성들을 강간하지 않도록 하기 위해서였고, 성병의 만연을 방지하기 위함이었으며 나아가 일본군인들이 현지 창녀들과 어울려서 군의 기밀이 누설되지 않도록 하기 위해서였다.

이런 이유들을 열거하면서 일본의 일부 사람들은 위안부제도는 훌륭한 제도였다고 말하기도 하다. 그러나 그들은 일본이 중국대륙을 침략하지 않았다면 위안부제도 자체를 만들 필요가 없었다는 점을 무시하고 있다. 결국 일본의 위안부제도를 올바르게 인식하기 위해서는 위안부제도가 일본군의 중국, 동남아, 태평양 등에 대한 침략의 결과라는 인식이 필요하다.

1931년 식민지 조선을 방어하기 위해 일본은 만주사변을 일으켰다. 그리고 괴뢰 만주국을 지키기 위해 일본은 1937년 중국대륙

전체를 장악하려는 중일전쟁을 일으켰다. 나아가 중국을 지원하는 영국과 미국 등 서양열강들의 움직임을 차단하기 위해, 일본은 1941년 12월 태평양전쟁을 도발하여 열강들의 거점이었던 동남아, 태평양으로 침략을 확대해 나갔다.

그러므로 전쟁은 장기전이 되지 않을 수 없었다. 이런 상황에서 일본군은 병사들의 거친 기풍, 살벌한 분위기 등을 개선하기 위해 여자를 병사들의 먹이, 희생양으로 투입한 것이 위안부문제의 핵심이다. 그런 면에서 여성을 전쟁 수행의 도구로 삼고 인간성을 박탈해 심하게 유린했다는 면에서 용서하기 어려운 일본군의 범죄이므로 위안부문제란 정확하게는 성노예문제가 맞는 말이다.

일본군이 주둔한 곳에는 어디든지 반드시 위안소가 개설되었다. 그리고 여러 문서나 증언을 통해 알 수 있듯이 여성들은 많을 때 혼자서 하루에 70~80명 이상의 군인들을 상대해야 하는 비참한 상황에 놓여졌다.

위안부를 모집하는 방법은 주로 감언, 사기, 강제연행이었다. 사기방법으로는 군의 의뢰를 받은 업자들이 다음과 같은 거짓말을 여성들에게 말했다. 야전병원의 간호사나 준 간호사로 일한다, 군의 위안시설의 식당 종업원이 된다, 레스토랑 여급이 된다, 장교의 가정부가 된다, 일본 도쿄의 공장에서 일한다, 쉬운 일로 돈을 많이 벌 수 있다는 등, 모집업자들은 수많은 감언으로 여성들을 속이고 배에 승선시키는 수법을 동원했다.

그리고 여성들에게 고액의 가불금을 미리 지급하므로 사기였다고 알게 되어도 여성들은 이미 구속된 상태여서 도망칠 수 없게 만들었다.

군은 위안부들이 이렇게 모집된 사실을 알면서도 어떤 조치도 취하지 않았다. 그리고 전쟁이 격화됨에 따라 내무성이 일반인의 해외 도항을 제한하자 일본군은 여성들을 동원할 때 '군관계자'라는 자격을 부여해 공무를 위해 도항하는 자로서 인정해 내무성이 아니라 육군성이 도항증명서를 발급할 수 있게 했다. 그러므로 위안부는 군의 공무로 위안소에서의 일을 수행한 것이다. 강제 매춘 자체가 군의 공무였다는 도저히 믿기 어려운 사실이 있었던 것이다. 이런 사실로 일본군이나 일본정부는 위안부문제에 대한 법적 책임으로부터 자유롭지 못한다.

원래 여성을 도항시킬 경우 내무성 산하 경찰서에서 여성들의 신원조회를 하여 증명서를 내도록 되어 있었다. 그러나 신원조회는 거의 생략되었기 때문에 업자들이 작부가업승낙증명증 같은 서류를 마음대로 위조할 수 있는 길이 열려 있었다. 위안부를 공창이라고 하는 사람도 있으나, 공창제도는 상하이에서 1929년에 폐지되었고 이를 대신해 일본당국은 작부제도를 신설했다. 위안부문제는 이 작부제도의 연장선에 있다. 공창이면 적어도 창기가 된다는 것을 본인이 승낙해야 한다. 위안부는 거의 속아서 위안부가 된 여성들이므로 공창이라 할 수 없다.

특별한 경우를 제외하고 여성들은 자유롭게 외출도 못 하는 노예 상태에 놓여 있었다. 여성들은 폐업도 자유롭지 못했고 건강을 해친 여성만 교체한다는 이유로 자유를 준 것뿐이다.

많은 증언이 남아 있고 그것을 보면 많은 여성들이 속아서 연행된 사실을 위안소에서 만난 사람들에게 고해서 구출을 요청한 것으로 확인된다. 그러나 그런 부탁을 받은 일본군인 등은 여성들을 위해 거의 어떤 방법도 취할 수 없었던 것이 당시의 현실이었다.

전쟁터 현지 여성들을 위안부로 동원할 때 상대가 포로일 경우 물리적인 강제연행이 실제로 자행되었다. 중국, 한국뿐만이 아니라 인도네시아의 바타비아, 뉴기니와 호주 사이에 있는 모아 섬 등에서 여성들을 물리적으로 강제연행한 사례가 보고되었다.

결론적으로 위안부는 성노예였다. 그러므로 일본정부는 그 범죄성을 우선 인정해야 하고 필요한 조치를 취해야 한다. 2015년 한일 위안부합의에서는 일본정부가 이런 범죄성을 인정하지 않았고 10억 엔이라는 돈으로 유야무야 사건을 해결하려고 시도했을 뿐이다. 한국 측은 연구자들의 연구성과를 전혀 활용하지 못했을 뿐만이 아니라 피해자의 입장을 무시해 일본 측과 밀실로 합의안을 만들어 합의를 강행했다.

이런 상황에서 무엇을 할 수 있는지 고민이 많으나 우선 역사적인 사실을 분명히 밝혀야 한다는 것이 해결의 첫걸음이다.

이번에 번역, 해설한 자료들은 일본군 위안부 자료의 기초적인 것들이다. 앞으로는 중국이나 대만의 자료, 동남아에 남아 있는 기타 자료들을 번역, 공개하여 누구나 위안부문제를 쉽게 알 수 있는 형태로 제공할 생각이다.

원문자료(사례):

지나 도항 부녀에 관한 건 문의

(주) 해당문서와 페이지를 표시했음. 원서 순서대로 표시
했으므로 본서의 순서와 다를 수 있음.

이 원문자료는 본서에 수록된 번역문의 원문자료 중
하나의 사례로 수록했음.

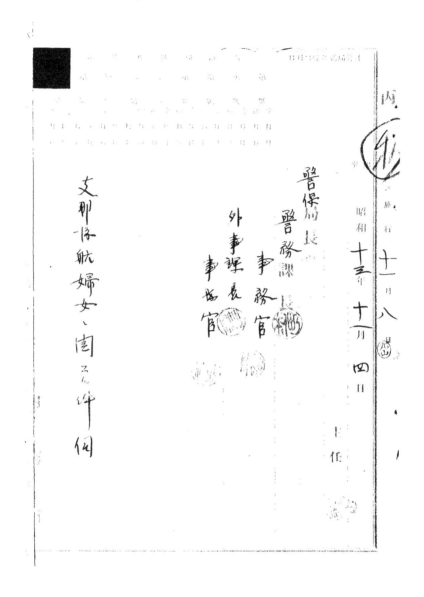

支那ニ於ケル婦女ノ園ニ付件

昭和十三年十一月四日

昭和十二年十一月八日

主任

警保局長
警務課事務官
外事課長
事務官

文서-14 (p.89~92)

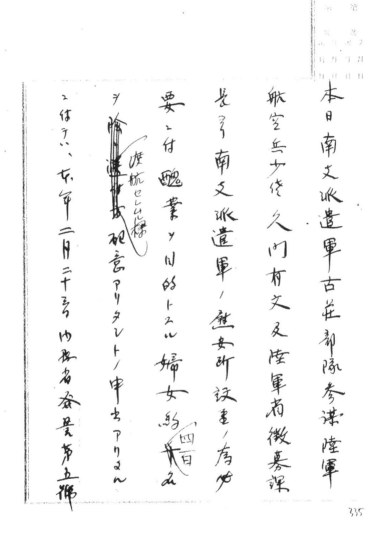

本日南支派遣軍古荘部隊参謀陸軍

航空兵少佐久門村文ヨリ陸軍省徴募課

長宛南支派遣軍ノ慰安所設置ノ為メ

要ニ付醜業ヲ目的トスル婦女約四百名

ヲ付〔渡航セシム様〕祝意アリタレトノ申出アリタル

ニ付テハ、本年二月二十三号〔番号五ノ〕

335

문서-14 (p.89~92)

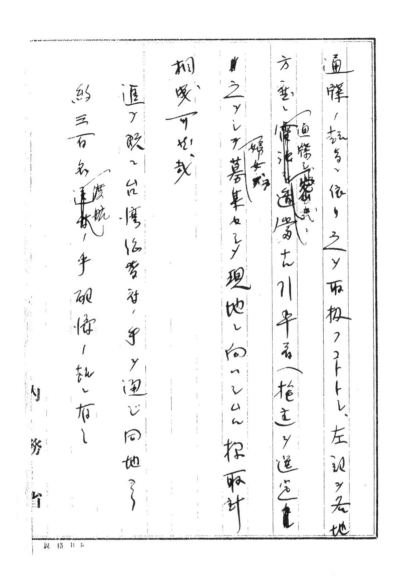

문서-14 (p.89~92)

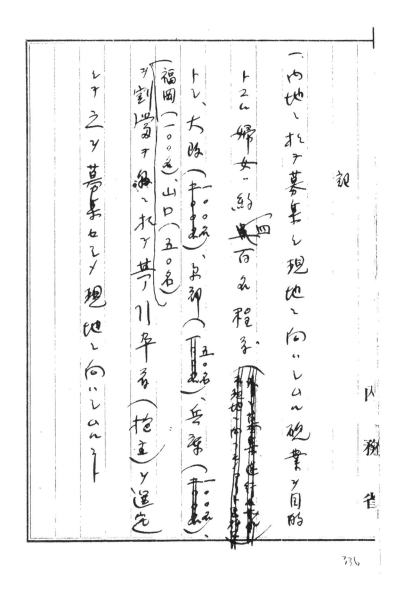

문서-14 (p.89~92)

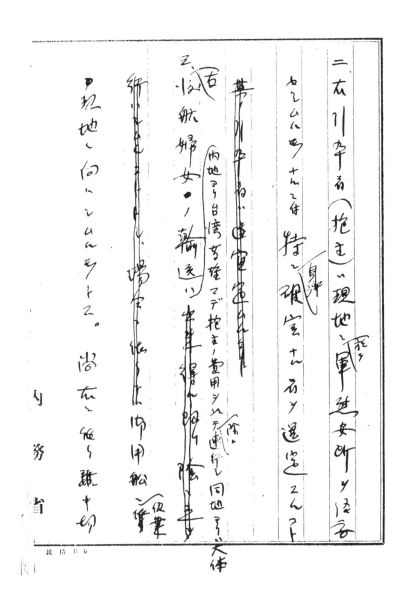

문서-14 (p.89~92)

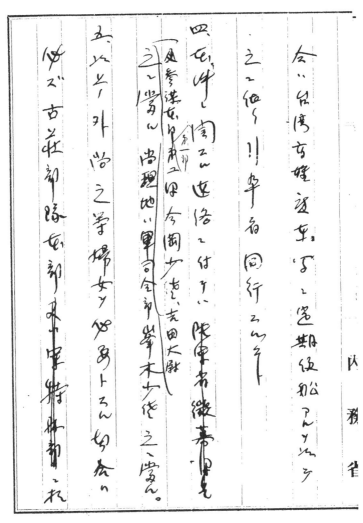

문서-14 (p.89~92)

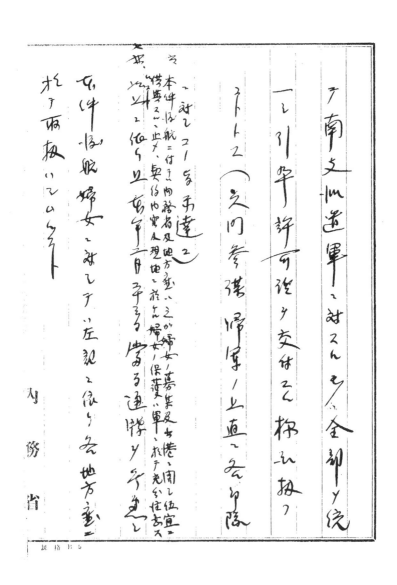

ノ南支派遣軍ニ対シテハ全部ヲ統

一ニ引率許可ヲ得タ交付乙ヲ採ム抜フ

オトセ（之ノ問参謀帰軍ノ上直ニ各々隊

ニ対シテハ等ヲ承達乙

本件ハ航ニ付テハ両務省及地方毎ニ之ガ婦女ノ募集及女性ノ供與ノニ止メ、與的ニ実人型地ニ於テ婦女ノ保護ハ軍ニ於テ充分ニ注意ス

其レ以テ書キテ二月ヲ以テ當ル連絡ヲ等意ス

女件ハ服婦女ニ対シテハ左記ニ依リ各地方毎ニ

於テ取扱ハルベシト

朝務省

문서-14 (p.89~92)

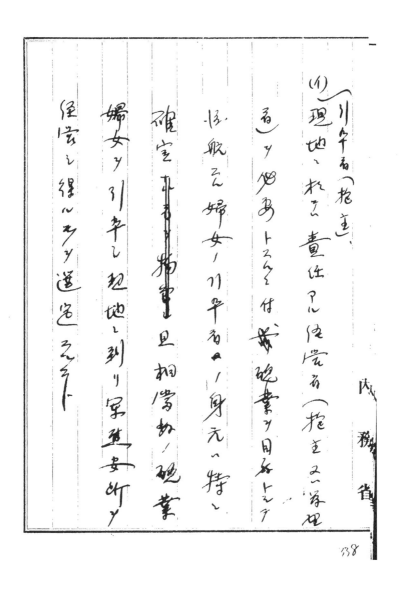

문서-14 (p.89~92)

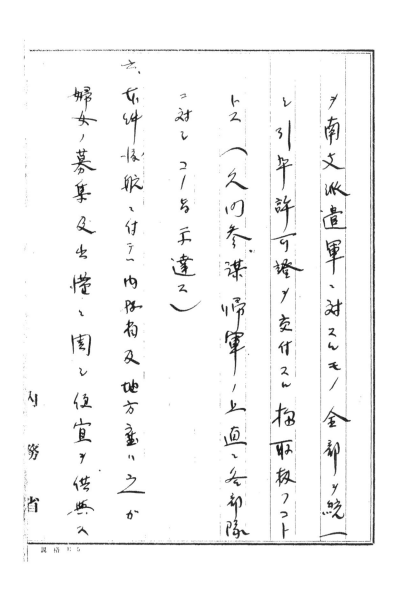

六、女性ノ状況ニ付テハ内務省又地方庁ハ之カ婦女ノ募集又ハ斡旋ニ関シ位宜ヲ供与スへシ

二対シコノ旨ヲ手達ス

（久四参謀帰軍ノ上直ニ各部隊ト引卒許可證ヲ交付スル措置ヲコト以

ヲ南支派遣軍ニ対スルモノ全部ヲ統一

内務省

民籍 1-5

문서-14 (p.89~92)

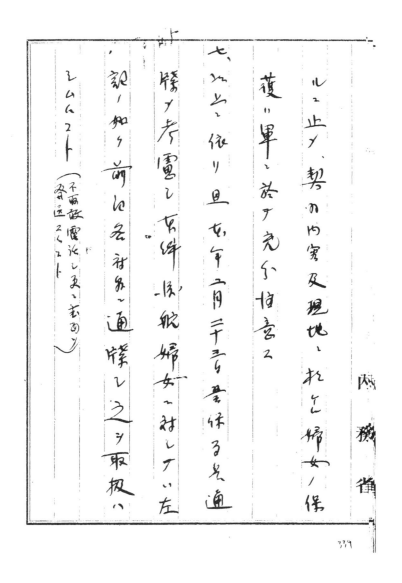

文書-14 (p.89〜92)

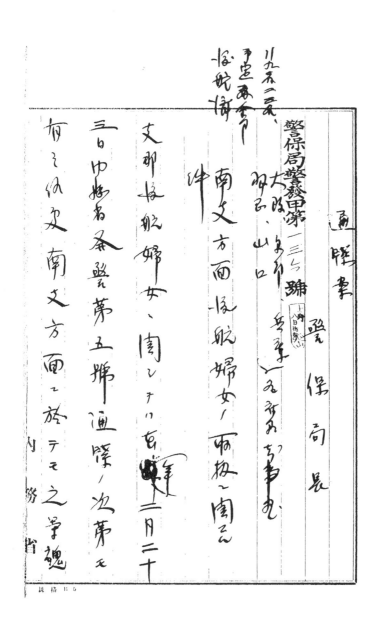

문서-15 (p.92~95)

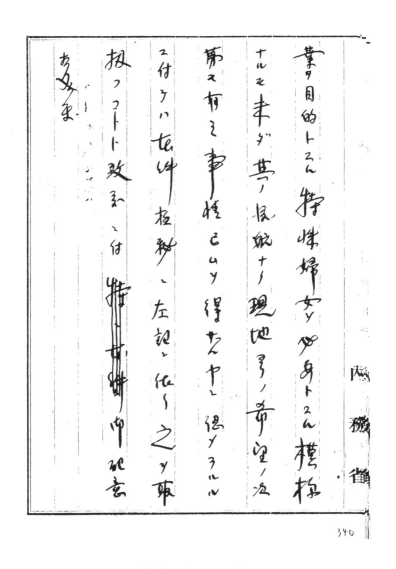

業タ目的トスル特殊婦女ヤ否トスル權柄

ナルモ来ガ其ノ尾航ナノ理地ヲノ希望ノ次

第ニ有之事棟ヒ以テ得たれ中ニ但メヲルル

ニ付テハ女件捉叙ニ左記ニ依レ之ノ本

扱ッフ卜卜致私ニ付 惟ヤ惟作仰ヒ玄

をななま

内務省・

340

문서-15 (p.92~95)

원문자료(사례): 지나 도항 부녀에 관한 건 문의 **383**

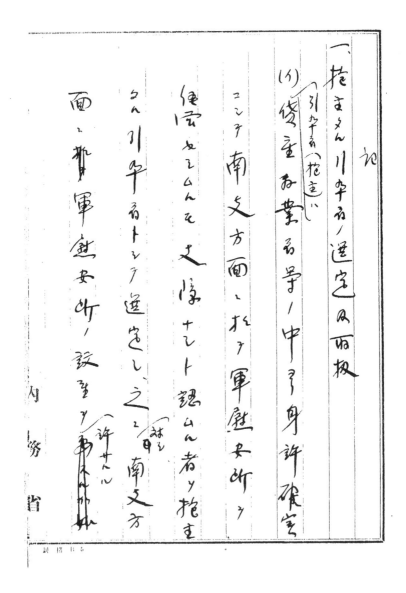

文서-15 (p.92~95)

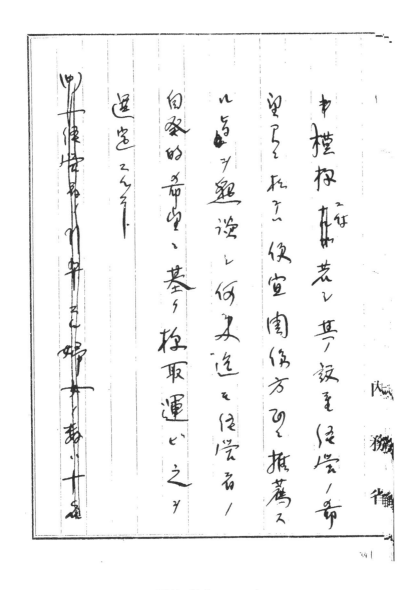

문서-15 (p.92~95)

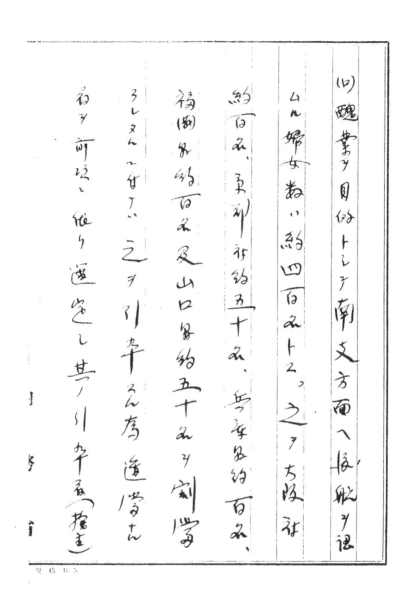

（ロ）醜業ヲ目的トシテ南支方面ヘ渡航ヲ許シ得

山ノ婦女ハ約四百名ト之ヲ右取纒

約百名、東利府約五十名、兵庫県約百名、

福岡県約百名又山口県約五十名ヲ割當

シテ甘シ之ヲ引卒スル為遣當シ

約シテ前記、依リ選定シ其ノ引卒為（娼主）

文서-15 (p.92~95)

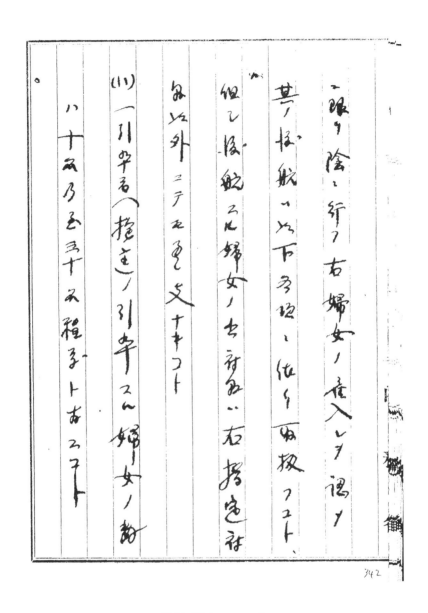

文書-15 (p.92〜95)

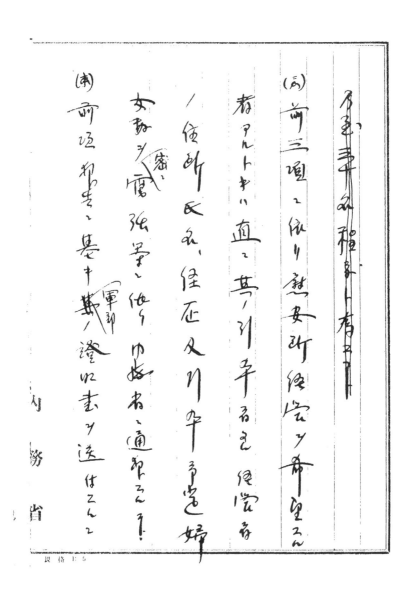

문서-15 (p.92~95)

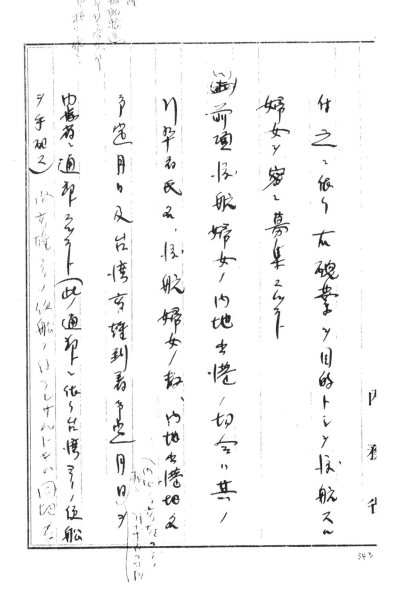

文書-15 (p.92~95)

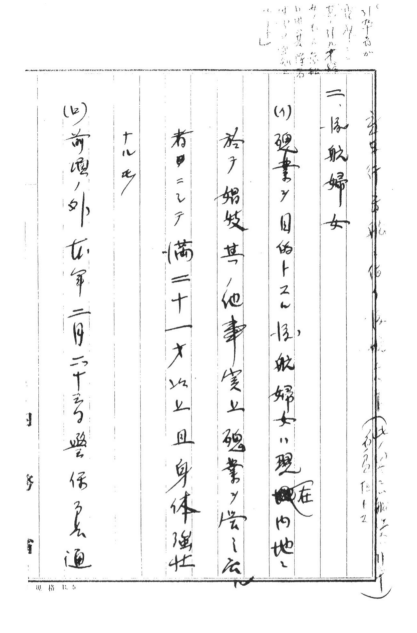

二、渡航婦女

(イ) 醜業ヲ目的トスル渡航婦女ハ現在内地ニ

於テ娼妓其ノ他事実上醜業ヲ営ミ居ル

者ニシテ満二十一才以上且身体強壮

ナル者

(ロ) 前項ノ外女年二月二十二号警保局長通

문서-15 (p.92~95)

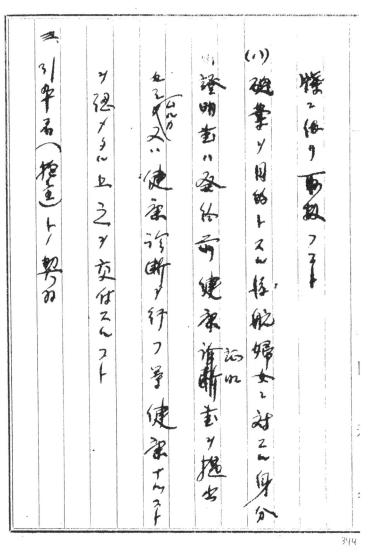

文書-15 (p.92~95)

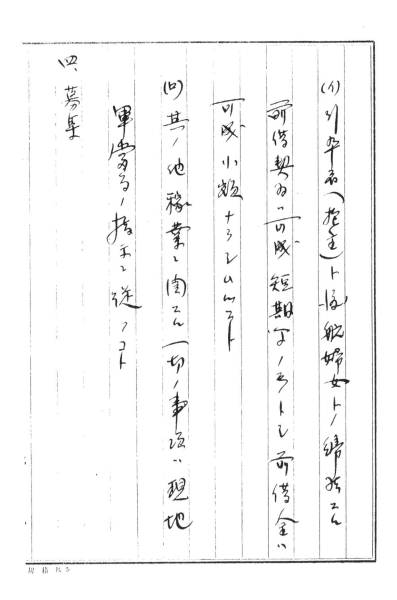

（イ）ヒ平素（娼妓）ト同シ船婦女ト稱呼スル
前借勢ヲ二三回ニ短期ノモノトシ前借金ハ
可成小額十ラシムルコト

（ロ）其ノ地稼業ニ關シ（一切ノ事項ニ現地
軍當局ノ指示ニ従フコト

四、募集

문서-15 (p.92~95)

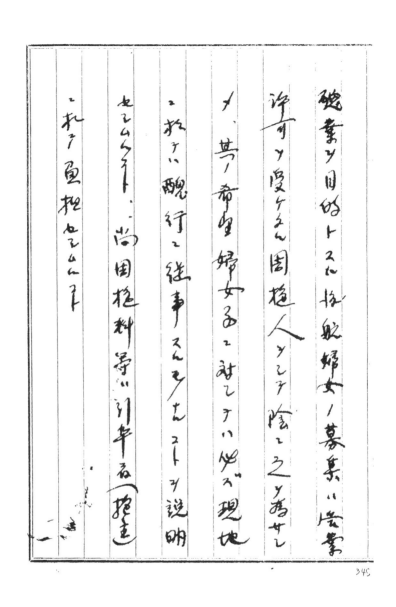

文書-15 (p.92~95)

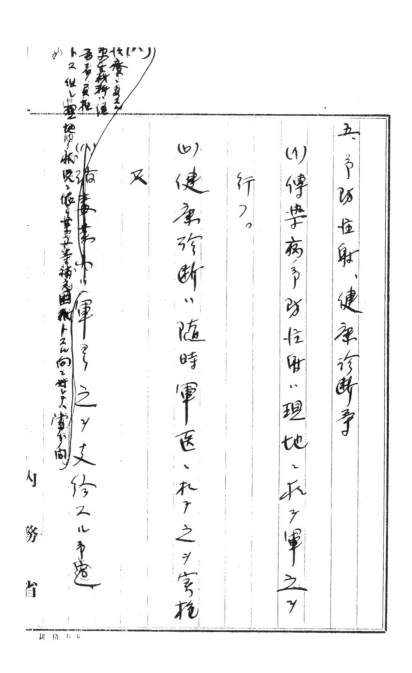

五、予防注射、健康診断等

（イ）伝染病ノ予防注射ハ理地ニ於テ軍之ヲ行フ。

（ロ）健康診断ハ随時軍医、之ヲ之ヲ実施

又

（ハ）健康事ハ軍ヨリ之ヲ支給スル事

（ニ）

軍務省

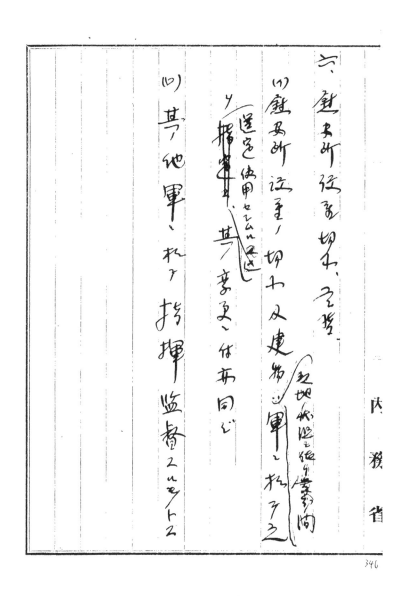

六、慰安所従業婦等ヲ募集

(ハ)慰安所ノ位置ノ一切ヲ及建物ニ軍ノ指令シ之ヲ

　選定使用セシムルコトヲ其ノ変更ハ亦同じ

（其ノ地ノ位置ヲ選定シ業務ヲ軍ノ指揮シ之）

(ニ)其ノ地軍ノ指揮監督ヲ為ルコトヲ

内務省

346

문서-15 (p.92~95)

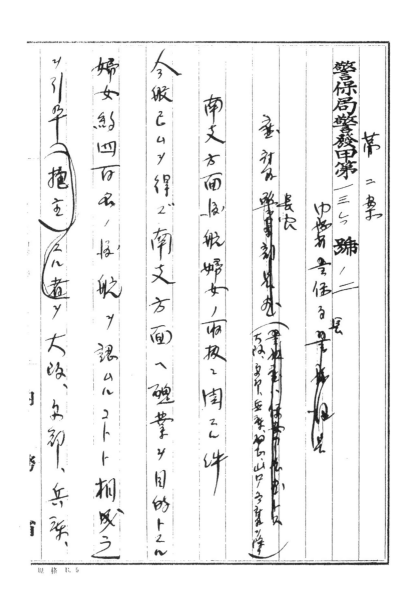

警保局警發甲第一三〇二號ノ二

第二案

蹈ノ二

南文方面ニハ從來婦女ノ取扱ニ關スル件

南文方面ハ南文方面ヘ醵業ヲ目的トシ

今般ヲヨリ得ヘ

婦女約四百名ノ航ヲ認ムルコトト相成ニ

引平抱主ナル者ハ大阪、名古屋、兵庫、

문서-15 (p.92~95)

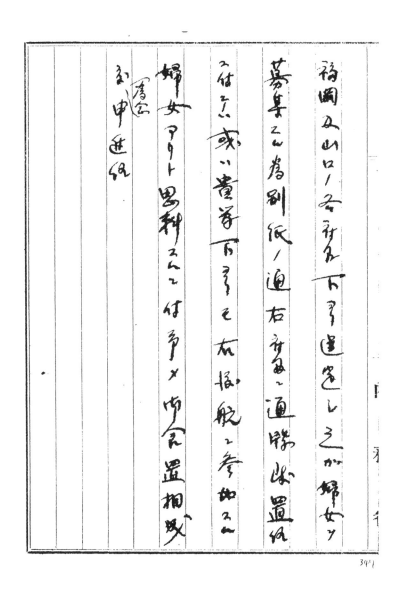

福岡又ハ山口ノ各新聞ニテ募集セシ者下ヲ募集シ之カ婦女ヲ

募集スルカ為剃紙ノ連名募集ニ連隊休置レ

ニ付気或ハ賣等下ヲ之右揚航ニ參加レ

婦女アリト男利スルニ付モノ×由己匝相咸

[濟公]
新申延級

文書-15 (p.92〜95)

内務省發警第五號

昭和十三年二月二十三日

内務省警保局長

殿

支那渡航婦女ノ取扱ニ関スル件

最近支那各地ニ於ケル秩序ノ恢復ニ伴ヒ渡航者
著シク増加シツツアルモ是等ノ中ニハ同地ニ於
ケル料理店、飲食店、「カフェー」又ハ貸座敷

문서-12 (p.82~86)

類似ノ營業者ト聯繋ヲ有シ是等ノ營業ニ從

軍スルコトヲ目的トスル婦女寡ナカラザルモノ

アリ更ニ亦内地ニ於テ是等婦女ノ募集周旋

ヲ為ス者ニシテ怜々軍當局ノ諒解アルカノ

如キ言辞ヲ弄スル者モ最近各地ニ頻出シ

ツツアル狀況ニ在リ婦女ノ渡航ハ現地ニ於

ケル實情ニ鑑ミルトキハ蓋シ必要已ム

得ザルモノアリ警察當局ニ於テモ特殊ノ考慮

ヲ拂ヒ實情ニ即スル措置ヲ講ズルノ要アリ

ト認メラルルモ是等婦女ノ募集周旋等ノ

取締ニシテ適正ヲ缺カンカ帝國ノ威信

ヲ毀ケ皇軍ノ名響ヲ害フノミニ止マラズ

문서-12 (p.82~86)

銃後國民特ニ出征兵士遺家族ニ好マシカ
ラザル影響ヲ與フルト共ニ婦女賣買ニ
關スル國際條約ノ趣旨ニモ悖ルコト無キ
ヲ保シ難キヲ以テ旁ミ現地ノ実情其ノ他
各般ノ事情ヲ考慮シ爾今之ガ取扱ニ關
シテハ左記各號ニ準據スルコトト致度
依命此段及通牒候

記

一、醜業ヲ目的トスル婦女ノ渡航ハ現在内
地ニ於テ娼妓其ノ他事實上醜業ヲ營ミ、

문서-12 (p.82~86)

満二十一歳以上且花柳病其ノ他傳染性疾患、

ナキ者ニシテ北支、中支方面ニ向フ者ニ限リ

當分ノ間之ヲ默認スルコトトシ昭和十

二年八月米三機密合第三七七六號外務次官

通牒ニ依ル身分證明書ヲ發給スルコト

二、前項ノ身分證明書ヲ發給スルトキハ稼業

ノ假契約ノ期間滿了シ又ハ其ノ必要ナ

キニ至リタル際ハ速ニ歸國スル樣豫メ

論旨スルコト

三、醜業ヲ目的トシテ渡航セントスル婦女ハ

必ズ本人自ラ警察署ニ出頭シ身分證

明書ノ發給ヲ申請スルコト

문서-12 (p.82~86)

四、醜業ヲ目的トスル婦女ノ渡航ニ際シ身
分證明書ノ發給ヲ申請スルトキハ必ズ
同一戸籍内ニ在ル最近尊族親、尊族
親ナキトキハ戸主ノ承認ヲ得セシムルコ
トトシ若シ承認ヲ與フベキ者ナキトキ
ハ其ノ事実ヲ明ナラシムルコト

五、醜業ヲ目的トスル婦女ノ渡航ニ際シ身
分證明書ヲ發給スルトキハ稼業契約其
ノ他各般ノ事項ヲ調査ニ婦女賣買又
ハ略取誘拐等ノ事実ナキ様特ニ留意スルコト

六、醜業ヲ目的トシテ渡航スル婦女其ノ他

3

문서-12 (p.82~86)

一般風俗ニ関スル營業ニ從事スルコトヲ
目的トシテ渡航スル婦女ノ募集周旋等
ニ際シテ軍ノ諒解又ハ之ト連絡アルガ
如キ言辞其ノ他軍ニ影響ヲ及ボスガ
如キ言辞ヲ弄スル者ハ總テ嚴重ニ之
ヲ取締ルコト

七　前號ノ目的ヲ以テ渡航スル婦女ノ募
集周旋等ニ際シテ廣告宣傳ヲナシ又ハ
事実ヲ虛僞若ハ誇大ニ傳フルガ如キハ
總テ嚴重之ヲ取締ルコト又之ガ募集
周旋等ニ従軍スル者ニ付テハ嚴重ナル
調査ヲ行ヒ正規ノ許可又ハ在外公館

문서-12 (p.82~86)

等ノ發行スル證明書等ヲ有セズ身許ノ確実ナラザル者ニハ之ヲ認メザルコト

문서-12 (p.82~86)

寫

米三機密合第三七七六號

昭和十二年八月三十一日

外務次官　堀　内　謙　介

不良分子ノ渡支取締方ニ關スル件

從來支那ニ渡航スルニハ旅券ノ必要ナク自由ナリシ處今囘ノ日支事變ニ關聯シ支那在留邦人ハ多數引揚ケ其ノ遺留財產ニ對スル保護警戒等モ行涉リ兼ヌル今日或ハ殘留セル邦人ヲ煽動シテ事ヲ爲サントシ或ハ混亂ニ紛レテ一儲セントスル等ノ無賴不良ノ徒ノ支那渡航ハ此際嚴ニ之ヲ取締ルノ必要アリ既ニ滿洲國及

内　務　省

規格 B. 5.

문서-1 (p.22~26)

關東州ニ於テハ夫々之力措置ヲ爲シ又關係在支帝國公館ヨリモ

右取締方申越ノ次第アリタルニ付テハ遺テ何分ノ儀申越スル迄

今後當分ノ間支那ニ渡航セントスル(一)一般本邦人ニ對シテハ所

轄警察署長ヨリ(二)又公務ノ爲派遣セラルル者ニ對シテハ派遣官

公署ヨリ別紙手續ニ依リ身分證明書ヲ發給スルコトトシ右身分

證明書ヲ有スルカ又ハ正式旅券ノ發給ヲ受ケタル者ノ外ハ支那

ニ向ケ乘船セシメサル様御取扱相成度而シテ右身分證明書ノ發

給ニ關シテハ前記ノ趣旨ニ依リ業務上又ハ家庭上其ノ他正當ナ

ル目的ノ爲至急渡支ヲ必要トスル者ノ外ハ此際可成自發的ニ渡

支ヲ差控ヘシムルコトニ御取計相成以テ在支皇軍ノ軍後方地區

ノ治安確保ニ協力相成様致度尚本件ノ趣旨ハ一般ニ周知方可然

内務省

規格 B 5.

문서-1 (p.22~26)

御取計相成度右關係官廳ト〆協議ノ上依命此段申進ス

本信送付先　警視總監、各地方長官、關東州廳長官

本信寫送付先　內閣書記官長、法制局長官、賞勳局總裁、資

源局長官、對滿事務局次長、企劃廳次長、樞密院書記官長、

官內大官、各省次官、社會局長官、貿易局長官、特許局長

官、會計檢查院長、行政裁判所長官、貴族院書記官長、衆

議院書記官長、日本郵船會社長、大阪商船會社長

內務省

規格 B.5.

문서-1 (p.22~26)

支那渡航取扱手續

一 日本內地及各殖民地ヨリ支那ニ渡航スル日本人（朝鮮人及臺灣籍民ヲ含ム）ニ對シテハ當分ノ間居住地所轄警察署長ニ於テ甲號樣式ノ如キ身分證明書ヲ發給スルモノトス

但シ制服着用ノ日本軍人軍屬ニ對シテハ此ノ限ニ在ラス

前項ノ身分證明書ハ公務ノ爲派遣セラルル官吏其ノ他ノ者ニ對シテハ派遣官公署ニ於テ乙號樣式ニ依リ之ヲ發給スルモノトス

二 警察署長第一項ノ身分證明書ノ下付願出アリタルトキハ本人ノ身分、職業、渡航目的、要件、期間等ヲ調査シ左ノ通取扱フ

內務省

文서-1 (p.22~26)

(イ)素性、經歴、平素ノ言動等不良ニシテ渡支後不正行爲ヲ爲

スノ虞アル者ニ對シテハ身分證明書ヲ發給セス
。

(ロ)業務上家庭上其ノ他正當目的ノ爲至急渡支ヲ必要トスル者

以外ノ者ニ對シテハ可成自發的ニ渡支ヲ差控ヘシムルモノ
トス

三、出發港所轄警署長ハ第一項ノ身分證明書又ハ帝國政府發給
ノ旅券ヲ有スル者ニ非ラサレハ支那ニ向ケ乘船セシメサルモ
ノトス

四、本身分證明書ノ發給ニ對シテハ手數料ヲ徴收セス

五、本手續ハ支那行外國旅券ノ發給ヲ妨クルモノニ非ス

六、本手續ハ支那現地ノ募態ノ許ス限リ可及的速ニ之ヲ解除スル

内務省

規格 B.5.

문서-1 (p.22~26)

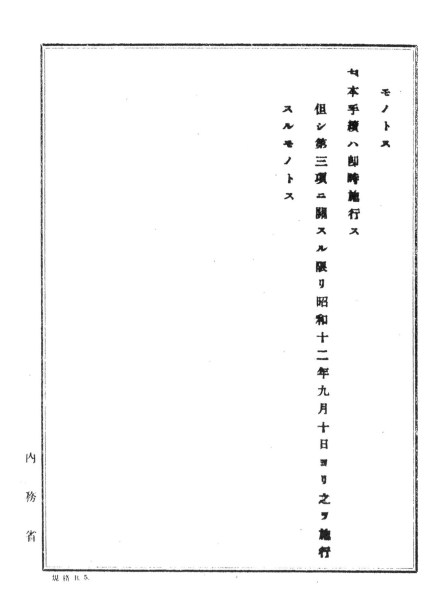

モノトス

セ本手続ハ即時施行ス

但シ第三項ニ關スル限リ昭和十二年九月十日ヨリ之ヲ施行

スルモノトス

内務省

規格 B.5.

文서-1 (p.22~26)

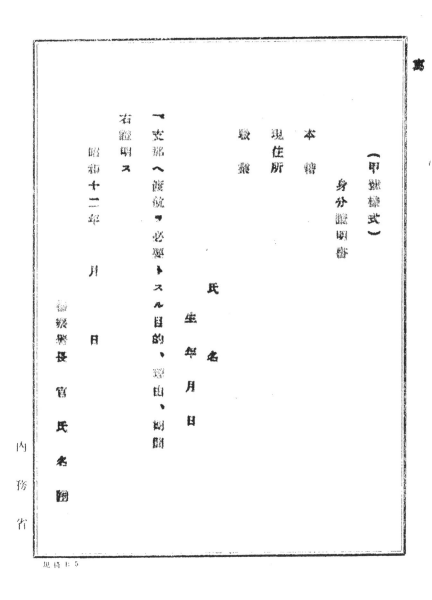

문서-1 (p.22~26)

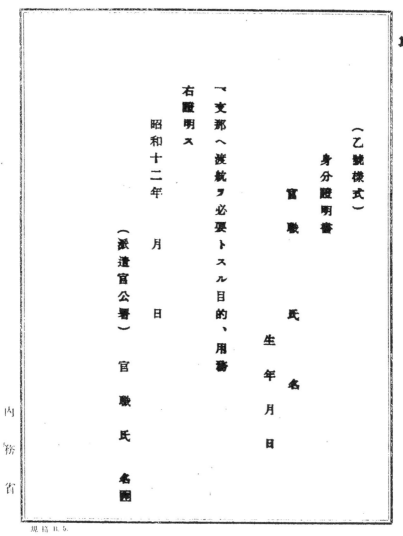

文書-1 (p. 22~26)

참고문헌, 자료, 사이트

1. (財)女性のためのアジア平和国民基金編, 『「従軍慰安婦」關係資料集成』, 전5권,
   1997, 龍谷書舎
2. 자료: 일본 국립공문서관, 일본 외무성 외교사료관, 일본 방위성 방위연구소
3. 자료: 아시아역사자료센터(https://www.jacar.go.jp/)
4. 長尾和郎, 『関東軍軍隊日記-兵士の生と死と』(1968), 経済往来社
5. 長沢健一, 『漢口慰安所』(1983), 図書出版社
6. 溝部一人, 『獨山二-もう一つの戦争』(1983), 자가출판
7. 鈴木卓四郎, 『憲兵下士官』(1974), 新人物往来社
8. 従軍慰安婦110番編集委員会, 『従軍慰安婦110番-電話の向こうから歴史の声が』
   (1992), 明石書店
9. 水木しげる, 『総員玉砕せよ!』(1995), 講談社
10. 水木しげる, 『カランコロン漂泊記ゲゲゲの先生大いに語る』(2010), 小学館
11. 李修京, 『海を越える100年の記憶』(2011), 図書新聞
12. 小俣行男, 『戦場と記者-日華事変, 太平洋戦争従軍記』(1967), 冬樹社
13. 真鍋元, 『ある日赤紙が来て』(1981), 光人社
14. 秦郁彦, 『慰安婦と戦場の性』(1999), 新潮社
15. 日本の戦争責任資料センター, 『日本軍「慰安婦」問題資料21選』(2015),
16. 吉見義明, 『日本軍「慰安婦」制度とは何か』(2010), 岩波ブックレット
17. 吉見義明編, 『従軍慰安婦資料集』(1992), 大月書店
18. 女たちの戦争と平和資料館기타 편, 『ここまでわかった!日本軍「慰安婦」制度』
   (2007), かもがわ出版
19. DAYS JAPAN, 2007. 6월호
20. YAHOO! JAPAN 地図
21. 사이트 <女たちの戦争と平和資料館(wam)>, wam-peace.org
22. 사이트 <跳到今天日誌>, http://www.obadiah2015.com/Dairy.html
23. 사이트 <広島大学福岡教授 homepage>,
    http://home.hiroshima-u.ac.jp/yhiraya/er/Rres_CH.html
24. 사이트 <QuickGS>, http://www.quickgs.com
25. 사이트 <Maps of the World>, http://www.maps-of-the-world.net
26. 사이트 <Country Reports>, www.countryreports.org
27. 사이트 <Ezilon.com>, www.ezilon.com

(주) 본서에서 『관계자료집성』으로 표기된 자료1은 wam-peace.org/ianfu-mondai/
    ianfu-doc/ianfu-doc-2/에서 원문을 확인 가능.

편저자 호사카유지는 도쿄대학을 졸업했고 고려대학교 대학원(정치학 박사)을 나와서 2003년 한국인으로 국적을 옮겼다. 현재 세종대학교 대양휴머니티칼리지 교수이고 동 대학교 독도종합연구소장으로 활동하고 있다. 주요저서로 『독도, 1500년의 역사』 『대한민국 독도교과서』 『조선 선비와 일본 사무라이』 등이 있다. 본서의 총책임자이며 배경설명·각 문서 해설·칼럼 등을 집필하고, 번역(일부)·번역문 감수 등을 맡았다.

번역을 맡은 권오엽(權五曄)은 서울교육대학교, 국제대학교를 졸업했고 도쿄대학(학술박사)을 나와서, 현재 충남대학교 일어일문학과 명예교수로 있다. 주요논문으로는 「광개토왕비문 이해 흐름(일문)」 「우산국의 종교와 독도(일문)」 「南九萬의 密使 安龍福」 등이 있고, 주요저서로는 『광개토왕비문의 세계(일문)』 『독도와 안용복(일문)』 『독도·우산국 신화』 등이 있다. 편역서로 『고사기(古事記)』 『죽도기사(竹嶋紀事)』 등이 있다.

번역을 맡은 권혁성(權赫晟)은 순천대학교를 졸업했고 도쿄대학(석사), 도호쿠(東北)대학(박사)을 졸업했다. 독도와 고사기 관련 논문을 다수 발표했고, 역서로서 『죽도고(竹島考)』 『장생죽도기(長生竹島記)』 등이 있다. 현재 순천대학교 강사.

번역을 맡은 한성례(韓成禮)는 세종대학교 일어일문학과와 동 대학교 정책과학대학원 국제지역학과에서 일본학전공으로 석사과정을 졸업했다. 주요저서로서 인문서 『일본의 고대국가 형성과 만요슈』, 시집 『실험실의 미인』, 일본어시집 『감색 치마폭의 하늘은』 『빛의 드라마』 등이 있다. 한일 간에서 문학서, 인문서, 비평서, 아동서, 앤솔로지, 실용서 등 200여 권을 한국어와 일본어로 번역, 출간했다. 세종대학교 정책과학대학원 겸임교수를 역임했고 현재 세종대학교 독도종합연구소 수석연구원.